AF462461

Association Littéraire et Artistique
INTERNATIONALE

Fondée en 1878 sous le patronage de Victor Hugo

RÉUNION DE LUGANO
1927

Association Littéraire & Artistique

INTERNATIONALE

Fondée en 1878 sous le patronage de Victor Hugo

Anciens présidents :

Louis ULBACH

Louis RATISBONNE

Eugène POUILLET

1878-1927

Fondateur :

Jules LERMINA

BULLETIN N° 5 | 4e SÉRIE | Juin 1927

BULLETIN DE LA RÉUNION DE LUGANO (1927)

Pages.

Préambule 5
Liste de présence 7
Procès-verbaux des séances 11
Rapports des Commissions. 40
Annexes aux procès-verbaux 86
Compte rendu des réceptions. 138
Résolutions de la Réunion de Lugano. 139

SIÈGE DE L'ASSOCIATION

HOTEL DU CERCLE DE LA LIBRAIRIE

117, Boulevard Saint-Germain, Paris, VIe

RÉUNION DE LUGANO

(2-5 juin 1927)

Le programme des travaux de la réunion de Lugano était l'examen des propositions officielles faites par le gouvernement italien et le Bureau international de Berne pour la protection des œuvres littéraires et artistiques, en vue de la Conférence de revision de la Convention d'Union, qui doit se tenir à Rome.

Le texte de la Convention d'Union de Berne, revisée à Berlin, se trouve dans le livre du Congrès de Varsovie, publié après ce Congrès, par l'A. L. A. I. (p. 197 et suiv.).

Les propositions officielles du gouvernement italien et du Bureau de Berne ont fait l'objet d'une publication spéciale envoyée par le Comité exécutif de l'Association à chacun des membres de celle-ci.

Pour l'examen de la situation, se reporter au livre sur le Congrès de Varsovie (p. 135) et, pour le résumé des réformes à souhaiter, au même ouvrage (p. 208). Les propositions du Bureau de Berne et du gouvernement italien ont été étudiées par des commissions spéciales qui ont été constituées par le Comité exécutif de l'Association et ont désigné des rapporteurs pour la réunion de Lugano.

LISTE DE PRÉSENCE

BUREAU DU COMITÉ EXÉCUTIF

M. Georges Maillard, président de l'Association.
M. André Taillefer, secrétaire général.
M. Marcel Boutet, secrétaire général adjoint.
M. Jacques J.-F. Chartier, secrétaire.
M. Marcel Beurdeley, secrétaire.

RAPPORTEURS

M. Maurice Darras, avocat à la Cour de Paris.
M. J.-J. Dumoret, avocat à la Cour de Paris.
M. Fernand Jacq, avocat à la Cour de Paris.

BUREAU INTERNATIONAL DE BERNE

M. Ostertag, directeur.
M. Mentha, secrétaire.

DÉLÉGUÉS DES GOUVERNEMENTS

France

M. Grunebaum-Ballin, président du Conseil de préfecture de la Seine, délégué de M. le ministre de l'Instruction publique.

M. Drouets, directeur de la Propriété industrielle, délégué de M. le ministre du Commerce.

Italie

M. Barone, conseiller d'État.

INSTITUT INTERNATIONAL DE COOPÉRATION INTELLECTUELLE

M. Raymond Weiss, délégué.

DÉLÉGUÉS DES GROUPES ET ASSOCIATIONS

France

M. Romain Coolus, président de la *Société des auteurs et compositeurs dramatiques.*

M. Lucien Gleize, trésorier de la *Société des auteurs et compositeurs dramatiques.*

M. de Biéville, secrétaire du Comité de la *Société des auteurs et compositeurs dramatiques.*

M. Ernest Lémonon, avocat à la Cour de Paris, membre du Comité de la *Société des Gens de lettres.*

M. Joubert, président d'honneur de la *Société des auteurs, compositeurs et éditeurs de musique.*

M. Lelièvre, délégué de la *Société des auteurs, compositeurs et éditeurs de musique.*

M. Alpi Jean-Bernard, directeur de la *Société des auteurs, compositeurs et éditeurs de musique.*

M. Bourdel, ancien président du Cercle de la Librairie, délégué du *Syndicat des éditeurs.*

M. Max Leclerc, délégué du *Syndicat des éditeurs.*

M. Dommange, président de la *Chambre syndicale des éditeurs de musique.*

M. Tournier, délégué de la *Société internationale de l'édition phonographique et cinématographique.*

M. Bernard, président de la *Chambre syndicale de l'industrie et du commerce des machines parlantes.*

M. Taillefer, délégué du Comité international de T. S. F., de la Société française de photographie et du Syndicat de la propriété intellectuelle.

Allemagne

M. Maximilian Mintz, président du *Groupe allemand de l'Association.*

M. Auckenthaler, délégué du *Deutscher Musikalien Verleger Verein.*

M. le docteur Baum, délégué du groupe allemand.

M. le docteur Bock, délégué de l'*Amre,* de la *Gema* et de la *Vereinigung der Bühnenverleger.*

M. Gebhardt, délégué de la *Deutsche Gramophone A. G.* et du *Polyphonwerke A. G.*

M. Goldbaum, délégué de la *Gema* et de *Verband Deutscher Bühnenschriftsteller und Bühnenkomponisten* et *Verband deutscher Erzähler.*

M. Hoffmann, délégué du *Bœrsenverein deutscher Buchhändler.*

M. le docteur Kopsch, délégué de la *Genossenschaft deutscher Tonsetzer.*

M. le docteur Klemme, délégué du groupe allemand.

Belgique

M. Bede, président de la Chambre des Conseils en matière de propriété industrielle à Bruxelles.

M. Coppieters, délégué de l'Association belge pour la protection et le développement du droit d'auteur.

M. Rooman, délégué de la Société des auteurs, éditeurs et compositeurs de musique (Belgique et Hollande).

Espagne

M. Marcel Boutet, délégué de l'Asociacion de Escritores y Artistas de Madrid.

M. Gustavo Gili, délégué du Comité officiel du livre d'Espagne et de la Cámara oficial del libro de Barcelona.

Grande-Bretagne

M. Woodhouse, délégué de la *Performing Rights Society ltd.*, Londres.

Italie

M. Barduzzi, délégué de la Società italiana degli Autori à Rome.

M. Carisch, délégué de la Società italiana degli Autori à Rome.

Pays-Bas

M. Snijder Van Wissenkerke, président du groupe néerlandais de l'Association.

Pologne

M. le professeur Zoll, délégué du groupe polonais de l'Association.

Suisse

M. Berner, délégué de la Mechanlizenz à Berne.

M. Burrows, délégué de l'Union internationale de Radiophonie à Genève.

M. Immer, délégué de la Mechanlizenz à Berne.

M. Streuli, délégué de l'Association suisse pour la représentation des droits d'exécution à Zurich.

M. Tarlet, délégué de la Société des auteurs, éditeurs et compositeurs de musique (Suisse).

MEMBRES DE L'ASSOCIATION

États-Unis

M. Wood, éditeur à Paris.

France

M. Roger de Ségogne, avocat à la Cour de cassation.

M. Demousseaux, avocat à la Cour de Paris.

M. J.-J. Dumoret, avocat à la Cour de Paris.

M. Izouard, avocat à la Cour de Paris.

M. Labey, avoué à la Cour de Paris.

M. Servin, avoué au tribunal de 1re instance de la Seine.

M. LAURENS, avocat à la Cour de Paris.
M. LOT, » » »
M. HEPP (maison Rouart Lerolle), éditeur de musique à Paris.
M. HUMPHRIES, administrateur-délégué de la Compagnie française du Gramophone.
M. Édouard BONNEFOUS, journaliste.

Italie

M. COLOMBO (maison Ricordi), éditeur de musique à Milan.
M. Ferruccio FOA, avocat à Milan.

PROCÈS-VERBAUX DES SÉANCES

Première séance, jeudi 2 juin

(APRÈS-MIDI)

M. le président MAILLARD ouvre la séance et procède à la nomination du bureau, qui est constitué de la façon suivante :

Président : M. Georges MAILLARD.

Vice-présidents : MM. MINTZ (Allemagne), COPPIETERS (Belgique), SNIJDER VAN WISSENKERKE (Hollande), ZOLL (Pologne),

Secrétaires généraux : MM. André TAILLEFER, Marcel BOUTET.

Secrétaires : MM. IZOUARD, Marcel BEURDELEY, Jacques J.-F. CHARTIER, J.-J. DUMORET, Fernand-JACQ, Maurice DARRAS, J. DEMOUSSEAUX, Édouard BONNEFOUS.

Dans une brève allocution, le président MAILLARD salue tout d'abord les délégués officiels des divers gouvernements : M. GRUNEBAUM-BALLIN, représentant du ministre de l'Instruction publique de France; M. DROUETS, représentant du ministre du Commerce de France; M. le sénateur BARONE, conseiller d'État, représentant du gouvernement italien; M. Raymond WEISS, délégué de l'Institut international de Coopération intellectuelle. Il remercie ensuite M. OSTERTAG, directeur du Bureau international de Berne, de l'hospitalité que le gouvernement suisse offre aux membres de l'Assemblée et rappelle que c'est toujours en Suisse que l'Association tint ses séances avant les Conférences de revision de la Convention d'Union : à Berne en 1889 pour la première revision, à Neuchâtel en 1907 pour la revision de 1908 [1].

A tort on avait baptisé ces réunions du nom de Conférences. C'était pour les distinguer des Congrès à programme et public étendus. Mais cela fait confusion avec la Conférence diplomatique de revision, telle que celle qui doit se tenir en octobre à Rome [2].

M. MAILLARD rappelle le développement grandissant de l'Association et se réjouit de la constitution de divers groupes nationaux, dont l'action dans chaque pays sera beaucoup plus efficace que celle de personnalités isolées.

1. Le programme de la Conférence de Berlin fut examiné de nouveau en 1908 au Congrès de Mayence, tout de suite avant la Conférence.

2. Elle a été remise au printemps de 1928.

Dès 1924 s'était constitué le groupe roumain. Depuis le Congrès de Varsovie se sont constitués les groupes hollandais, polonais, tchécoslovaque, allemand et autrichien. D'autres groupes sont en formation et M. le Président exprime l'espoir d'en pouvoir saluer la constitution lors du prochain Congrès. Il remercie les délégués, venus nombreux à la réunion.

M. Ostertag, directeur du Bureau international de Berne, prie M. Mentha, secrétaire du Bureau, de bien vouloir le remplacer cette année pour passer en revue les faits survenus dans les divers pays, au point de vue de la propriété littéraire et artistique, depuis le Congrès de Varsovie [1].

M. le Président admire l'organisation et les traditions du Bureau de Berne qui permettent à son éminent directeur de pouvoir faire appel, en cas de nécessité, pour le suppléer, à un rapporteur tel que M. Mentha, dont la communication était remarquable par l'exactitude et l'esprit.

La Réunion aborde, aussitôt après, l'examen des propositions de revision de la Convention de Berne, préparées par le Bureau de Berne et le gouvernement italien [2].

M. le Président communiquera, au fur et à mesure, les vœux des groupes qui n'ont pas pu se faire représenter, mais ont délibéré sur la revision de la Convention d'Union de Berne et donné leur sentiment [3].

Article premier

Pas d'observations.

Article 2

Texte proposé. — (1) « L'expression « œuvres littéraires et artis-
« tiques » comprend toute production du domaine littéraire, scien-
« tifique ou artistique, *qu'elle soit écrite, plastique, graphique ou*
« *orale*, telle que : les livres, brochures et autres écrits ; les œuvres
« dramatiques ou dramatico-musicales, les œuvres chorégraphiques
« et les pantomimes dont la mise en scène est fixée par écrit ou
« autrement ; les compositions musicales avec ou sans paroles ; les
« œuvres de dessin, de peinture, d'architecture, de sculpture, de
« gravure, *de lithographie et des arts appliqués à l'industrie* ; les
« illustrations, les cartes géographiques ; les plans, croquis et
« ouvrages plastiques, relatifs à la géographie, à la topographie, à
« l'architecture ou aux sciences.

(2) « Sont protégés comme des ouvrages originaux, sans préju-
« dice des droits de l'auteur de l'œuvre originale, les traductions,
« adaptations, arrangements de musique et autres reproductions

1. Voir en annexe le rapport de M. Mentha, p. 86.

2. C'est le texte proposé par le Bureau de Berne et le gouvernement italien, tel qu'il figure dans le programme de la Conférence de Rome, qui a été précédemment distribué, avec exposé des motifs. Les mots soulignés sont ceux que le programme de la Conférence intercale dans le texte actuellement en vigueur.

3. Voir *infra* les propositions des groupes autrichien et tchécoslovaque.

« transformées d'une œuvre littéraire ou artistique, ainsi que les « recueils de différentes œuvres.

(3) « *Les œuvres mentionnées ci-dessus, quel qu'en soit le mérite « ou la destination, jouissent de la protection dans tous les pays de « l'Union.* »

Alinéa 1er. — M. le professeur Zoll, au nom du groupe polonais, propose de maintenir le texte actuel, parce que la modification proposée par le Bureau de Berne ne protège pas les œuvres musicales.

M. Dommange est du même avis, parce que le texte primitif a une portée plus générale.

Le *Groupe tchécoslovaque* demande le remplacement du mot « reproduction » par le mot « manifestation ».

M. Mintz signale que l'expression « reproduction » apportait une garantie suffisante aux musiciens, dans la formule « quel qu'en soit le mode ou la forme de reproduction », que le Bureau de Berne propose de remplacer par « qu'elle soit écrite, plastique, graphique ou orale ».

M. Coolus est du même avis et propose la rédaction suivante : *Les œuvres littéraires et artistiques comprennent toutes les productions du domaine littéraire, scientifique et artistique, quel qu'en soit le mode ou la forme d'expression.*

La proposition est renvoyée à la Commission de rédaction.

M. le président Maillard montre que l'énumération de l'alinéa 1er, qui n'est pas limitative, contient des lacunes. Il signale qu'on a proposé d'ajouter : « Les œuvres photographiques et cinématographiques. »

M. Coolus demande d'y ajouter également les œuvres radiophoniques, assurant qu'il y aura des créations radiophoniques.

M. Goldbaum croit cependant qu'il ne peut y avoir que des reproductions radiophoniques.

L'insertion des mots *de lithographie* proposée par le Bureau de Berne est approuvée à l'unanimité.

Le *Groupe autrichien* propose d'ajouter *les œuvres de la danse*.

Sa demande est écartée, puisque le texte actuel vise déjà les œuvres chorégraphiques.

Pour bien montrer que l'énumération du texte actuel n'est pas limitative, M. Coolus demander d'ajouter à la fin : *etc.*

M. Grunebaum-Ballin préfère l'insertion du mot « notamment ».

Alinéa 2. — M. le professeur Zoll, afin de bien montrer que la Convention ne protège que les œuvres qui supposent une production créatrice, demande d'ajouter les mots : *sous réserve que ces œuvres d'adaptation, transformation, etc., présentent à leur tour un caractère d'originalité.*

M. le président Maillard lui fait remarquer qu'une œuvre, pour être protégée, doit toujours présenter un caractère d'originalité ou, plus simplement, de nouveauté, car il est à craindre qu'en exigeant l'originalité on se préoccupe du mérite de l'œuvre. La question, en France, est laissée à l'appréciation du juge.

M. Dommange craint que la proposition de M. le professeur Zoll ne protège insuffisamment les arrangements musicaux.

M. Korsch rappelle que cette question a été examinée au Congrès international des Sociétés d'auteurs et compositeurs à Rome, où la délégation allemande a proposé de distinguer entre les œuvres originales et les œuvres techniques; une adaptation musicale, pour être protégée, ne doit pas être seulement technique.

Plusieurs délégués font remarquer que la proposition de M. Zoll est dangereuse, notamment en ce qui concerne les traductions, dont le mérite est précisément d'être une reproduction fidèle et non point une création originale.

M. Max Leclerc signale que la proposition de M. Zoll entraînerait de graves difficultés, du fait du renversement de la preuve qu'elle implique.

M. Gleize demande de remplacer le mot « originalité » par le mot « apport personnel ».

M. Dommange, envisageant le cas où un morceau écrit pour un ton est transposé dans un autre ton, montre qu'ainsi le côté technique peut parfois seul intervenir et que néanmoins cette transposition mérite d'être protégée.

M. Hepp croit qu'il n'y a qu'un malentendu et qu'il faut tenir compte des divers intérêts en jeu.

M. Joubert précise que les propositions allemandes cherchent à atteindre les chefs d'orchestre de cinéma. En France, la Société des auteurs, éditeurs et compositeurs de musique examine si les œuvres présentent un caractère d'originalité. Il croit qu'il faut laisser le pouvoir d'appréciation aux sociétés d'auteurs compétentes et non pas à des tribunaux, forcément incompétents.

M. le professeur Zoll répond à ces diverses critiques : il déclare qu'en ce qui concerne la preuve la présomption d'originalité de l'œuvre subsistait. Il ajoute que sa proposition voulait protéger les œuvres ayant un caractère personnel et accepte de la retirer.

M. le président Maillard désire dissiper tout malentendu et voudrait mettre M. le professeur Zoll d'accord avec le principe posé par la Convention, qui entend exclusivement protéger l'œuvre personnelle. Mais il croit qu'il faut laisser les choses en l'état. Toute traduction, tout arrangement musical présentent un caractère d'originalité qui mérite la protection, à moins qu'il ne s'agisse d'une véritable contrefaçon, qui, dans ce cas, ne saurait être protégée.

M. Dumoret propose d'ajouter le mot *scientifique* après les mots « œuvre littéraire ou artistique »; il fait remarquer que le texte actuel de l'alinéa 2 reproduit l'énumération de l'alinéa 1er, mais en la limitant, puisqu'il ne vise plus les œuvres scientifiques.

M. le président Maillard estime qu'il est difficile de préciser en quoi consiste la traduction d'une œuvre scientifique, et propose de renvoyer dans l'alinéa 2 aux œuvres visées à l'alinéa 1er.

M. Leclerc reprend la proposition de M. Dumoret, pour assurer la protection de l'œuvre scientifique, qui est une chose distincte de l'invention scientifique.

M. Grunebaum-Ballin demande aux délégués de ne pas chercher à modifier des textes qui répondent aux besoins actuels et de concentrer leurs efforts sur les grandes questions, beaucoup plus délicates, qui sont à l'ordre du jour.

Alinéa 3. — Le nouveau texte proposé par le Bureau de Berne est accepté sans observations.

L'alinéa 4 du texte actuel, qui limitait la protection des œuvres d'art appliqué à l'industrie, se trouve supprimé, conformément aux propositions du Bureau de Berne.

Article 3

Texte proposé. — « La présente Convention s'applique aux « œuvres photographiques et aux œuvres obtenues par un « procédé analogue à la photographie. *Ces œuvres jouissent, quel « qu'en soit le mérite ou la destination, de la protection dans tous les « pays de l'Union.* »

M. Ostertag précise que, dans son esprit, il ne doit plus y avoir de formalités à accomplir pour mériter la protection.

M. Zoll approuve les propositions du Bureau de Berne, conformes à la législation polonaise.

M. Taillefer fait remarquer que l'adjonction votée de l'article 2 rend parfaitement inutile le maintien de l'article 3. Mais faut-il s'arrêter là dans la protection de l'œuvre photographique ? De nombreuses questions se posent, notamment celle de la protection à partir de la création de l'œuvre. Un premier progrès à faire serait d'assurer un minimum de protection uniforme pendant vingt ans après la création dans les divers pays. On pourrait aussi envisager la création d'une Caisse de perception internationale, touchant les droits d'auteur, en cas de publication d'œuvres dont les auteurs sont inconnus.

M. Max Leclerc propose de préciser le point de départ de la naissance de l'œuvre et demande d'obliger les photographes, désireux d'obtenir la protection, à signer et à dater leurs œuvres.

M. Grunebaum-Ballin est d'avis de fixer la durée de la protection des œuvres photographiques dans l'article 7, afin de ne pas bouleverser le plan de la Convention.

M. Ostertag fait une distinction entre le fond et la forme. On veut avec raison protéger les œuvres photographiques ; mais il faut faire une œuvre positive, restreindre les vœux et envisager ce qui est réalisable. C'est une question de rédaction. Répondant à une question du président Maillard, M. Ostertag précise à nouveau que la protection des œuvres photographiques n'est subordonnée à l'accomplissement d'aucune formalité. Il n'y a de différence avec la protection des œuvres littéraires ou artistiques en général qu'en ce qui concerne la durée.

Pour éviter de dénuméroter, M. le président MAILLARD est d'avis de préciser nettement dans l'article 3 le point de vue du Bureau de Berne.

M. le professeur ZOLL, afin de maintenir en vigueur la loi polonaise, propose d'ajouter un alinéa 2 ainsi conçu : « La protection de ces œuvres peut être assujettie dans la législation intérieure de chaque pays à la condition que réserve expresse du droit d'auteur soit faite dans la reproduction. »

M. le PRÉSIDENT regrette vivement que le groupe polonais se trouve sur ce point en désaccord avec les principes posés par la Convention d'Union.

La solution est renvoyée à la Commission de rédaction.

Le Secrétaire :
Marcel BEURDELEY.

Deuxième séance. — Vendredi 3 juin

(MATIN)

M. Georges MAILLARD préside la séance.

M. JOUBERT présente son rapport sur les articles 4 et 7 du texte de la Convention d'Union[1].

ARTICLE 4

Texte proposé. — (1) « Les auteurs ressortissant à l'un des pays de « l'Union jouissent, dans les pays autres que le pays d'origine de « l'œuvre, pour leurs œuvres, soit non publiées, soit publiées pour « la première fois dans un pays de l'Union, des droits que les lois « respectives accordent actuellement ou accorderont par la suite « aux nationaux, ainsi que des droits spécialement accordés par la « présente Convention.

(2) « La jouissance et l'exercice de ces droits ne sont subordonnés « à aucune formalité; cette jouissance et cet exercice sont indépen- « dants de l'existence de la protection dans le pays d'origine de « l'œuvre. Par suite, en dehors des stipulations de la présente Con- « vention, l'étendue de la protection ainsi que les moyens de « recours garantis à l'auteur pour sauvegarder ses droits se règlent « exclusivement d'après la législation du pays où la protection est « réclamée.

1. Voir *infrà*, p. 50.

(3) « Est considéré comme pays d'origine de l'œuvre : pour les « œuvres non publiées, celui auquel appartient l'auteur; pour les « œuvres publiées, celui de la première publication, et pour les « œuvres publiées simultanément dans plusieurs pays de l'Union, « celui d'entre eux dont la législation accorde la durée de protec- « tion la plus courte. Pour les œuvres publiées simultanément dans « un pays étranger à l'Union et dans un pays de l'Union, c'est ce « dernier pays qui est exclusivement considéré comme pays d'ori- « gine. *Dans ce dernier cas, une œuvre publiée même quatorze jours « auparavant est considérée comme simultanément publiée dans un « pays de l'Union, si la loi de ce pays admet la simultanéité. Jusqu'à « preuve du contraire, la publication faite dans un pays de l'Union est « réputée faite la première.*

(4) « Par œuvres publiées, il faut, dans le sens de la présente Con- « vention, entendre les œuvres éditées. La représentation d'une « œuvre dramatique ou dramatico-musicale, l'exécution d'une « œuvre d'art et la construction d'une œuvre d'architecture ne « constituent pas une publication. »

M. Woodhouse, représentant de la « Société anglaise des droits d'auteur », signale au Congrès une décision récente d'un tribunal canadien.

Il s'agissait, en l'espèce, d'une œuvre unioniste qui avait été jouée sans redevance; les demandeurs, ayants droit de l'auteur, avaient été déboutés de leur action, car l'article 39 de la loi canadienne exige un dépôt de duplicata de l'acte de cession, et ce dépôt n'avait pas eu lieu.

M. Woodhouse estime que cet article 39 de la loi canadienne est en contradiction avec l'article 4 de la Convention d'Union.

Il présente le vœu que la Convention soit respectée.

M. Grunebaum-Ballin propose de créer un tribunal d'arbitrage pour résoudre les difficultés nées de l'interprétation de la Convention d'Union, afin d'éviter d'attendre la réunion d'une nouvelle Conférence de revision. Il cite l'exemple des tribunaux d'arbitrage institués par l'article 428 du traité de Versailles et concernant la main-d'œuvre et l'immigration.

M. Barone fait remarquer que seule une Conférence peut reviser la Convention d'Union et qu'en ce qui concerne l'interprétation même du texte de la Convention, les tribunaux de chaque pays sont compétents et ont un pouvoir souverain d'appréciation.

(La question sera reprise quand on passera en revue la situation dans les divers pays.)

M. Woodhouse propose, d'autre part, de dire dans l'article 4 qu'au cas d'édition simultanée dans un pays étranger à l'Union et dans un pays de l'Union, l'œuvre bénéficiera, dans tous les pays de l'Union, de la protection accordée par ceux-ci aux œuvres purement unionistes et que l'édition offerte au public pourra être celle même du pays non unioniste.

M. le Président observe qu'il ne suffit pas qu'on mette en vente dans le pays de l'Union les exemplaires de l'édition faite en dehors de l'Union. Il faut qu'il y ait réellement une « édition » dans le pays de l'Union.

(Le vœu de M. Woodhouse est écarté à l'unanimité.)

Le groupe tchécoslovaque est hostile à la proposition de Berne.

(Il sera statué ultérieurement, sur les conclusions de la commission, qui préparera un nouveau texte d'après les propositions de M. Joubert.)

Une proposition tendant à commencer la deuxième phrase de l'alinéa 4 de l'article 4 par les mots : « Par exemple », est admise unanimement.

Article 6

Texte actuel. — « Les auteurs ne ressortissant pas à l'un des « pays de l'Union, qui publient pour la première fois leurs œuvres « dans l'un de ces pays, jouissent, dans ce pays, des mêmes droits « que les auteurs nationaux et, dans les autres pays de l'Union, des « droits accordés par la présente Convention. »

Aucune proposition n'est faite par le Bureau de Berne. Mais il est donné lecture d'un rapport de M. Halpérine-Kaminski, qui tend à la suppression de l'article 6 et subsidiairement à assurer le bénéfice dudit article aux seuls auteurs qui, dans leur pays d'origine, jouissent des droits d'auteur équivalant à ceux accordés par la Convention d'Union, et à condition d'une réciprocité de ces droits assurée aux auteurs étrangers. (Ce rapport est unanimement applaudi.)

M. le Président fait remarquer qu'il existe un arrangement spécial, du 20 mars 1914[1], qui répond tout à fait au subsidiaire de M. Halpérine.

M. Ostertag ajoute que le protocole additionnel n'a été utilisé que par le Canada, pour qui, du reste, il avait été demandé par la Grande-Bretagne.

MM. Leclerc et Coolus proposent de l'introduire dans l'article 6.

M. Lémonon estime qu'il y est virtuellement.

M. Grunébaum-Ballin souligne l'intérêt du rapport de M. Halpérine-Kaminski, dont l'objet essentiel est de détruire l'article 6 et ne conclut que subsidiairement dans le sens du protocole de 1914.

M. Lémonon propose une rédaction qui réserve la question.

MM. Coolus et Joubert préféreraient une décision de la Réunion. Ce serait plus efficace pour Rome.

M. Ostertag fait remarquer que la proposition est faite à l'encontre de toutes les lois modernes sur le droit d'auteur.

(L'Assemblée félicite unanimement M. Halpérine-Kaminski de son très remarquable rapport.)

M. Barone, représentant du gouvernement italien, voudrait que ce rapport fût communiqué aux gouvernements.

1. Voir volume du Congrès de Varsovie, p. 207.

(Il sera annexé aux procès-verbaux de la réunion, lesquels seront communiqués aux gouvernements.)

Article 7

Texte proposé. — (1) « La durée de la protection accordée par la « présente Convention comprend la vie de l'auteur et cinquante ans « après sa mort.

(2) « Toutefois, dans le cas où cette durée ne serait pas uniformé- « ment adoptée par tous les pays de l'Union, la durée sera réglée « par la loi du pays où la protection sera réclamée et elle ne pourra « excéder la durée fixée dans le pays d'origine de l'œuvre. *Une « différence entre l'étendue de la protection accordée dans le pays « d'origine et celle qui est établie dans le pays où la protection est « demandée ne fait pas obstacle à l'application de cette disposition.*

(3) « Pour les œuvres photographiques et les œuvres obtenues par « un procédé analogue à la photographie, pour les œuvres post- « humes, pour les œuvres anonymes ou pseudonymes, la durée de « la protection est réglée par la loi du pays où la protection est « réclamée, sans que cette durée puisse excéder la durée fixée dans « le pays d'origine de l'œuvre.

(4) « Les droits des ayants cause d'un collaborateur prédécédé « subsistent jusqu'à l'expiration des droits du dernier survivant des « collaborateurs. »

La discussion est ouverte sur la partie des conclusions du rapport de M. Joubert qui est relative à l'article 7.

Le Président fait connaître qu'au très important Congrès de la Confédération internationale des Sociétés d'auteurs et compositeurs, à Rome, le 19 mai dernier, il y a eu un vœu unanime pour l'unification de la durée des droits d'auteur[1].

M. Goldbaum signale que ce vœu a été émis sur la proposition allemande.

Le Président demande au groupe allemand quel est actuellement l'état d'esprit en Allemagne, sur l'unification de la durée à cinquante ans.

M. Mintz dit que le groupe allemand de l'Association a voté pour l'unification, par 19 voix contre 14.

Il déclare également que le Comité consultatif et économique a adopté cinquante ans, mais le Bœrsenverein n'a pas accepté les cinquante ans. Toutefois, il n'y a plus l'unanimité contraire que l'on pouvait remarquer jusqu'à ce jour.

M. Goldbaum ajoute que presque tous les auteurs sont favorables à la durée de cinquante ans.

Le Président remercie M. Goldbaum des spirituelles et entraînantes brochures qu'il a consacrées au bon combat pour la durée de cinquante ans.

Il espère qu'en Autriche, où le groupe autrichien de l'Association littéraire et artistique internationale n'est pas arrivé à réunir la

1. Voir procès-verbal du Congrès, p. 27 et s.

majorité sur l'unification de la durée de cinquante ans, le contre-coup de l'opinion allemande se fera sentir. Il espère que le Japon suivra la réforme tant espérée.

En Suisse, M. OSTERTAG a fait une propagande, dont il doit être chaleureusement remercié.

Pour la Suède, la réduction à trente ans après la mort de l'auteur a été surtout la conséquence de l'exemple de l'Allemagne.

MM. OSTERTAG et GOLDBAUM font remarquer que la Suède suivrait certainement l'Allemagne.

M. le professeur ZOLL propose un alinéa relatif aux droits des *personnes morales*.

M. BARONE fait remarquer que la durée de ces droits a été fixée à vingt ans par la loi italienne.

M. GRUNEBAUM-BALLIN estime que le délai de cinquante ans, pour les personnes morales, est excessif, mais que d'ailleurs la question n'est pas encore mûre.

M. Max LECLERC propose que le point de départ du délai ne soit pas la première édition, mais la première publication.

(Cette proposition est acceptée à l'unanimité.)

On propose donc d'ajouter à la suite de l'alinéa 1er :

« *Si le droit d'auteur appartient dès l'origine à une personne morale, il* « *expire cinquante ans après la première publication de l'ouvrage.* »

Le PRÉSIDENT tient à déclarer que la durée du droit d'auteur, prévue dans l'article 7, doit être la durée du droit privatif. Il ne peut être question de domaine public payant ou de licence obligatoire qu'après l'expiration du droit privatif[1].

Le Secrétaire,
Maurice DARRAS.

Troisième séance. — Vendredi 3 juin

(APRÈS-MIDI)

M. Georges MAILLARD préside la séance.

ARTICLE 7 (*suite*)

La discussion est ouverte sur l'alinéa 3 de l'article 7.

M. le professeur ZOLL, au nom du groupe polonais, estime qu'on ne doit pas appliquer le délai de cinquante ans *post mortem* aux *œuvres cinématographiques* et *compositions musicales destinées aux instruments mécaniques*, et il propose de les faire figurer dans l'alinéa 3, à côté des œuvres photographiques.

(Sur intervention de M. le PRÉSIDENT, il est décidé que ces questions seront discutées aux articles 13 et 14.)

M. Max LECLERC donne connaissance du texte qu'il a rédigé, d'ac-

1. Voir rap. Joubert, p. 52.

cord avec M. Taillefer, pour les *œuvres photographiques*, et indique qu'il lui paraît préférable de traiter séparément et uniquement de ces œuvres dans l'article 3 et de les exclure de l'article 7, alinéa 3.

(Au cours de la discussion, on propose d'indiquer expressément que le cinématographe n'est pas compris parmi les « œuvres obtenues par un procédé analogue à la photographie », puis de supprimer cette expression. Mais, sur l'observation que ces termes n'ont jamais soulevé de difficulté d'interprétation depuis 1908, aucune de ces deux idées n'est retenue. Seule la proposition de traiter dans l'article 3 tout ce qui a trait à la photographie est admise.)

Il est décidé que les œuvres photographiques seront supprimées de l'alinéa 3 de l'article 7 et aussi les *œuvres pseudonymes*, après intervention de M. Coolus, qui estime qu'il n'y a aucune raison pour les soumettre à un régime particulier.

La discussion porte ensuite sur l'alinéa 4, introduisant une nouvelle disposition unificatrice pour la collaboration; il est adopté à l'unanimité.

La Réunion décide, en outre, de faire figurer à l'alinéa 2, devenu libre, la proposition, contenue au rapport de M. Joubert, relative au droit d'auteur appartenant dès l'origine à une personne morale.

On adopte une proposition faite par M. le professeur Zoll, tendant à préciser que « la durée du droit d'auteur est comptée, par année, à partir du 1er janvier de l'année qui suit le décès de l'auteur, l'édition légale ou tout autre événement prévu comme commencement ».

Article 9

Texte proposé. — (1) « Les romans-feuilletons, les nouvelles ou « toutes autres œuvres, soit littéraires, soit scientifiques, soit artis- « tiques, quel qu'en soit l'objet, publiés dans les journaux ou recueils « périodiques d'un des pays de l'Union, ne peuvent être reproduits « dans les autres pays sans le consentement des auteurs.

(2) « *Les articles de discussion politique, économique, religieuse et « autres du même genre pourront être reproduits de périodique à « périodique si la reproduction n'en est pas expressément interdite.* « Toutefois, la source doit être indiquée; la sanction de cette obli- « gation est déterminée par la législation du pays où la protection « est réclamée.

(3) « La protection de la présente Convention ne s'applique pas « aux nouvelles du jour ou aux faits divers qui ont le caractère de « simples informations de presse. »

M. Lémonon demande qu'on précise que le terme « recueils périodiques » figurant à l'alinéa 1 s'entend seulement des revues qui paraissent périodiquement et non des livres.

M. Grunebaum-Ballin fait observer qu'il considère que c'est seulement là une question d'interprétation pour les magistrats des divers pays, et il n'est pas donné suite à l'observation de M. Lémonon.

M. Maurice DARRAS, résumant son rapport[1], propose de définir ce qu'est la source, par l'adjonction entre parenthèses des mots : « titre et numéro du journal, et nom de l'auteur s'il est connu ». Il s'élève ensuite contre la possibilité de reproduction « de périodique à périodique », estimant préférable de revenir à la seule possibilité d'emprunt de « journal à journal », et ce, en donnant du journal une définition qui pourrait être la suivante : « feuille quotidienne, au plus hebdomadaire, mais ayant pour objet essentiel l'information ». Enfin, il est à craindre que la place à part faite à des articles de discussion ne soit ou inutile ou dangereuse, et il voudrait que le texte actuel fût maintenu.

Après échange d'observations, il est décidé que l'on recherchera une nouvelle rédaction de l'article 9.

M. le professeur ZOLL fait d'abord remarquer, au nom du groupe polonais, que dans la proposition Italie-Berne, les mots « du même genre » sont insuffisants et par trop imprécis, laissant ainsi aux tribunaux un pouvoir d'appréciation qu'il sera facile d'éviter en employant une expression moins vague.

Cette idée est partagée par M. Max LECLERC, qui est d'avis notamment de définir la « source », mais non le « journal » ; il estime, en effet, cette définition impossible et le démontre en citant le *Journal des Savants*, qui paraît tous les trois mois et ne rentrerait pas ainsi dans la définition proposée par le rapporteur.

A la suite de cette intervention, M. le directeur OSTERTAG déclare qu'il peut renoncer aux mots « et autres du même genre ».

De son côté, M. DARRAS accepte de renoncer à la définition du mot « journal »; mais il insiste à nouveau sur le danger de la proposition du bureau de Berne.

M. Max LECLERC pense que l'utilité de la proposition est amplement justifiée si l'on se place au point de vue des réserves faites par six États sur l'article 9 du texte de Berlin et qu'il faudrait faire disparaître en trouvant un nouveau texte auquel tous les États pourraient se rallier.

M. le directeur OSTERTAG abonde dans le même sens.

M. BARONE fait observer qu'il faudrait, pour que le texte proposé fût en harmonie avec la loi italienne, supprimer les mots « si la reproduction n'en est pas expressément interdite ». Les articles de polémique politique ou administrative peuvent toujours être reproduits, pourvu que la source soit citée et le nom de l'auteur mentionné, si l'article est signé[2].

1. Voir *infrà*, p. 54.

2. ART. 4. — Les articles, monographies, notices, dessins et vignettes insérés dans les journaux, revues ou autres publications périodiques sont protégés à partir du jour de leur publication, sans aucune réserve ni autres formalités. Peuvent toutefois être reproduits les articles de polémique politique et administrative, les informations et les nouvelles, pourvu que la source soit citée et que le nom de l'auteur soit indiqué si la source est citée. (Texte de la loi italienne, *Bulletin de l'Association*, *Varsovie*, 1926, p. 176.)

M. Baruzzi pense que l'amendement de Berne à l'alinéa 2 de l'article 9 de la Convention correspond au premier alinéa de l'article 4 de la loi italienne, qui protège les articles de journaux sans nécessité de réserve ni autres formalités, et non au deuxième alinéa qui permet la reproduction des informations et nouvelles et des articles de polémique.

M. Barone estime, en effet, que dans la pensée du gouvernement italien, les mots « polémique politique » n'ont peut-être pas le même sens que l'expression « articles de discussion politique », qui peut paraître englober autre chose que des articles d'actualité justifiés par les nécessités de la polémique.

M. Coolus estime qu'un grand article dans une revue est une œuvre qui ne doit pas pouvoir être reproduite, et il déclare appuyer un amendement proposé par M. Izouard, d'accord d'ailleurs en cela avec le rapporteur, tendant à remplacer les mots « de périodique à périodique » par les mots « de journal à journal ».

M. Ostertag déclare qu'il n'y verrait pas d'inconvénient, si ce n'était à l'égard des pays réservataires.

La discussion étant close, la proposition du Bureau de Berne est mise aux voix avec la modification de l'amendement Izouard, la définition de la source et la suppression des mots « et autres du même genre ». Elle est adoptée à la majorité.

On examine une proposition faite par M. Mintz au nom du groupe allemand, tendant à insérer dans l'alinéa 2 de l'article 9, après les mots « de journal à journal », les mots « ou être transmises par la télégraphie ou la téléphonie, avec ou sans fil, ou par tout autre moyen analogue ».

M. Foa estime que la radiophonie est une chose tout à fait différente du journal et qu'elle aura d'ailleurs sa place particulière dans la Convention.

M. Mintz précise que la proposition du groupe allemand ne vise nullement la radiophonie en général, mais, par exemple, un article qui serait, non pas répandu par la voie d'un journal, mais diffusé au moyen du télégraphe, du téléphone ou de la radiophonie.

M. Marcel Boutet ne croit pas que l'on puisse assimiler un article radiophoné à un article imprimé.

(A la suite de cette intervention, la proposition, mise aux voix, est écartée.)

Article 10

Texte proposé. — (1) « Il est permis de faire, dans un but de « critique, de polémique ou d'enseignement, des analyses ou courtes « citations textuelles d'œuvres littéraires publiées.

(2) « En ce qui concerne la faculté de faire licitement d'autres « emprunts à des œuvres littéraires ou artistiques, est réservé l'effet « de la législation des pays de l'Union et, s'il est plus favorable à « l'auteur, celui des arrangements particuliers conclus ou à conclure « entre eux.

(3) « Tous les emprunts reconnus licites doivent être conformes

« au texte original et accompagnés de l'indication exacte de la « source (titre de l'œuvre, nom de l'auteur s'il est connu). »

M. Dommange, avant de lire son rapport, tient à préciser dans quel esprit a été rédigé, par la commission des emprunts, le texte proposé par elle pour l'article 10. Deux solutions extrêmes et absolues s'affrontent : l'entière liberté laissée aux lois internes de régler la faculté d'emprunt, ou l'interdiction, au contraire, de faire des emprunts sans l'autorisation de l'auteur. Pour rendre une réforme réalisable, la commission s'est ralliée à une solution intermédiaire : la reconnaissance de la faculté d'emprunt sans autorisation, mais avec une limitation de cette faculté. Ainsi la Convention de Berne assurerait aux auteurs sur ce point, comme dans d'autres domaines, un minimum de droit conventionnel. Si ce minimum n'est pas garanti aux auteurs unionistes, les facultés trop larges d'emprunt accordées par de nombreuses législations, à la faveur de l'article 10, atteindront de plus en plus le droit d'auteur, que la Convention s'efforce par ailleurs de protéger.

M. Dommange donne lecture ensuite de son rapport et des propositions auxquelles il aboutit[1]. Il précise, sur la demande de M. le Président, que ces conclusions constituent, non pas un amendement, mais des contre-propositions.

M. Ostertag accepte de les prendre pour base de discussion, mais à condition d'éviter d'y faire figurer des chiffres.

(La discussion, n'étant possible que sur un texte dactylographié, est renvoyée à la prochaine séance[2].)

Article 11

Texte actuel. — « Les stipulations de la présente Convention « s'appliquent à la représentation publique des œuvres dramatiques « ou dramatico-musicales, et à l'exécution publique des œuvres « musicales, que ces œuvres soient publiées ou non.

« Les auteurs d'œuvres dramatiques ou dramatico-musicales sont, « pendant la durée de leur droit sur l'œuvre originale, protégés « contre la représentation publique non autorisée de la traduction « de leurs ouvrages.

« Pour jouir de la protection du présent article, les auteurs, en « publiant leurs œuvres, ne sont pas tenus d'en interdire la repré- « sentation ou l'exécution publique. »

Cet article fait l'objet d'un rapport de M. Alpi Jean-Bernard[3]. Il est important, surtout en ce qui concerne la Grèce, l'Italie, le Japon et les Pays-Bas, qui n'ont pas adhéré sur ce point au texte de Berlin[4].

1. Voir *infrà*, p. 61.
2. Voir 4e séance, p. 29 et s.
3. Voir *infrà*, p. 68.
4. Voir pour la suppression de la faculté de réserves, *infrà*, p. 35.

ARTICLE 11 *bis*

TEXTE ENTIÈREMENT NOUVEAU. — (1) « *Les auteurs d'œuvres littéraires ou artistiques jouissent du droit exclusif d'autoriser la communication de leurs œuvres au public par la télégraphie ou la téléphonie avec ou sans fil ou par tout autre moyen analogue servant à transmettre les sons ou les images.*

(2) « *Les artistes qui exécutent des œuvres littéraires ou artistiques jouissent du droit exclusif d'autoriser la diffusion de leur exécution par l'un des moyens prévus à l'alinéa précédent.* »

M. Marcel BOUTET, rapporteur[1], déclare que le principe posé par l'alinéa 1 est conforme aux vœux de l'Association. Il en accepte l'esprit, mais désire que le texte en soit plus étendu et que notamment l'expression « œuvres littéraires et artistiques », qui est insuffisante, soit remplacée par la nomenclature de l'article 2 de la Convention, y compris les œuvres cinématographiques :

« *Les auteurs d'une production* du domaine littéraire, scientifique, *cinématographique* ou artistique *jouissent du droit exclusif d'autoriser la communication de leur œuvre au public par la télégraphie ou la téléphonie avec ou sans fil ou par tout autre moyen analogue servant à transmettre les sons et les images.* »

M. OSTERTAG n'y voit pas d'inconvénient.

M. le président MAILLARD fait connaître la proposition votée par le Congrès du Comité juridique international de la T. S. F. à Genève :

« Les auteurs d'une production du domaine artistique, littéraire, cinématographique ou scientifique, jouissent du droit exclusif d'en autoriser la diffusion ou la communication au public par la télégraphie ou la téléphonie avec ou sans fil ou par tout autre moyen analogue servant à transmettre les sons ou les images.

« Les droits sont dus par tous les postes d'émission, de relai ou de retransmission, pour toute radio-diffusion des œuvres protégées. »

M. le directeur DROUETS, qui assistait au Congrès de Genève, expose la portée de cette proposition : le mot diffusion a remplacé les termes « émission » ou « communication », parce que ces derniers peuvent aussi bien s'appliquer pour l'usage d'un particulier.

Mais on fait aussitôt observer que le texte proposé pour la Convention ne prête pas à cette ambiguïté, puisqu'il porte « communication au public », et qu'au surplus, c'est là une question purement de texte, qui doit être renvoyée à la commission de rédaction.

M. Marcel BOUTET propose ensuite l'adjonction d'un deuxième alinéa, non prévu aux propositions, destiné à préciser ce qui, en matière radiophonique, constitue l'émission donnant droit à une taxation au profit de l'auteur :

1. Voir son rapport, *infrà*, p. 73.

« L'émission radio-électrique constitue dans tous les cas la com-
« munication au public prévue par l'alinéa précédent. »

Le texte de cette proposition est rapproché de celui du Congrès de Genève, auquel le rapporteur le préfère, et une discussion s'engage sur l'émission, la transmission, le relai et la retransmission.

M. Joubert insiste tout spécialement sur l'importance que présente également la question de la réception, les réceptions publiques devenant de plus en plus nombreuses et légitimant une perception, que déjà la société lyrique a organisée.

M. Marcel Boutet répond que c'est là le domaine de la législation interne : il s'agit, avant tout, de faire œuvre internationale et il y aurait peut-être intérêt à poser le principe pour l'émission, sauf à chaque pays à prendre l'initiative de taxer les réceptions publiques.

M. le président Maillard pense qu'il peut être dangereux de présenter un texte qui n'oblige pas les pays unionistes à percevoir sur les réceptions publiques.

Le Rapporteur maintient son point de vue, estimant qu'il vaut sans doute mieux ne pas trop demander pour une première fois, puisqu'il s'agit d'un nouveau principe.

M. Alpi Jean-Bernard croit que le texte de Genève peut mettre tout le monde d'accord, ce qui amène le rapporteur à envisager un instant le retour au texte proposé par le Bureau de Berne.

M. Goldbaum signale alors une décision de la jurisprudence allemande (tribunal de Leipzig), décidant que toute diffusion radiophonique publique, que ce soit à l'émission ou à la réception, est soumise à l'autorisation de l'auteur.

M. le président Maillard rapporte que le groupe autrichien estime également qu'il serait bon de régler en même temps la question pour la réception, celle-ci, lorsqu'elle est publique, faisant une nouvelle publicité sur la publicité originaire.

M. Wood insiste à son tour, en signalant que, dans beaucoup d'établissements, on supprime les orchestres pour les remplacer par la radiophonie.

Enfin, M. Foa insiste dans le même sens, en rappelant que la loi italienne (art. 10) donne déjà satisfaction à cet égard.

M. Marcel Boutet répond à ces interventions que la Commission a examiné cette question, qu'elle est d'accord sur le principe et que tout se résume en une question d'opportunité.

M. Ostertag se déclare du même avis que tous les intervenants. Il précise que le terme « communication au public », employé par le Bureau de Berne dans sa proposition, implique à la fois l'émission et la réception publique.

Le principe est alors mis aux voix, adopté à l'unanimité et renvoyé à la Commission de rédaction.

M. le président Maillard fait ensuite connaître une proposition de l'Union internationale de radiophonie, tendant notamment à ne soumettre la communication des œuvres au public par la radiodiffusion à l'autorisation des auteurs qu'en ce qui concerne les œuvres inédites, les œuvres éditées étant soumises à un régime spécial de rémunération prévu par les législations nationales.

Après la lecture de cette proposition, M. GRUNEBAUM-BALLIN fait aussitôt observer qu'il n'y a pas lieu de discuter ce texte, contraire à ce qui vient d'être voté.

(Le texte est repoussé à l'unanimité.)

Après renvoi à la commission de rédaction d'une proposition tchécoslovaque[1], dont connaissance est donnée par M. le PRÉSIDENT et qui tend à faire préciser, le cas échéant, la différence entre le mot « communication » et le mot « diffusion » employés aux alinéas 1 et 2 de l'article 11 *bis*, on aborde la discussion du deuxième paragraphe de la proposition du Bureau de Berne, relative aux exécutants.

M. Marcel BOUTET donne lecture du rapport sur cette question[2]. Quel que soit le mérite de l'exécutant, il ne semble pas que son droit soit de même nature que celui de l'auteur. La conception « d'œuvre de seconde main » contenue dans les observations préliminaires n'est pas juridique; l'interprète reçoit une mission, il ne transforme pas, il crée encore bien moins. On ne peut pas donner aux exécutants droit de cité au sein de la Convention d'Union. La suppression pure et simple de l'alinéa 2 des propositions semble s'imposer.

M. le président MAILLARD fait observer que cette suppression serait conforme au vœu du Congrès international des sociétés d'auteurs et compositeurs, à Rome.

(Elle est adoptée à la très grande majorité.)

ARTICLE 13

Texte proposé. — (1) « Les auteurs d'œuvres musicales ont le droit « exclusif d'autoriser : 1° l'adaptation de ces œuvres à des instru- « ments servant à les reproduire mécaniquement ; 2° l'exécution « publique des mêmes œuvres au moyen de ces instruments.

(1 *bis*) « *Lorsqu'une œuvre musicale est adaptée à des instruments « mécaniques à l'aide d'artistes exécutants, la protection dont jouit « cette adaptation profite aussi à ces derniers.*

(2) « Des réserves et conditions relatives à l'application de cet « article pourront être déterminées par la législation intérieure de « chaque pays, en ce qui le concerne ; mais toutes réserves et « conditions de cette nature n'auront qu'un effet strictement limité « au pays qui les aurait établies.

(3) « La disposition de l'alinéa 1 n'a pas d'effet rétroactif et, « par suite, n'est pas applicable, dans un pays de l'Union, aux « *adaptations d'œuvres qui, dans le pays, ont été faites licitement « par les mêmes fabricants à des instruments mécaniques du même « genre*, avant la mise en vigueur de la présente convention.

(4) « Les adaptations faites en vertu des alinéas 2 et 3 du présent

1. Voir *infrà*, p. 107.
2. Voir *infrà*, p. 74.

« article et importées sans autorisation des parties intéressées, dans « un pays où elles ne seraient pas licites, pourront y être saisies. »

La première proposition de modification de cet article, tendant à insérer, dans un alinéa 1 *bis*, la protection des exécutants, est écartée, conformément à ce qui a été décidé sur l'article 11 *bis*.

Avant d'examiner la seconde proposition du Bureau de Berne, M. Marcel Boutet, rapporteur, présente une proposition de la Commission des instruments de musique mécaniques, tendant à modifier l'alinéa 1 par l'adjontion, à la fin du chiffre 1, des mots : « ainsi que l'édition consécutive à cette adaptation ».

M. Ostertag se demande si cette addition n'aurait pas pour conséquence que la mise en circulation de disques ne serait pas considérée dans tous les cas comme une édition ; il préférerait substituer le terme « mise en circulation » au terme « édition ».

M. Tournier attire l'attention de l'assemblée sur le point suivant : le mot « adaptation » peut comprendre aussi bien la confection d'une matrice que la fabrication des disques ; or, avec une seule matrice on peut tirer des millions d'exemplaires, ce qui laisse entrevoir l'importance de l'édition phonographique. Il est donc de première importance pour l'auteur, dans la pratique, d'être protégé aussi bien contre l'adaptateur que contre l'éditeur, car ce sont des personnes distinctes, et leurs opérations sont indépendantes.

M. Joubert fait d'ailleurs le rapprochement de cette situation avec celle du graveur et celle de l'éditeur en matière musicale.

M. le président Maillard ne voit cependant pas, pour cela, la nécessité de modifier le texte.

M. Tournier signale que, dans la pratique, les difficultés de ce chef sont quotidiennes.

Malgré cela, M. Abel Bernard estime que la modification envisagée ne présente pas d'intérêt. Pour lui, le mot adaptation est aussi large qu'on peut le désirer.

Sur une nouvelle intervention de M. le président Maillard, qui voit un inconvénient à faire une adjonction qui n'est peut-être pas nécessaire, la proposition du rapporteur, mise aux voix, est repoussée.

Ensuite, M. Marcel Boutet fait, au nom de la Commission, une proposition d'abrogation de l'alinéa 2 de l'article actuel qui concerne les réserves.

M. Abel Bernard attire l'attention de l'assemblée sur l'importance du vote qu'elle va émettre à cet égard, en raison de l'importance de la licence obligatoire, dont la suppression ne pourrait être acceptée par certains pays.

Mais M. Dommange fait observer que, même dans ce cas, rien n'empêcherait d'émettre une résolution tendant à la suppression des réserves et, par conséquent, de la licence obligatoire. On est d'accord pour voir là une question de principe, qu'il faut au moins poser.

La proposition d'abrogation de l'alinéa 2 de l'article 13, mise aux voix, est adoptée à la majorité.

On aborde, enfin, la seconde proposition du Bureau de Berne, modifiant l'alinéa 3.

Le rapporteur, M. Marcel Boutet, fait lui-même une proposition tendant à restreindre le « droit acquis » à l'objet matériel servant à la reproduction. Elle est rédigée en ces termes :

> « La disposition de l'alinéa 1 n'a pas d'effet rétroactif, par suite « n'est pas applicable, dans un pays de l'Union, aux *réalisations « matérielles d'adaptation licites, faites antérieurement à la mise en « vigueur de la présente convention ou en cours d'exécution lors de « cette mise en vigueur.* »

M. Abel Bernard demande le maintien du *statu quo*; sinon il y aurait, en France, par exemple, par suite de l'impossibilité d'exécuter les prescriptions de la loi de 1917 pour les œuvres déjà adaptées, une inégalité choquante.

Cependant, après différentes interventions, la proposition de la Commission, mise aux voix, est adoptée à la majorité.

La séance est ensuite levée.

Le Secrétaire,
Jacques J.-F. Chartier.

Quatrième séance. — Samedi 4 juin
(matin)

Présidence de M. Georges Maillard.

Article 10 (*suite*)

Lecture est donnée du texte des propositions de la *Commission de rédaction.*

> « *Dans toute œuvre ayant un caractère de critique, de polémique « ou d'enseignement, il est licite d'inclure des analyses ou de courtes « citations textuelles de toute production littéraire, scientifique ou « artistique, à la condition toutefois que la production analysée ou « citée ait été déjà publiée.*
>
> « *Pour les chrestomathies, anthologies et tous ouvrages d'enseigne- « ment, il est licite de faire des emprunts aux œuvres littéraires, « artistiques ou scientifiques déjà publiées, à condition que la totalité « des emprunts faits à une seule œuvre n'excède pas :*
>
> a) « *Trois pages de l'édition originale de cette œuvre ou, en tout « cas, la moitié, au plus, de cette œuvre s'il s'agit d'une œuvre scien- « tifique ou littéraire ;*
>
> b) « *Une page ou le quart, au plus, de l'œuvre, s'il s'agit d'une*

« *œuvre musicale; dans ce dernier cas, l'emprunt ne peut jamais être*
« *inséré dans une autre composition musicale.*

« *Ne peut être reproduite intégralement, sans autorisation, toute*
« *œuvre littéraire ou scientifique formant un tout (sonnet, théorème,*
« *par exemple), même si son étendue est inférieure au maximum*
« *autorisé (trois pages).*

« *Tous les emprunts reconnus licites doivent être entièrement*
« *conformes au texte original et accompagnés de l'indication exacte*
« *de la source (titre de l'œuvre, nom de l'auteur s'il est connu).*

« *La reproduction totale ou partielle des œuvres des arts graphiques*
« *et plastiques n'est licite que si elle a lieu par les procédés des arts*
« *graphiques, dans les publications ayant un caractère critique ou*
« *scientifique ou d'enseignement, et si ces œuvres ont été déjà livrées*
« *au public.* »

Après un court échange d'observations, l'alinéa relatif aux analyses et citations dans les ouvrages ayant un caractère critique, de polémique ou d'enseignement, est adopté.

On aborde ensuite les alinéas 2, 3 et 4 qui forment un tout, concernant les chrestomathies.

Sur l'alinéa 2, M. Coolus indique qu'il voudrait y voir introduire la disposition de la loi italienne sur les redevances obligatoires pour les chrestomathies.

M. Dommange lui répond qu'il ne faut peut-être pas trop faire à la fois.

M. Max Leclerc signale ensuite que, parfois, les éditeurs s'opposent à ce que certains ouvrages édités par eux soient cités dans les anthologies. C'est inadmissible. Mais il estime que le système italien de la redevance obligatoire serait un retour en arrière; il n'en est pas partisan et désire laisser aux législations intérieures le soin de traiter la question.

M. Gleize demande ensuite à M. Dommange, qui les lui fournit, quelques explications sur la limitation proposée à trois pages ou la moitié, au plus, de l'œuvre, pour les œuvres scientifiques ou littéraires, et à une page ou le quart, au plus, de l'œuvre pour les œuvres musicales.

M. Izouard approuve la motion, mais il estime que les dimensions de la citation ne sont pas suffisamment précisées et peuvent aboutir à des inégalités.

M. Max Leclerc répond que l'esprit de la proposition est d'établir une proportion avec l'importance de l'œuvre.

M. Izouard n'en préférerait pas moins que l'unité soit, en littérature, la ligne, et, en musique, la mesure.

M. Dommange réplique que la Commission y avait pensé, mais qu'elle y a ensuite renoncé.

M. Grunebaum-Ballin demande pourquoi on s'est arrêté à trois pages de l'édition originale, alors que le texte italien, dont s'inspire la proposition, prévoit les pages de la dernière édition.

M. Max Leclerc répond qu'en calculant sur la dernière édition on risquerait d'étendre démesurément la faculté d'emprunt, par exemple quand ce serait une édition populaire.

Tout le monde paraît d'accord sur l'esprit de la proposition.

M. Foa signale cependant que peut-être le Bureau de Berne a été prudent en se contentant, dans ses propositions, d'une formule générale et qu'à ses yeux la discussion qui vient d'avoir lieu le démontre. Pour lui, il n'est pas juste que les compilateurs d'anthologies puissent gagner tant d'argent au détriment des auteurs; c'est pourquoi la loi italienne a imaginé le palliatif des redevances obligatoires. Il ajoute qu'en Italie on s'opposerait certainement à la formule de la Commission, si les redevances obligatoires n'y étaient pas prévues.

M. Max Leclerc estime que M. Foa, dans ses observations, perd un peu de vue le caractère du texte proposé. Il faut concilier les régimes contraires des diverses législations nationales, qui concèdent, avec plus ou moins de libéralité, la faculté d'emprunt; un exemple typique de l'antagonisme pouvant exister à cet égard est fourni par l'Italie (redevances obligatoires) et la Suisse (liberté absolue).

M. Dommange expose alors que le sentiment de l'Assemblée est de limiter la faculté d'emprunt. Il se demande si on ne pourrait pas introduire dans l'alinéa 2 — ce qui constitue en quelque sorte une proposition d'amendement à l'amendement de M. Foa — un membre de phrase permettant aux législations internes de subordonner l'emprunt à une redevance.

M. le président Maillard se demande si ce ne serait pas là l'inverse de l'unification souhaitée. Mais M. Dommange estime qu'il s'agit, en l'espèce, non d'une question de principe, mais d'une question de détail.

M. le professeur Zoll demande ensuite la parole. Il se déclare d'accord, en principe, avec le projet soumis par M. Dommange, mais il y aurait des objections à faire à la rédaction même du texte proposé. Partant de ce principe que tout ce qui ne sera pas permis par l'article 10 sera défendu, il estime qu'il convient, pour cette raison même, de le rédiger avec beaucoup de circonspection. Ainsi, il ne trouve pas, par exemple, dans la rédaction proposée, la possibilité de publier pour la première fois dans un journal périodique des discours ou sermons, des résumés d'œuvres publiées ou représentées ou d'y donner la reproduction d'œuvres exposées dans les musées ou d'œuvres architecturales, toutes choses qui, à ses yeux, devraient être permises. Aussi, tout en acceptant le principe posé, s'abstiendra-t-il de voter le texte proposé.

M. Dommange le remercie de ses suggestions.

Puis M. le président Maillard, constatant l'adhésion au principe posé par l'alinéa 2, met aux voix les amendements.

L'amendement de M. Izouard, tendant à prendre comme unité la mesure et la ligne, est écarté.

L'amendement de M. Foa, relatif aux redevances obligatoires, objet lui-même d'un amendement de M. Dommange, provoque une intervention de M. Barone, qui propose l'adjonction suivante à l'alinéa 2 :

« Les législations intérieures des Pays contractants pourront subordonner l'exercice de cette faculté au payement d'une redevance. »

Cette proposition est adoptée à la majorité.

L'alinéa 3 du texte proposé, précisant que l'on ne peut pas emprunter intégralement une œuvre littéraire (sonnet, par exemple), même dans les conditions prévues à l'alinéa 2, est d'abord adopté à la majorité. Mais il sera, par la suite, renvoyé à la Commission de rédaction pour être mis en harmonie avec d'autres dispositions qui vont être votées.

En ce qui concerne l'alinéa 2 proposé, M. Bock suggère, approuvé en cela par MM. Leclerc, Bourdel et Dommange, d'ajouter, dans la définition de la source, le nom de l'éditeur à celui de l'auteur, s'ils sont connus, ce qui est adopté à l'unanimité après mise aux voix.

On passe ensuite à l'alinéa 5 des propositions.

M. Foa s'étonne qu'on y envisage une reproduction « totale ».

M. Max Leclerc lui répond que, sans doute, il est regrettable de traiter à part les arts graphiques et plastiques en leur donnant une solution particulière, mais il n'est guère possible de faire autrement, étant donné qu'il n'est possible de donner une idée d'une œuvre de cette nature qu'en la reproduisant intégralement.

Après le vote de cet alinéa, M. Foa fait observer que son amendement relatif aux redevances, voté à l'alinéa 2, s'applique, en réalité, à tout l'article et qu'il conviendrait, dès lors, de le faire figurer *in fine* dans un alinéa spécial. Cette suggestion est renvoyée à la Commission de rédaction.

L'examen de l'article 10 étant terminé, on reprend la discussion des articles non encore abordés.

Article 14

Texte proposé. — (1) « Les auteurs d'œuvres littéraires, scientifiques ou artistiques ont le droit exclusif d'autoriser la reproduction et la représentation publiques de leurs œuvres par la cinématographie.

(2) « Sont protégées comme œuvres littéraires ou artistiques, les productions cinématographiques lorsque, par les dispositifs de la mise en scène ou les combinaisons des incidents représentés, l'auteur aura donné à l'œuvre un caractère [1] original. *Si ce caractère fait défaut, la production cinématographique jouit de la protection des œuvres photographiques.*

(3) « Sans préjudice des droits de l'auteur de l'œuvre originale,

1. Le projet Berne-Italie biffe les mots « personnel et ».

« la reproduction par la cinématographie d'une œuvre littéraire, « scientifique ou artistique, est protégée comme une œuvre ori- « ginale.

(4) « Les dispositions qui précèdent s'appliquent à la reproduc- « tion ou production obtenue par tout autre procédé analogue à la « cinématographie. »

M. Dumoret donne lecture de son rapport[1].

M. le professeur Zoll déclare accepter en principe les propositions qui y sont contenues et promet de chercher à corriger la loi polonaise. Il s'élève contre les propositions du Bureau de Berne.

M. Goldbaum, tout en étant tout à fait d'accord avec M. Dumoret, croit qu'il faut tenir compte de la pratique. Or, en fait, c'est l'entrepreneur qui, par contrat, se fait attribuer les droits d'auteur, qui se trouvent par suite à peu près annihilés. Si on fait allusion aux collaborateurs, les droits d'auteur se trouveront complètement pulvérisés. Le film n'est, d'ailleurs, pas une collaboration, puisque les prétendus collaborateurs travaillent les uns après les autres. En Allemagne, on a demandé que l'auteur du film soit l'entrepreneur au nom de qui le film est fait, réserve faite du droit des collaborateurs.

M. Barone déclare que la loi italienne protège le titre, qui n'est pas générique, et demande que la protection de l'œuvre s'étende au titre. Il faut même le protéger à l'avance, non pas lors de la représentation du film, mais dès la publication du titre.

Plusieurs délégués proposent de définir le pays d'origine du film, qui doit être celui du siège de l'entreprise, la représentation du film étant identique à l'édition.

M. le président Maillard montre que la Conférence de Lugano s'est tracé un programme limité. Il ne faut pas émettre des vœux en dehors de la modification de la Convention de Berne.

M. Ostertag approuve les propositions de M. Dumoret, mais demande de réserver la question des collaborateurs. (Le principe de l'alinéa 1 des propositions de M. Dumoret est adopté à l'unanimité.)

A l'occasion de l'alinéa 2, M. Coolus demande l'insertion du mot « scientifique », déjà employé à l'alinéa 1. Il propose également d'ajouter « adaptation », après le mot « reproduction », et de remplacer le mot « représentation » par le mot « présentation ».

(Le principe de l'alinéa 2 est adopté à l'unanimité. Le principe de l'alinéa 3 est adopté à l'unanimité. Il est de même de l'alinéa 4, après une modification proposée par M. Goldbaum, concernant la signature des collaborateurs.)

A propos de l'alinéa 5, une discussion s'engage au sujet de la définition des collaborateurs.

M. le président Maillard propose d'ajourner la question.

M. Dumoret montre l'intérêt pratique de définir le collaborateur.

1. Voir *infrà*, p. 58.

La proposition de M. Dumoret est ajournée par 17 voix contre 16.

M. le Président déclare que ce vote réserve toute la question, qui n'est qu'ajournée pour des raisons d'opportunité.

M. Goldbaum propose d'exiger sur l'affiche les noms de l'auteur de l'œuvre initiale et de l'auteur du scénario.

M. Foa demande l'ajournement de cette question.

M. Coolus lit un vœu voté au Congrès des auteurs dramatiques à Rome et demande que l'auteur d'un scénario de film ait ultérieurement le droit d'en tirer un livre ou une pièce de théâtre.

M. Ostertag et M. Dumoret répondent que cela va de soi.

M. Max Leclerc montre que la crainte de M. Coolus n'est pas fondée, puisque l'article 12 contient le mot « et réciproquement ».

M. Grunebaum-Ballin constate que M. Coolus a satisfaction, du fait de la combinaison de l'article 12 nouveau et de l'article 14 nouveau.

M. Dumoret propose la suppression de l'alinéa 4 de l'article 14 actuel, pour les raisons indiquées dans son rapport. Il soulève la question de la partition écrite par un musicien, spécialement pour un film donné, et demande que le film ne puisse pas être représenté sans cette partition musicale.

Article 18

Texte proposé. — 1° « La présente Convention s'applique à toutes « les œuvres *pour lesquelles la durée de protection établie conformé-* « *ment à l'article 7 n'était pas encore expirée au moment de son* « *entrée en vigueur, même si la durée de protection antérieurement* « *reconnue est déjà expirée à ce moment. Toutefois, demeurent* « *respectés les droits licitement acquis par les tiers sous l'empire de* « *la Convention antérieure* ;

2° « *Des modalités relatives à l'application de l'alinéa* 1 *peuvent* « *être prévues par les arrangements particuliers existant ou à con-* « *clure entre pays de l'Union ou par la législation de chaque pays* « *pour ce qui le concerne.*

3° « Les dispositions qui précèdent s'appliquent également en « cas de nouvelles accessions à l'Union. » (Le reste de l'alinéa serait supprimé.)

Cet article, qui concerne la rétroactivité, fait l'objet d'un rapport de M. Pfeiffer [1], dont le texte est donné par M. Marcel Beurdeley.

La proposition essentielle du rapport, qui approuve, dans l'ensemble, les modifications envisagées, consiste à définir les droits acquis. Cette proposition est adoptée et renvoyée à la commission de rédaction.

Ensuite, la suppression de l'ancien alinéa 2 et l'adoption du nouvel alinéa 3 sont votées, l'une à la majorité et l'autre à l'unanimité.

1. Voir *infrà*, p. 79.

Enfin, après intervention de M. Gili et de M. Dommange, l'alinéa 4 ancien, modifié conformément aux propositions du Bureau de Berne, est également adopté.

Article 19

Texte proposé. — « Les dispositions de la présente Convention « n'empêchent pas de revendiquer l'application des dispositions « plus larges qui seraient édictées par la législation d'un pays de « l'Union. »

En ce qui concerne cet article relatif à la combinaison avec les législations nationales, M. Marcel Beurdeley, rapporteur[1], se déclare d'accord avec le Bureau de Berne pour supprimer à la fin de l'article les mots « en faveur des étrangers en général »; il estime qu'il conviendrait toutefois d'y préciser que ses dispositions concernent « les étrangers unionistes ».

M. Ostertag approuve cette précision.

Après un bref échange d'observations, il apparaît toutefois que l'expression « les ressortissants de l'Union » serait préférable à l'expression « étrangers unionistes ». (C'est sous cette forme que la proposition mise aux voix est adoptée.)

Articles 25 et 27

On envisage ensuite la suppression de la faculté de réserves, sur laquelle aucune discussion n'est ouverte, étant donné l'unanimité qui se manifeste aussitôt en faveur de cette suppression. Il est alors décidé qu'un vœu sera émis dans ce sens, vœu qui est d'ailleurs exprimé dans les observations préliminaires du Bureau international de Berne, constatation qui est faite à la satisfaction générale.

Il faut signaler toutefois une intervention de M. Gili qui, tout en admettant la suppression de la faculté de réserves en principe, se demande s'il n'y aurait pas avantage à l'admettre sous une forme atténuée. Il cite l'exemple de l'Amérique espagnole, dont on a grand mal à obtenir l'adhésion.

M. le président Maillard pense que la désunion créée par la faculté de réserves a, pour les bases mêmes de la Convention, des inconvénients si graves qu'ils l'emportent sur l'avantage même qu'il peut y avoir à recueillir des adhésions nouvelles. Avec les pays qui ne veulent pas accepter les principes sur lesquels l'unification se sera faite à Rome on procédera par traités bilatéraux.

Article 29

Texte proposé. — « La présente Convention sera mise à exécution « trois mois après l'échange des ratifications et demeurera en vigueur « pendant un temps indéterminé, jusqu'à l'expiration d'une année « à partir du jour où la dénonciation en aura été faite.

« Cette dénonciation sera adressée au Gouvernement de la Confé-

1. Voir rapport, p. 82.

« dération suisse. Elle ne produira son effet qu'à l'égard du pays « qui l'aura faite, la Convention restant exécutoire pour les autres « pays de l'Union.

« *La dénonciation laissera subsister, au profit des œuvres déjà* « *protégées dans l'Union au moment où elle est devenue effective, la* « *protection qui résulte de l'assimilation de l'étranger au national.* »

M. Marcel Beurdeley, rapporteur[1], est d'accord en principe avec ces propositions; néanmoins, la rédaction envisagée ne le satisfait pas pleinement, car elle entraînerait une novation de droits. Il soumet alors une rédaction un peu différente, qui est acceptée par M. Ostertag et adoptée à la majorité.

*
* *

Vœu concernant le droit moral

L'étude de la Convention étant terminée, M. Lémonon propose d'émettre un vœu en faveur de la consécration du droit moral. Cette proposition est adoptée et renvoyée à la Commission de rédaction.

*
* *

Examen de la situation dans les divers pays

M. le président Maillard passe ensuite en revue la situation dans les divers pays et constate avec satisfaction la formation de divers groupes nationaux dans de nombreux pays.

En Allemagne, M. Mintz, aidé par M. Goldbaum, a constitué un groupe très important, qui, en peu de mois, compte plus de soixante membres, représentant treize associations différentes, et fait une active propagande en faveur de la fixation de la durée de protection à cinquante ans.

En Autriche, un groupe vient également de se constituer sous la présidence de M. Abel, qui s'est excusé de ne pouvoir venir à Lugano, mais a envoyé les propositions de son groupe.

Dans la Grande-Bretagne et ses Dominions, par contre, certaines difficultés sont signalées par M. Coolus au sujet de l'application des dispositions de la loi anglaise de 1911 sur le Copyright. C'est ainsi que la rédaction de la section 2, alinéa 3, de cette loi, est telle qu'un auteur dramatique ressortissant de l'Union, dont l'œuvre a été représentée sur une scène anglaise sans son autorisation, risque de ne pouvoir faire reconnaître son droit parce qu'il suffira au directeur du théâtre, pour éviter toute poursuite, d'objecter qu'il ignorait ou n'avait aucune raison plausible de supposer que les représentations en question étaient en transgression du Copyright.

De même, M. Woodhouse signale qu'en certains pays, et notamment en Afrique du Sud et au Canada, des difficultés très sérieuses

1. Voir rapport, p. 85.

sont rencontrées pour faire respecter les droits reconnus par la Convention. Il propose à l'Assemblée le vote des deux vœux suivants :

Première motion. — « Le Congrès de l'Association littéraire et « artistique internationale réuni à Lugano en juin 1927 :
1° « Considère les dispositions de l'article 39 de la loi cana-« dienne (Copyright Act 1931) comme une violation de l'article 4 de « la Convention de Berne revisée, car l'exercice des droits d'auteur « au Canada est rendu impossible par les susdites dispositions;
2° « Émet le vœu que la loi canadienne soit revisée et rendue « conforme aux dispositions de la Convention revisée à Berne ;
« 3° « Désire que ce vœu soit transmis au secrétariat du Bureau « de Berne et au Ministère canadien compétent. »

Deuxième motion. — « Le Congrès de l'Association littéraire et « artistique internationale réuni à Lugano en juin 1927 :
1° « Considère les dispositions du projet de loi pour l'amélio-« ration de la loi regardant les brevets, dessins, marques de fabrique « et le Copyright Act de 1916 (Act n° 9 de 1916), qui va être pré-« senté au Parlement de l'Union de l'Afrique du Sud, comme une « violation des dispositions de la Convention de Berne revisée « (art. 4), car la libre protection et l'exercice du droit des auteurs « y seraient rendus impossibles ;
2° « Émet le vœu que le gouvernement de l'Union de l'Afrique « du Sud s'oppose au susdit projet;
3° « Désire que le présent vœu soit transmis au secrétariat du « Bureau de Berne et au ministre compétent dudit Gouver-« nement. »

Après un échange d'observations, les propositions de vœux de M. WOODHOUSE sont acceptées dans leur principe sinon tout à fait dans leur forme. Il est décidé, en conséquence, qu'une protestation sera rédigée à cet égard.

En Italie, aucun groupe n'est constitué. Cependant l'Association a l'appui du gouvernement italien représenté à Lugano par M. le conseiller d'État BARONE, qui est accompagné de M. BARDUZZI et de M. Guido CARISCH, représentant la Société des auteurs d'Italie. De son côté, M. Augusto FERRARI a envoyé une lettre exprimant son regret de ne pouvoir venir à Lugano.

Aux Pays-Bas, un groupe s'est constitué sous la présidence de M. SNIJDER VAN WISSENKERKE, qu'il a délégué à la réunion de Lugano.

En Pologne, le groupe s'est constitué sous la présidence de M. Zenon PRZEMYSKI et a délégué à Lugano M. le professeur ZOLL.

Le groupe roumain, constitué par M. FLORESCU, sous la présidence de M. DJUVARA, a contribué activement à l'adhésion de la Roumanie à la Convention d'Union de Berne[1].

En Tchécoslovaquie, un groupe, créé sous la présidence de M. HERMANN-OTAWSKI, s'intéresse vivement aux travaux de l'Asso-

1. Voir compte rendu du Congrès de Varsovie, p. 250.

ciation. Pour des raisons d'opportunité, la loi tchécoslovaque a été votée sans modification ; mais des amendements sont déjà envisagés [1].

En revanche, bien que la Bulgarie ait adhéré à la Convention d'Union de Berne, le théâtre national de Sofia refusa de reconnaître les droits des auteurs ressortissant à l'Union [2].

Enfin, les pays réservataires retiennent également l'attention de l'assemblée, qui estime qu'il convient d'agir, par les groupes nationaux ou les adhérents des divers pays, pour obtenir d'eux qu'ils renoncent à leurs réserves [3].

Il est décidé en outre que le Comité exécutif devra répandre les résolutions votées, les communiquer aux gouvernements et faire en sorte que les amendements souhaités par l'association soient repris en temps utile par l'un ou l'autre de ceux-ci, pour être soumis à la Conférence de Rome [4]. Une résolution devra être prise en ce sens.

La séance est levée ensuite.

Les Secrétaires,
Jacques J.-F. Chartier, Marcel Beurdeley.

Cinquième séance. — Samedi 4 juin

(APRÈS-MIDI)

La Commission de rédaction ayant activé son travail, la séance est ouverte à cinq heures.

M. Lémonon dépose un vœu ainsi conçu :

1. Voir compte rendu de la Réunion de Prague en 1926.

2. Voir la communication de M. Goldbaum au Congrès des Sociétés d'auteurs à Rome (*Proc. verb.*, p. 68).

La Bulgarie paraît, en effet, se désintéresser de l'Union. Mais l'Institut de coopération intellectuelle veut bien se charger d'agir auprès du Comité bulgare.

3. En ce qui concerne les États-Unis, M. John Emerson, représentant de la Société américaine des auteurs, a déclaré au Congrès international des Sociétés d'auteurs et compositeurs à Rome (*Proc. verb.*, p. 14) que la Société américaine était désireuse que les États-Unis adhèrent à la Convention et il a demandé si on pouvait lui fournir des explications relatives aux démarches à faire pour obtenir ce résultat.

Nous serons très heureux de lui fournir tous renseignements utiles. Mais, hélas ! l'adhésion ne dépend pas de la Société américaine des auteurs exclusivement. Elle se heurte à des résistances que n'a pas encore vaincues l'inlassable ténacité de M. Solberg, qui nous tient chaque année au courant de ses efforts.

4. C'est ce qui a été fait par le gouvernement français. Les résolutions de Lugano, sauf pour le droit d'auteur des personnes morales, figurent dans les propositions transmises au Bureau de Berne et publiées dans le tableau des propositions soumises par les États.

« L'Association littéraire et artistique internationale émet le « vœu que les litiges s'élevant entre deux États ou entre deux ressortissants de nationalités différentes sur l'interprétation et l'exécution de la Convention de Berne soient déférés à des tribunaux « arbitraux mixtes, composés d'un arbitre de chacun des pays « intéressés et d'un président choisi par ces pays et n'appartenant « à aucun d'eux.

« En cas de désaccord entre ces pays, le président sera désigné « par le Conseil de la Société des Nations.

« Le tribunal statuera à la majorité et sans appel. Il réglera lui-« même sa procédure et jugera en s'inspirant des législations des « deux pays intéressés et de l'équité. »

Ce vœu est renvoyé pour étude au Comité exécutif de l'Association.

MM. Lémonon et Raymond Weiss proposent ensuite le vœu suivant à transmettre à la Conférence de Rome :

« La Conférence émet le vœu que tous les pays signataires de la « Convention de Berne inscrivent le plus tôt possible dans leurs « législations respectives des dispositions formelles ayant pour objet « de consacrer le droit moral des auteurs sur leurs œuvres.

« Il apparaît désirable que ce droit soit déclaré *inaliénable* et que « les modalités en soient fixées dans chaque pays d'une manière « identique. »

M. Alpi Jean-Bernard croit que la question des difficultés soulevées par le Canada a été mal posée à la séance du matin. Le Canada, ayant adhéré à la Convention de Berne et constituant un gouvernement propre faisant lui-même ses lois, doit faire respecter la Convention d'Union et abroger l'article 39 visé à la séance du matin.

Il en est de même pour l'Afrique du Sud, qui ne doit pas donner suite à une proposition de loi contraire à la Convention de Berne.

M. le président Maillard répond qu'il a rédigé en ce sens un vœu, tout en tenant compte des observations de M. Ostertag tendant à ménager la susceptibilité des États souverains.

M. le président Maillard donne lecture des vœux et projets de résolutions qui ont été rédigés et les propositions de revision de la Convention d'Union, qui ont été élaborées par la Commission de rédaction conformément aux travaux de la Conférence.

Ces divers textes sont adoptés à l'unanimité.

La séance est levée à six heures et demie.

Le Secrétaire,
Marcel Beurdeley.

RAPPORTS DES COMMISSIONS

DÉSIGNÉES PAR LE COMITÉ EXÉCUTIF

La protection des œuvres des arts appliqués à l'industrie

(Article 2 de la Convention)

RAPPORT

DE

M. **FERNAND-JACQ**

Docteur en Droit, avocat à la Cour de Paris

L'incorporation dans la Convention de Berne d'un texte formel assurant la protection des arts appliqués à l'industrie a constamment préoccupé l'*Association littéraire et artistique internationale.*

L'Association a constamment lutté dans ses Congrès contre la distinction arbitraire entre l'art pur et l'art appliqué, qui avait pour conséquence le refus pratique de toute protection des créations de la forme appliquée à l'industrie.

Elle n'a cessé d'émettre des vœux en faveur de l'admission dans la Convention du principe consacré par la législation française.

Lors de la revision de la Convention de Berne à Berlin, en 1908, elle faisait campagne dans *le Droit d'Auteur* avec l'appui des bureaux internationaux de Berne en faveur de l'assimilation complète des deux catégories des créations de la forme. « L'art, disait-elle, est un dans son essence si ses applications peuvent être multipliées à l'infini ; mais l'application n'est pas l'élément décisif et l'on ne saurait restreindre la notion des œuvres artistiques de façon à créer une aristocratie de l'art... Donne naissance à un droit d'auteur tout travail intellectuel qui a pour résultat quelque chose de nouveau et d'individuel, toute création, si faible soit-elle; en un mot, toute œuvre personnelle, originale ou nouvelle ; on ne doit se préoccuper ni de son importance, ni de son caractère esthétique, ni de sa destination ; peu importe que l'œuvre soit conçue en vue d'un usage banal ou transformée par suite en un objet familier... Engendrée par l'idée artistique, l'œuvre sera une création individuelle, une production nouvelle et originale, susceptible de droit d'auteur... Tout cela est absolument indépendant de l'emploi ou de la destination de l'œuvre et on ne voit guère comment on établirait, dans la catégorie des œuvres de l'art, une subdivision qui serait basée sur le critère du but pratique de l'œuvre... » (*Droit d'Auteur*, 15 septembre 1909, pages 114 et 131.)

Dans les Congrès antérieurs à la Conférence de revision de Berlin, qui avaient pour but de la préparer, notamment à Milan en 1906, l'Association internationale de la Propriété industrielle avait émis le vœu de voir protéger uniformément, par la même législation, toutes les œuvres artistiques ; cette législation devait être à ses yeux la législation sur le droit d'auteur et elle déclarait que la protection des dessins et modèles devait être transplantée de la Convention de Paris dans celle de Berne ; elle n'envisageait qu'*en attendant* la conclusion d'un arrangement pour l'enregistrement international des dessins et modèles, mais déclarait avoir pour but final et formel la protection internationale de toutes les créations de la forme, quels qu'en soient le mérite et la destination, par la législation sur le droit d'auteur, c'est-à-dire indépendamment de l'accomplissement des formalités de dépôt ou d'enregistrement.

Le Congrès de Copenhague, tenu à l'issue de la Conférence de Berlin, votait, à l'unanimité, le vœu suivant :

« Le Congrès, renouvelant comme les précédentes années le vœu que toutes les œuvres des arts graphiques et plastiques, quels que soient leur mérite et leur destination, soient protégées, sans aucune formalité, comme toutes autres œuvres artistiques, exprime sa profonde déception de ne pas trouver la réalisation de ce vœu dans le texte de la Convention de Berne revisée à Berlin et de constater, au contraire, que les œuvres d'arts appliqués à l'industrie sont formellement exclues des œuvres artistiques pour lesquelles la protection est déclarée obligatoire.

« Le Congrès charge le Comité de l'Association d'agir particulièrement en Angleterre pour obtenir que la législation soit interprétée dans le sens de la formule préconisée par l'Association ou modifiée, s'il y a lieu, afin que les pourparlers diplomatiques puissent amener les différents États à s'entendre, lors de la ratification de la Convention de Berne revisée, pour l'insertion de ladite formule. »

Depuis la reprise de son activité, à la faveur de l'état de paix, l'Association n'a pas cessé de préconiser l'inscription expresse, dans l'article 2 de la Convention, de la protection des arts appliqués, au même titre que les créations de la pensée.

Lors du Congrès de l'Association tenu à Paris en 1925, à l'occasion de l'Exposition internationale des Arts décoratifs, nous avons eu l'honneur de présenter un rapport sur les conditions essentielles de la protection internationale des œuvres de l'art appliqué. La réunion a bien voulu adopter les principes proposés comme bases d'une loi-type à recommander à tous les pays unionistes et les résolutions en forme de vœu qui constituaient les conclusions de notre rapport. (*Bull. Ass. litt. art. intern.*, n° 2, 4e série, juin 1925, p. 64-108-136-139.)

Au Congrès de l'Association tenu à Varsovie en septembre 1926, les mêmes résolutions furent adoptées et il y fut demandé que les œuvres des arts appliqués soient dorénavant considérées au nombre de celles qui bénéficient dans l'Union d'une protection absolue.

M. Georges Maillard rappela à cette occasion que les réserves présentées par la France et la Tunisie à Berlin n'avaient qu'un caractère défensif et qu'elles y renonceraient volontiers s'il leur était donné satisfaction.

En effet, la Délégation française à Berlin ne s'était ralliée à l'innovation consacrée par l'article 27 de la Convention, qui instituait le régime des réserves, que pour lui permettre de se défendre contre le danger créé par cette disposition nouvelle, et protestait contre l'exclusion de la protection des œuvres d'art appliqué, à la suite de la distinction faite entre l'art pur et l'art dit industriel.

La Délégation française estimait que le nouveau régime imposerait aux pays dont la législation interne était plus favorable au droit des auteurs, un marché de dupes, puisque dans ces pays les auteurs étrangers seraient mieux protégés que les auteurs nationaux dans les pays étrangers.

Notamment en France, les œuvres d'art appliqué des étrangers unionistes seraient protégées de la façon la plus large, tandis que les œuvres d'art appliqué françaises seraient, dans la plupart des pays, exposées à des atteintes et même à des spoliations.

« Ainsi que l'exprimait M. André Taillefer, répondant au rapport général du regretté professeur Osterrieth (voir *Bull. Ass. litt. art.*, Copenhague 1909, p. 50 et suiv.), toute légitime réciprocité disparaît et les améliorations bilatérales entre pays contractants deviennent pratiquement impossibles.

« Les pays progressistes demeurent, pour ainsi dire, punis de leurs libéralités et les pays rétrogrades n'éprouveront aucun stimulant pour améliorer leur législation. »

La France n'avait donc, après la Conférence à Berlin, profité du régime des réserves que pour paralyser la portée du nouvel article 2 de la Convention en ce qui concerne l'art appliqué, et se faire une arme de sa réserve afin d'obtenir à la prochaine Conférence de revision la réforme escomptée, conformément à sa législation interne et aux vues constantes de l'Association internationale.

Depuis la Conférence de Berlin, les idées ont heureusement évolué et aujourd'hui la presque totalité des pays unionistes assurent la protection des œuvres des arts appliqués au même titre que les œuvres d'art pur; il apparaît donc que la résistance des pays réfractaires devrait cesser et permettre à la réforme réclamée par les Congrès de l'Association avec tant de persévérance d'aboutir.

Le rédacteur de l'exposé des motifs, à l'appui des propositions préparées par l'Administration italienne et le Bureau international de Berne pour la Conférence de Rome, estime que le moment paraît venu d'inscrire au premier alinéa de l'article 2 de la Convention, après les œuvres de lithographie, les œuvres des arts appliqués, afin qu'elles soient protégées d'une manière absolue, *jure conventionis*, et non plus seulement dans la mesure où la législation intérieure de chaque pays autorise à le faire.

Reprenant les arguments développés à Milan, à Stockholm, à Copenhague, etc., par l'Association internationale et à Berlin même par la Délégation française, le rédacteur de l'exposé des motifs de l'avant-projet pour la Conférence de Rome rappelle qu'il est inadmissible qu'une œuvre d'art soit privée de la protection parce que la forme qu'elle revêt la rend propre à un usage pratique, ou parce qu'elle est multipliée industriellement, toutes ces destinations de l'œuvre étant étrangères à la création originale de l'auteur, seul élément essentiel qui caractérise une œuvre protégée.

Le rédacteur de l'exposé rappelle qu'à la suite d'une enquête faite dans les pays où le statut juridique des œuvres des arts appliqués apparaissait défavorable à une protection efficace (Bulgarie, Belgique, Haute-Égypte, Japon, Libéria, Monaco, Tchécoslovaquie et Tunisie), il semble bien résulter que la protection *jure conventionis* de ces œuvres ne rencontrerait pas d'oppositions sérieuses, car, dans ces pays, si la protection reste douteuse pour la simple raison que la législation ne consacre pas à ce genre de créations un texte précis, il faut remarquer qu'aucun texte ne les exclut et que par suite rien dans ces législations n'interdit leur protection au titre du droit d'auteur.

Il n'y aurait de difficultés à redouter que de la part de la Suède, où la loi interne semble hostile, et de la part de la Grande-Bretagne, où les dessins susceptibles d'être protégés par la loi sur les brevets et dessins sont expressément exclus de la protection conférée par la loi sur la propriété littéraire et artistique.

La Conférence de Berlin a déjà insisté pour que le commerce de l'art appliqué, en constant développement, constatait-elle déjà, fût protégé efficacement; les raisons données à la Conférence de Berlin n'ont pu que se renforcer depuis, en raison de la progression, continue et dans tous les pays, de l'industrie des arts appliqués à l'industrie.

Depuis la guerre notamment, des législations récentes ont consacré la protection de toutes les créations des formes nouvelles destinées à l'industrie, et les pays réfractaires, de moins en moins nombreux, ont de moins en moins de raisons de lutter contre un mouvement qui apparaît irrésistible.

Le moment paraît venu d'apporter à l'article 2 les compléments et amendements proposés par l'administration italienne et par le Bureau international de Berne, c'est-à-dire de compléter l'énumération des œuvres protégeables visées par l'article 2 de la Convention, tant dans l'alinéa 1 que dans l'alinéa 3.

En conséquence, il est proposé, conformément aux dispositions de l'avant-projet du Bureau international de Berne et de l'Administration italienne : 1° de substituer dans l'alinéa 1er de l'article 2 à l'expression : « Quel qu'en soit le mode ou la forme des protections », l'expression suivante : « *Qu'elle soit écrite, plastique, graphique ou orale* »; 2° d'ajouter dans le cours du même alinéa, après « gravure », les mots « *de lithographie et des arts appliqués à l'industrie* »; 3° de remplacer l'alinéa 3 actuel par l'alinéa suivant : « *Les œuvres mentionnées ci-dessus, quel qu'en soit le mérite ou la destination, jouissent de la protection dans tous les pays de l'Union* »; 4° enfin, il y faudrait supprimer l'alinéa 4 qui n'aurait plus de raison d'être si la nouvelle rédaction de l'alinéa 3 était adoptée.

Telles sont les résolutions que nous demandons au Congrès d'adopter.

Protection des œuvres photographiques

(Article 3 de la Convention)

RAPPORT

DE

M. ANDRÉ TAILLEFER

Avocat à la Cour d'appel de Paris, secrétaire général de l'Association

La photographie est mentionnée dans la Convention d'Union à l'article 3 du texte actuel voté à Berlin, dans les termes suivants :

« Article 3. — La présente Convention s'applique aux œuvres « photographiques et aux œuvres obtenues par un procédé analogue « à la photographie. Les pays contractants sont tenus d'en assurer « la protection. »

Le bureau de Berne, d'accord avec l'Administration italienne, propose de remplacer la dernière phrase par la suivante : « Ces « œuvres jouissent, quels qu'en soient le mérite ou la destination, « de la protection dans tous les pays de l'Union. »

La photographie est encore visée implicitement dans l'article 14 de la même Convention relative à la protection de la cinématographie. On y lit qu'aux termes de cet article : « sont protégées « comme œuvres littéraires et artistiques les productions cinémato- « graphiques, lorsque par les dispositions de la mise en scène ou la « combinaison des incidents représentés, l'auteur aura donné à « l'œuvre un caractère personnel et original ».

Le Bureau de Berne propose de biffer le mot « personnel » et d'ajouter à la fin de l'alinéa la phrase suivante : « Si ce caractère « fait défaut, la production cinématographique jouit de la protection « des œuvres photographiques. »

Pour apprécier les propositions faites et voir s'il y a lieu de les modifier ou de les compléter, il n'est pas inutile de retracer brièvement les étapes par lesquelles est passée la photographie, avant que n'ait été adopté le texte actuel de l'article 3 rappelé plus haut.

A l'origine, en 1886, on ne put obtenir que la photographie fût mentionnée dans le texte même de l'Union, parmi les œuvres protégées. C'était la conséquence de la diversité de la réglementation de la protection de la photographie dans les diverses lois nationales où l'étendue et le principe de cette protection étaient encore, à ce moment-là, discutés de la façon la plus ardente dans les divers pays et même en France, les uns assimilant les photographies aux autres œuvres d'art, les autres ne leur accordant qu'une protection temporaire très restreinte ou bien ne les protégeant pas du tout.

En 1890, on put simplement obtenir l'indication, dans le Protocole de clôture, que les photographies seraient protégées « dans les pays « de l'Union où le caractère d'œuvres artistiques n'est pas refusé aux « œuvres photographiques ». C'était, par là même, exclure la protection dans les pays qui réglementaient la protection des œuvres photographiques par des lois spéciales.

En 1896, l'Acte additionnel réalisa un progrès sensible en modifiant l'article 2 du Protocole de clôture annexé à la Convention de 1886. Au sujet de l'article 4, est-il dit, il est convenu ce qui suit : « B. — Les œuvres photographiques et les œuvres obtenues par un « procédé analogue sont admises au bénéfice des dispositions de ces « actes en tant que la législation intérieure permet de le faire, et « dans la mesure de la protection qu'elle accorde aux œuvres natio- « nales similaires. »

Les œuvres photographiques furent désormais protégées dans tous les pays unionistes qui assuraient par leur législation interne même dans une loi spéciale, une protection à la photographie. Cela alors même que le pays d'origine ne leur accorderait aucune protection. Il pouvait y avoir absence de réciprocité, les photographies n'étant pas obligatoirement protégées dans tous les pays de l'Union.

La Conférence, avant de se séparer, avait toutefois émis le vœu que, dans tous les pays de l'Union, la loi protégeât les œuvres photographiques ou les œuvres obtenues par des procédés analogues, et que la durée de la protection fût de quinze ans au moins.

A Berlin, en 1908, en raison de la grande diversité des législations internes, on n'a pu s'accorder ni pour assimiler purement et simplement les œuvres photographiques aux autres œuvres d'art ni pour leur assurer une protection conventionnelle minima.

Sur ce dernier point, le rapport de M. Renault (Actes de la Conférence de Berlin, p. 235) s'exprime ainsi : « Quant à la seconde « partie du vœu de Paris (fixation du délai minimum de quinze ans), « un certain nombre de délégations ont été disposées à y accéder, en « établissant, dans la Convention même, que la protection des pho- « tographies aurait une durée d'au moins quinze ans à partir de la « publication.

« Des objections diverses ont été faites, soit quant au délai, soit « quant au point de départ, et malgré le grand intérêt qu'il y aurait « à avoir une durée uniforme pour la protection internationale des « photographies, on a dû garder le silence sur ce point. »

Toutefois, la Conférence de Berlin a réalisé une réforme considérable, en décidant que les photographies seraient obligatoirement protégées, quel que soit l'état de la législation interne, dans tous les pays unionistes qui ratifieront l'Acte de Berlin.

La situation actuelle est donc la suivante : « Tous les pays unionistes sont tenus de protéger les œuvres photographiques, soit en vertu de leur loi générale sur le droit d'auteur, soit en vertu d'une loi spéciale, soit, à défaut, par analogie avec d'autres œuvres, mais la détermination de l'étendue, de la nature et de la protection des œuvres photographiques est abandonnée aux lois internes respectives. »

Comme, d'autre part, le même Acte de Berlin a dispensé les photographes, comme tous les autres créateurs, pour la jouissance et l'exercice de leurs droits, des formalités pouvant être imposées dans le pays d'origine, la situation des photographes s'est trouvée grandement améliorée.

Le Bureau de Berne propose de modifier à Rome la rédaction de Berlin en disant que les œuvres photographiques et celles obtenues par un procédé analogue « jouissent, quels qu'en soient le mérite ou la destination, de la protection dans tous les pays de l'Union ». On ne peut évidemment que se montrer favorable à cette modification de texte qui est de nature à faire disparaître des controverses encore assez vives dans certains pays, sur l'appréciation par les tribunaux du mérite ou de la destination de l'œuvre qu'on leur demande de protéger et aussi à celle proposée par l'article 14, qui éclaire le texte actuel en matière de cinématographie.

Le but à atteindre serait, toutefois, d'obtenir la suppression de cet article 3 et de faire passer les œuvres photographiques dans l'énumération donnée à l'article 2, c'est-à-dire de les faire ranger, d'une façon définitive, dans l'expression « *œuvres littéraires et artistiques* ».

C'est, en effet, sans rentrer dans une discussion aujourd'hui à peu près épuisée au moins théoriquement, par l'assimilation complète des photographies aux œuvres littéraires et artistiques, qu'il convient rationnellement de leur assurer la protection à laquelle elles ont droit.

Il faut reconnaître que des lois récentes, tout en entourant la protection des œuvres photographiques de restrictions souvent excessives, n'ont pas hésité, du moins, à les ranger parmi les productions de l'esprit et les œuvres artistiques.

Citons à cet égard notamment la loi italienne du 7 novembre 1925, la loi polonaise du 29 mars 1926, la loi tchécoslovaque du 24 novembre 1926 qui ont inscrit les photographies parmi les œuvres de l'esprit. *Loi italienne* (art. 1er) : « Sont considérées comme œuvres, « artistiques... etc..., les photographies. » *Loi polonaise* (art. 1er) : « Sont objet du droit d'auteur... etc.., les photographies et les « ouvrages obtenus par des procédés analogues. » *Loi tchécoslovaque* (§ 4) : « Constituent des œuvres littéraires et artistiques... « etc...; en font partie, notamment, les photographies. »

En fait, il faut reconnaître qu'en dépit du texte de la Convention actuelle (et il en sera de même encore avec le texte modifié), la protection internationale des œuvres photographiques reste des plus difficiles, et cela tient à ce que si quelques lois, comme la loi française, la loi belge, et d'autres encore, les assimilent purement et simplement aux œuvres artistiques et leur accordent la même durée de protection, beaucoup de lois ne les protègent que pendant un nombre d'années limité à partir de leur publication, et qu'il est, par suite, nécessaire, pour savoir si une photographie est ou non protégée, de connaître la date de création, chose presque impossible, car dans beaucoup de cas, il est fort difficile d'identifier l'auteur, dont le nom, en admettant qu'il ait à l'origine accompagné l'épreuve ou le cliché, aura souvent plus ou moins intentionnellement disparu, et, par suite, encore plus d'arriver à connaître la date exacte de la production du cliché.

Ces difficultés ne cesseront d'exister que le jour où tous les pays signataires de la Convention protégeront les photographies par les mêmes règles et les mêmes principes que les autres œuvres artistiques. On peut se demander malheureusement si ce résultat est proche et si, dans ces conditions, il n'y aurait pas lieu, à titre transitoire, de reprendre la proposition écartée à Berlin, tendant à introduire dans la Convention un minimum de durée de protection qui pourrait être, par exemple, de vingt ans, étant entendu que le but à atteindre est l'assimilation complète, au point de vue de la durée de la photographie, aux autres œuvres. Sans doute, pour les auteurs des photographies, cette durée de protection de la vie de l'auteur et de cinquante ans après sa mort peut paraître inutilement généreuse, mais il ne faut pas perdre de vue qu'elle ne présenterait pas pour les tiers d'inconvénient sérieux et qu'elle aurait pour effet de lever d'une façon presque complète les incertitudes auxquelles se heurtent à la fois les photographes et surtout les éditeurs qui peuvent avoir un impérieux besoin de reproduire des photographies dont il leur est fort difficile de retrouver l'auteur.

L'établissement d'une protection minima de vingt ans a évidemment l'inconvénient d'exiger comme point de départ la création de l'œuvre, et, comme le faisait remarquer M. Fernand Jacq dans une étude présentée sous le titre de « Rapports entre photographes et éditeurs », présentée au Congrès de Paris en 1925, il est bien des cas où la publication d'une photographie s'impose dans un intérêt public, historique, scientifique ou autre, et où cependant il est impossible de retrouver l'auteur du cliché. On pourrait concevoir, dans ce cas, une réglementation internationale instituant un système de licence obligatoire, permettant l'édition de l'œuvre dont l'auteur demeure inconnu, à la condition, après justification des recherches faites pour le retrouver, de consigner dans une caisse organisée et contrôlée par les syndicats ou groupements intéressés, une redevance forfaitaire de faible importance que ladite caisse verserait à l'auteur s'il se révélait dans un certain délai. Celui-ci serait libre, s'il trouvait la redevance insuffisante et justifiait d'un préjudice, de demander un complément de payement à l'éditeur, soit à l'amiable, soit par voie judiciaire.

Une telle organisation ne paraît pas impossible à concevoir; elle semble, d'ailleurs, devoir être singulièrement facilitée à une date prochaine par la constitution d'un vaste groupement syndical international, sorte de chambre commerciale, internationale, de la photographie, qui est, paraît-il, en voie de réalisation et serait toute désignée pour prendre en mains internationalement l'administration d'une caisse de cette nature.

Nous proposons à l'Assemblée de formuler un vœu dans ce sens, rappelant, dans ses dispositions essentielles, le vœu présenté par M. Fernand-Jacq en 1925, dont le principe avait été admis à l'unanimité mais dont la rédaction avait été réservée.

En ce qui concerne spécialement la revision de la Convention, il conviendrait, en tout cas, de s'efforcer de faire prévaloir immédiatement l'idée de l'assimilation complète de la photographie aux autres œuvres d'art, en supprimant l'article 3 et en reportant celle-ci dans l'énumération de l'article 2, et, faute de pouvoir obtenir ce résultat, d'accepter au pis aller la modification de texte proposée par Berne, et alors d'introduire dans la Convention un minimum de protection qui devrait être d'au moins vingt ans à dater de la création de l'œuvre.

Conditions de protection
(Article 4)

et durée de protection
(Article 7)

RAPPORT

DE

M. **JOUBERT**
Président d'honneur de la Société des Auteurs, Éditeurs et Compositeurs de musique

Le but de la Convention de Berne est bien déterminé : unifier les législations de tous les pays et codifier les résolutions prises en commun par les pays faisant partie de l'Union.

Cette règle pourrait être divisée en deux parties — distinctes, mais se complétant l'une l'autre.

Quelle que soit la latitude d'un pays, ce qui est vérité en deçà doit être vérité au delà. C'est une question de principes. Or, les principes sont immuables puisque ce sont les lois naturelles qui règlent les actions des hommes.

Une règle, pour être compréhensible et pour devenir applicable, ne devrait pas comporter d'exceptions. Si les nécessités ethniques ou politiques exigent quelques dérogations aux règles communes aux divers pays qui ont fait un pacte d'union, le premier écueil qu'il faut éviter est celui qui neutralise, au risque de la réduire à néant, une obligation de faire.

Par contre, le deuxième écueil est celui qui permettrait une obligation de ne pas faire.

Si élémentaire que cela puisse paraître, un traité international n'est donc pas autre chose qu'un engagement réciproque entre divers pays, comportant l'obligation de faire ou de ne pas faire.

Il y a malheureusement dans la Convention de Berne revisée, principalement dans les parties revisées, des traitements particuliers à certaines nations qui amoindrissent, s'ils ne les détruisent pas, les règles fondamentales des engagements dressés en commun.

Voilà ce qui doit disparaître de la Convention, sous peine de lui voir perdre peu à peu la rigidité qu'elle doit avoir, sans y rien gagner en souplesse.

Nous avons été chargés, M. de Villalonga, M. de Ségogne, avocat.

à la Cour de cassation, M. Paul Delzons, avocat à la Cour d'appel, et moi, de rechercher les moyens de faire disparaître ou d'atténuer pour le moins les effets dissolvants d'une telle manière d'être.

En premier lieu se présente la question de la simultanéité.

Il s'agit, en ce cas, du point de départ du délai qui assure la protection des œuvres publiées simultanément dans deux ou plusieurs autres pays différents.

Que signifie la protection ? C'est assurer à l'auteur, ou à ses ayants droit, la garantie que l'ouvrage publié ne tombera dans le domaine public que passé un délai déterminé.

A quoi tendent les lois nationales ou les conventions internationales ? A affirmer l'efficacité de cette mesure de protection avec la jouissance la plus certaine, la plus rémunératrice et la moins contestable.

Le moyen qui comporterait la plus grande clarté dans l'application serait celui qui consiste à appliquer le délai du pays de la publication simultanée, qui assure la durée de protection la plus étendue. Ce système écarte toute discussion de principe, de préférence ou de point de départ. La seule justification à fournir serait l'existence et la date des diverses publications simultanées.

Seules seraient considérées les œuvres éditées. Les œuvres inédites seraient régies par l'article 4, § 4, de la Convention de Berne.

Afin de simplifier les formalités, le mieux serait de supprimer l'exigence du dépôt ou du moins la mention de propriété pour tous pays.

Du moment qu'une édition existe, elle constitue l'évidence même qui ne se démontre pas.

En conséquence, doivent être supprimées les réserves introduites dans la Convention de Berlin revisée et doit être établie définitivement la protection à cinquante ans *post mortem*, l'œuvre en collaboration étant considérée comme indivisible *post mortem auctoris ultimi*.

Conformément aux observations que nous venons de formuler, nous pensons qu'il conviendrait d'aller un peu plus loin dans la voie de la réforme que ne le propose le rapport préparé par l'Administration italienne et le Bureau international de Berne.

En ce qui concerne la simultanéité, et du moment qu'on se décide à abandonner le sens normal, mais étroit, de ce mot, nous n'hésiterons pas à proposer que l'œuvre publiée *la même année* dans plusieurs pays soit considérée comme simultanément publiée dans ces pays, parmi lesquels celui dont la législation accorde la durée de protection *la plus longue* serait, aux effets de la Convention et à l'exception des pays non unionistes, réputé être le pays d'origine de l'œuvre.

Quant à la présomption de première publication que tend à établir la dernière partie de l'amendement proposé dans le rapport précédant les propositions officielles (p. 10), elle nous paraît dangereuse. Il semble préférable de s'en tenir sur ce point au droit commun.

Pour ce qui est du critérium de la « publication », la condition de cette dernière paraît exprimée d'une manière suffisamment nette dans la disposition finale de l'article 4, prévoyant qu'il faut entendre par œuvres publiées les œuvres *éditées*.

Malgré certaines suggestions tendant à élargir cette définition et à substituer au critérium de « l'édition » celui de la mise à la disposition du public des exemplaires de l'œuvre, notamment sous forme d'une simple mise en vente dans un pays de l'Union, nous inclinons à penser que le maintien du texte actuel s'impose, dans l'intérêt de l'extension de l'Union.

*
* *

Nous ne pouvons qu'approuver la proposition faite, « à titre principal », par l'Administration italienne et le Bureau de Berne, en vue d'aboutir enfin à l'unification de la durée de protection des œuvres littéraires et artistiques, moyennant la suppression de l'alinéa 2 de l'article 7 de la Convention. Toutefois, afin d'éviter que l'unification prévue par cet amendement soit absolument vaine et illusoire, nous pensons qu'il importerait de préciser le sens du mot « protection ».

Sans doute le sens de ce mot est très clair si l'on tient compte de l'ensemble des clauses de la Convention. Chaque fois que, dans celle-ci, on a voulu, indépendamment du principe de l'assimilation des étrangers aux nationaux, instituer la protection d'une certaine catégorie d'œuvres, on a nettement formulé, par une disposition précise, l'interdiction de faire usage de ces œuvres sans l'assentiment de l'auteur (Voir art. 8, 9, 11, 12, 13 et 14). Cependant, l'interprétation toute différente que donnent du terme « protection » les auteurs du rapport préparé en vue de la Conférence de Rome, à l'occasion de leur proposition subsidiaire, nous paraît présenter de graves dangers pour l'avenir. D'après eux, ce terme pourrait s'appliquer au régime dit du domaine public payant, qui ne se distinguerait de celui du droit privatif que par une différence d'étendue dans la protection. Or, bien qu'il y ait là, à notre avis, non pas une différence d'étendue, mais une différence de nature, et que, en conséquence, une telle interprétation nous paraisse inadmissible, il est à craindre — en raison notamment de l'autorité particulière du document où elle se trouve exposée — qu'elle ne soit invoquée un jour et qu'elle n'ait pour effet de ruiner l'œuvre d'unification poursuivie depuis de si longues années et que l'on penserait, finalement, avoir parachevée.

Telles sont les raisons pour lesquelles nous croyons devoir suggérer d'indiquer, dans un nouveau paragraphe à ajouter à l'article 7, que la protection dont il est question dans cet article est essentiellement celle qui résulte de l'interdiction de faire usage d'une œuvre sans l'autorisation de l'auteur.

Nous estimons, d'ailleurs, qu'il conviendrait d'ajouter ledit paragraphe à l'article 7, au cas même où l'amendement proposé dans le rapport, à titre principal, serait repoussé.

Nous sommes d'accord en ce qui concerne la proposition d'adjonction à l'article 7 du dernier alinéa proposé par le projet.

Amendements proposés

Article 4

Remplacer l'alinéa 3 de cet article par le texte suivant :

« Est considéré comme pays d'origine de l'œuvre : pour les « œuvres non publiées, celui auquel appartient l'auteur; pour les « œuvres publiées, celui de la première publication, *sauf le cas où* « *l'œuvre a été publiée la même année dans plusieurs pays de l'Union* ; « *dans ce dernier cas, celui de ces pays dont la législation accorde la* « *durée de protection la plus longue*. Pour les œuvres publiées *la* « *même année* dans un pays étranger à l'Union et dans un pays de « l'Union, c'est ce dernier pays qui est exclusivement considéré « comme pays d'origine. »

Article 7

a) Supprimer l'alinéa 2 de cet article;

b) Ajouter comme troisième alinéa de l'article, immédiatement après le texte de l'alinéa 3 actuel, le paragraphe suivant :

« Aux effets du présent article, on considère que la protection « d'une œuvre résulte essentiellement de l'interdiction d'en faire « usage sans l'assentiment de l'auteur ou de ses ayants droit. »

Les articles de presse

(Convention, article 9)

RAPPORT

DE

M. MAURICE DARRAS

Avocat à la Cour de Paris,

secrétaire du Comité exécutif de la Société littéraire et artistique internationale

A la veille de la Conférence de Rome, l'Administration italienne et le Bureau de Berne proposent, d'accord, la revision de l'article 9 de la Convention revisée (ancien article 7) qui visent les articles de presse.

A ce propos une double question se posait :

1° Les propositions sont-elles acceptables ?

2° Ne conviendrait-il pas de modifier sur d'autres points ledit article ?

1° *Précision de la source.* — Nous allons d'abord répondre à la seconde préoccupation.

Il serait intéressant que fût complétée la deuxième phrase de l'alinéa 2 de notre article.

Très heureusement les rédacteurs de ce texte avaient indiqué que, dans le cas d'un emprunt, « la source doit être indiquée ».

Si cette possibilité d'emprunt total est maintenue, il est indispensable, selon nous, de compléter la source par l'indication du signataire de l'article.

En effet, si la primeur de l'article appartient au journal qui le publie, il n'en est pas moins vrai que la propriété demeure à l'auteur. D'ailleurs, au projet de réforme de l'article suivant il est précisé que les emprunts doivent être accompagnés de l'indication exacte de la source (titre de l'œuvre, nom de l'auteur s'il est connu).

Nous proposerions donc de préciser la signification de ce mot source par une parenthèse :

« ... Toutefois la source (titre et numéro du journal, nom de « l'auteur s'il est connu)... »

Sur ce point, il ne paraît pas que l'opposition soit possible.

*
* *

Première transformation proposée par Berne (assimilation des revues aux journaux). — Le projet de Berne sur la réforme propose le remplacement de la première phrase, alinéa 2.

Avec le texte actuel, sauf interdiction, et à l'exclusion des romans-feuilletons et des nouvelles, tout article de journal peut être reproduit, mais les articles de revues périodiques restent en dehors de l'exception et sont protégés par l'alinéa 1. Le projet actuel que nous repoussons vivement permettrait aussi bien, et sous les mêmes conditions, l'emprunt des articles de revues.

Il est une vérité que nous n'avons pas besoin de répéter, c'est la défense de plus en plus complète qu'a obtenue notre Association contre les atteintes au droit de l'auteur, lors des diverses modifications de la Convention initiale. Ce retour en arrière, qui serait déplorable, puisque ce serait abandonner un avantage péniblement acquis, ne se justifie par rien [1].

La double raison qu'en donne le Bureau ne nous a pas convaincus.

a) La première raison donnée serait qu'il n'existe aucun élément qui permette d'établir nettement la distinction entre les journaux et les recueils périodiques.

Cette raison n'est vraiment pas déterminante, et, d'ailleurs, il est des cas très nombreux où la distinction serait plus délicate encore à établir entre des revues périodiques et des éditions ordinaires.

Mais pour remédier à cette imprécision du terme « journal », pure question de terminologie, il n'est vraiment pas indispensable de bouleverser le principe même du texte, il vaut mieux chercher une définition du mot journal tel qu'il est communément entendu.

Cette définition pourrait être accolée au mot journal ; pour éviter la difficulté signalée par le Bureau de Berne, il serait souhaitable d'ajouter au mot journal la définition suivante : « feuille quotidienne, ou au plus hebdomadaire, ayant pour objet essentiel l'information. »

b) La deuxième raison serait la renonciation plus facile des pays aux réserves qu'ils ont faites en adhérant au texte de Berlin [2]. Nous ne croyons pas que cette raison, même si elle était fondée, puisse être valable.

En effet, sur cinq pays à réserves relatives aux articles de presse, trois sont restés à la Convention initiale; la nouvelle rédaction ne semble pas de nature à modifier leurs intentions.

Seuls, les Pays-Bas et le Danemark qui en restent à l'Acte additionnel de 1896 pourraient, nous semble-t-il, être attirés par cette

1. Voir sur les articles de presse le rapport de M. Maurice Darras à Varsovie (*Bull. de l'Ass.*, 4e série, n° 3, p. 95).
2. Voir procès-verbaux de Varsovie (*Bull. de l'Ass.*, 4e série, n. 3, p. 200, en note).

régression. Mais il convient de remarquer que leurs lois sont de 1912, par suite postérieures à la Conférence revisée de Berlin ; y toucheraient-ils pour cela ?

En tout cas, pour cette double renonciation incertaine, faut-il abandonner un avantage certain ? Nous ne le croyons pas.

Deuxième transformation proposée par Berne (articles de discussion). — La seconde transformation proposée nous paraît ou insuffisante ou inutile et dangereuse.

Cette transformation serait la suivante :

Avec le texte actuel, tout article de journal peut être reproduit, sauf interdiction, et aucune distinction n'est établie entre un article de discussion et un autre article qui serait purement d'exposition. Le projet établit une distinction : il limite seulement aux articles de discussion la faculté de reproduction, il ne l'étend plus aux articles de journaux.

A première vue, ce progrès est séduisant puisqu'il réduit les possibilités de reproduction et qu'il est une étape vers la protection absolue.

Mais la réforme est insuffisante. En effet, si la reproduction intégrale n'est pas permise, l'article 10, proposé ensuite, prévoit qu'il est permis de faire dans un but de critique, de polémique ou d'enseignement, des analyses ou courtes citations.

Nous proposons de supprimer l'alinéa 2. — Le droit de citation est très suffisant pour la libre discussion. L'emprunt intégral n'aurait, à notre sens, que bien peu d'intérêt pratique; aussi l'alinéa 2 nous semble devoir être complètement supprimé.

Si la suppression de l'alinéa 2 paraissait trop radicale, nous serions d'avis de laisser tel qu'il est cet alinéa (sauf définition de journal et précision de la source). Notre avis est motivé par les raisons suivantes :

1° La nouvelle subdivision apportée ne ferait qu'alourdir le texte, il rendrait son application plus délicate;

2° Tous les articles de discussion sont visés par cette formule générale : « et autres du même genre », ce qui rendrait alors la discrimination délicate entre les articles rentrant dans la catégorie exceptionnelle et les autres ;

3° En effet, il est assez difficile de savoir si un article est ou n'est pas un article de discussion et alors naîtrait une difficulté constante d'application.

4° De plus, cette incertitude provoquant un doute, la mention des droits réservés serait maintenue alors la réforme serait inutile, ou elle ne figurerait pas et l'emprunt illicite serait à craindre, alors la réforme serait dangereuse.

Pour toutes ces raisons, nous proposons la suppression de l'alinéa 2.

Subsidiairement, nous repoussons la réforme et proposons que le texte actuel soit maintenu avec deux légères adjonctions qui leur donneront cette forme définitive :

« A l'exclusion des romans-feuilletons et des nouvelles, tout « article de journal (*feuille quotidienne ou au plus hebdomadaire,* « *mais ayant pour objet essentiel l'information*) peut être reproduit « par un autre journal, si la reproduction n'en est pas expressément « interdite. Toutefois, la source (*titre et numéro du journal, nom de* « *l'auteur s'il est connu*) doit être indiquée ; la sanction de cette « obligation est déterminée par la législation du pays où la protec- « tion est réclamée. »

Les œuvres cinématographiques

RAPPORT

DE

M. J.-J. DUMORET

Avocat à la Cour

La Commission de la cinématographie, s'étant réunie le 14 mai 1927, a pris connaissance des propositions de l'Administration italienne et du Bureau international de Berne et a été d'avis de proposer au Comité de l'Association littéraire et artistique internationale les observations suivantes :

I

(Convention, article 2)

L'énumération de l'article 2, quoique n'étant pas limitative, est si complète que la Commission propose de mentionner, entre « les œuvres dramatico-musicales » et « les œuvres chorégraphiques » ... *les œuvres photographiques et cinématographiques.*

On ne s'expliquerait pas, en effet, à l'heure actuelle, cette omission.

II

(Convention, nouvel art. 11 *bis*)

La Commission est opposée à la reconnaissance d'un droit des exécutants, tel que proposé à l'article 11 *bis*.

III

(Convention, art. 13)

La Commission s'est ralliée aux conclusions du rapport présenté par M. J.-J. Dumoret au Congrès de l'Association littéraire et artistique de 1925.

Elle estime que la rédaction de l'article 14 résulte d'une confusion qu'il importe de dissiper une fois pour toutes.

La rédaction actuelle protégerait seulement les œuvres cinématographiques inspirées d'une œuvre littéraire, scientifique ou artistique, et elle laisserait sans protection les œuvres cinématographiques originales.

Ce n'est évidemment pas ce qu'ont voulu les rédacteurs de la Convention : protéger, par leur article 3, les œuvres photographiques, et laisser, sans protection, dans l'article 14, les œuvres cinématographiques qui ne sont que la combinaison et la succession de photographies animées.

En dehors de cas excessivement rares, actuellement l'œuvre cinématographique, par sa définition même, — les deux mots ayant leur valeur : « œuvre », apport personnel, création, et « cinématographique », c'est-à-dire combinaison de photographies, arrangement, découpage, choix d'épreuves, — doit bénéficier d'une protection.

Si, en effet, il n'y a pas un caractère personnel ou original, il n'y aura pas d'œuvre cinématographique. Exemple : la simple projection de la photographie d'un homme célèbre sur l'écran.

Mais il n'en va pas de même pour le film documentaire ou « l'actualité » présentée, comme l'usage s'en est établi, d'une façon originale.

Enfin, la Commission a pensé que l'article 14 concernant la cinématographie ne devait réglementer que la cinématographie, sans viser des procédés de reproduction analogues à la cinématographie.

D'autre part, elle a estimé qu'il fallait modifier l'ordre des paragraphes, en se préoccupant, tout d'abord, des œuvres cinématographiques originales et, ensuite, des œuvres cinématographiques inspirées d'œuvres littéraires, scientifiques ou artistiques.

La Commission a, ensuite, envisagé le texte qui lui était soumis, en ce qu'il renonce à délimiter les droits des collaborateurs du film et les droits éventuels des artistes sur leur interprétation.

Elle a pensé que, sous réserve des adjonctions toujours possibles, selon les usages de chaque pays, et sans jamais pouvoir interdire des conventions particulières, il serait bon de poser en principe que les « créateurs intellectuels du film » doivent voir leur droit d'auteur affirmé. Ces créateurs seront : l'auteur initial ; le scénariste ; le réalisateur.

Il est entendu que l'auteur initial et le scénariste peuvent n'être qu'une seule et même personne.

Enfin, la Commission souhaite vivement qu'avant de rechercher quelle peut être la protection des œuvres cinématographiques, on cherche à se mettre d'accord sur ce qu'est, exactement, une œuvre cinématographique, au regard de la protection qu'on lui doit.

Alors que la signature d'un tableau l'authentifie, que le bon à tirer, signé par l'auteur, constitue le livre qu'on ne pourra traduire sans autorisation, il n'y a pas de définition précise du film.

La Commission propose donc de soumettre au Comité la définition déjà adoptée au Congrès de 1925 :

« Le film est représenté d'une façon définitive et intangible par le positif de montage, signé par les collaborateurs. »

En conclusion, elle propose au Comité de modifier ainsi l'article 14 :

ARTICLE 14

« Les œuvres cinématographiques sont protégées, au même titre « que les œuvres littéraires, artistiques ou scientifiques.

« Les auteurs d'œuvres littéraires, artistiques ou scientifiques ont « le droit exclusif d'autoriser la reproduction, l'adaptation et la « présentation publique de leurs œuvres par la cinématographie.

« L'œuvre cinématographique est constituée d'une façon intangible par le positif de montage définitif du film.

« Le droit d'auteur sur l'œuvre cinématographique appartient « aux créateurs intellectuels du film.

« Toutefois, l'auteur initial, seul, conservera la propriété exclusive de son sujet pour toute autre forme d'utilisation.

« L'œuvre cinématographique ne pourra être présentée et affichée qu'accompagnée du nom de ses créateurs intellectuels. »

Citations et emprunts

(Article 10 de la Convention)

RAPPORT

DE

M. **RENÉ DOMMANGE**

Président de la Chambre syndicale des Éditeurs de musique

S'il est impossible d'interdire la citation, élément indispensable des travaux de critique ou d'enseignement, il apparaît nécessaire d'en prévenir l'abus, et de fixer surtout, entre des limites bien tracées, le droit d'emprunt, qui s'applique, en somme, à des citations plus étendues.

A la faveur, en effet, de l'entière liberté laissée sur ce point aux législations particulières par l'article 10 de la Convention de Berne revisée, de véritables violations du droit d'auteur ont été introduites dans certaines lois étrangères. Cette fâcheuse tendance paraissant devoir se généraliser, il n'est que temps d'assurer aux auteurs, sous le régime unioniste, un minimum de protection.

Nous avons le regret de constater qu'à cet égard la nouvelle rédaction de l'article 10 proposée par l'Administration italienne et le Bureau international de Berne ne nous apporte aucune garantie. Bien au contraire, le nouveau texte, s'il était adopté, constituerait une ratification solennelle des atteintes récemment portées au droit d'auteur, sous prétexte d'emprunts, par des législations dont nous reparlerons.

Texte actuel	Texte proposé
	Remplacer le seul alinéa de l'article 10 par un nouvel article en trois alinéas ainsi conçus :
Art. 10. — En ce qui concerne la faculté de faire licitement des emprunts à des œuvres littéraires ou artistiques pour des publications destinées à l'enseignement ou ayant un caractère scientifique, ou pour des chrestomathies, est réservé l'effet de la législation des pays de l'Union	Art. 10. — (1) *Il est permis de faire, dans un but de critique, de polémique ou d'enseignement, des analyses ou courtes citations textuelles d'œuvres littéraires publiées.* (2) En ce qui concerne la faculté de faire licitement d'autres emprunts à des œuvres littéraires ou artis-

et des arrangements particuliers existant ou à conclure entre eux.

tiques, est réservé l'effet de la législation des pays de l'Union, et, *s'il est plus favorable à l'auteur, celui* des arrangements particuliers *conclus* ou à conclure entre eux.

(3) *Tous les emprunts reconnus licites doivent être conformes au texte original et accompagnés de l'indication exacte de la source (titre de l'œuvre, nom de l'auteur s'il est connu).*

Ces propositions ne nous semblent pas pouvoir être acceptées.

Le premier paragraphe a le tort de ne citer que les œuvres *littéraires*. Cette expression, trop étroite, donnerait à penser que les citations d'œuvres *artistiques* demeurent interdites. Or, les nécessités que nous-mêmes reconnaissons s'opposent à semblable limitation, que n'admettraient du reste ni la législation ni la jurisprudence des États unionistes, y compris la France.

Au moins faudrait-il mettre l'article 10 en correspondance avec la définition générale donnée par le paragraphe premier de l'article 2 de la Convention et se référer, en conséquence, à toute production du domaine littéraire, scientifique ou artistique, l'énumération non limitative de l'article 2 indiquant le champ d'application de cette expression.

Le deuxième paragraphe du texte proposé nous apparaît devoir être rejeté dans son ensemble. Sa rédaction est, en effet, plus défavorable au droit d'auteur que le texte actuel.

Celui-ci n'admet la pleine liberté des *emprunts* que « pour des publications destinées à l'enseignement ou ayant un caractère scientifique, ou pour des chrestomathies » ; ainsi, en principe, aucune législation unioniste ne devrait pouvoir autoriser les emprunts en dehors de ces objets strictement déterminés.

Le texte proposé supprime cette limitation.

Il n'est pas inutile, ici, d'indiquer brièvement quels abus ont déjà été introduits dans quelques lois récentes, sous le prétexte de la faculté d'emprunt. On verra que ces dispositions constituent une violation certaine de l'esprit et de la lettre de la Convention de Berne. On s'étonnera peut-être qu'elles n'aient pas fait obstacle à l'entrée dans l'Union des pays qui les ont édictées, et l'on apercevra du même coup à quelles spoliations véritables conduirait le régime de pleine liberté que l'on propose.

Nous n'hésitons pas à dire que ce régime justifierait les plus graves atteintes au droit d'auteur, auxquelles, dans le reste de ses articles, la Convention de Berne s'efforce de parer.

Il nous semble, en effet, absolument abusif que, sous prétexte d'emprunt, et même dans un but d'enseignement, des œuvres entières puissent être reproduites librement. Qui donnera la définition du manuel scolaire autorisé ? où s'arrêtera l'enseignement proprement dit? Et qui ne voit qu'on peut ainsi, en reproduisant les meilleurs ouvrages d'un auteur, rendre inutile l'acquisition de ses autres œuvres? Déjà, en matière littéraire, la loi suisse de 1922, la loi bulgare de 1921, la loi hongroise de 1921, la loi autrichienne de 1920, avaient autorisé l'insertion totale d'œuvres éditées de peu d'étendue; parfois, comme en Autriche, il suffit que le recueil revête un caractère « littéraire ». Des libertés non moins graves ont été consenties par la plupart de ces lois au détriment des œuvres d'art, peinture, sculpture, dessins, plans; pour ces derniers, en particulier, la loi bulgare autorise leur exécution sur le terrain si l'auteur n'a réservé son droit au moment de la publication. La loi polonaise de 1926 accorde la même liberté (art. 15).

Mais c'est surtout en ce qui concerne les compositions musicales que d'indéniables violations du droit d'auteur ont été autorisées et sont de plus en plus consacrées. N'est-ce pas, en effet, dépouiller un compositeur du fruit de son talent que de permettre à quiconque de remanier son œuvre ou sa pensée de manière à en faire un nouvel ouvrage? N'est-ce pas, en même temps, légitimer officiellement toutes les lésions de ce droit moral que, par ailleurs, les jurisconsultes modernes s'efforcent de dégager et de protéger?

Quelques exemples montreront à quels excès conduit la faculté d'emprunt concédée par certaines législations.

La loi autrichienne de 1920 autorise « l'édition et l'exécution « publique de variations, transcriptions, fantaisies, études et « orchestrations si elles présentent le caractère de compositions « originales » (art. 30) et aussi « l'insertion de compositions musi- « cales détachées, déjà parues, ne dépassant pas une limite justifiée « par le but poursuivi... »

La loi bulgare de 1921 déclare licites (art. 43) « l'édition de « variations, transcriptions, fantaisies, études tirées en totalité ou « en partie de l'œuvre musicale d'autrui, et, en général, tout « emprunt qui y est fait, si toutes ces compositions s'écartent telle- « ment de l'original qu'on est obligé de les considérer comme des « œuvres musicales nouvelles et distinctes ».

La loi hongroise de 1921 contient des dispositions de même portée. On sait que la loi suisse de 1922 permet l'utilisation des mélodies par un tiers lorsqu'il en résulte une nouvelle œuvre originale (article 15) et l'insertion de compositions éditées de peu d'étendue « dans les travaux... de critique ou dans d'autres travaux « scientifiques » (art. 26).

De telles facilités ont naturellement paru bonnes à prendre à d'autres États, généralement peu riches jusqu'à présent en productions artistiques. La contagion a été rapide.

La loi polonaise du 29 mars 1926 permet « de citer, dans des « ouvrages scientifiques et littéraires ou dans des manuels, de « courts passages de compositions musicales ou *des productions* « *complètes*, à condition que ces œuvres aient été déjà publiées ».

(art. 14), et autorise « les transpositions dans un autre ton, en une « autre voix ou pour un autre instrument » (art. 16).

La loi tchécoslovaque du 24 novembre 1926 ne considère pas comme portant atteinte au droit d'auteur (art. 29) « celui qui, « ayant remanié l'œuvre musicale d'un tiers ou la pensée musicale « d'un tiers pour en faire une œuvre nouvelle et originale, dispose « de son remaniement de la façon réservée à l'auteur ; — celui qui « reproduit dans une autre œuvre..., divers passages d'une œuvre « musicale déjà parue... ; — celui qui emprunte diverses menues « compositions déjà éditées en quelques-unes de leurs parties, pour « les mettre... ou bien dans un recueil de chants tirés d'œuvres « déjà publiées de divers compositeurs pour l'usage des écoles « de musique... »

Les conséquences pratiques de ces dispositions sont faciles à apercevoir. En littérature, il est rare qu'une œuvre séparée, de courte étendue, revête une importance primordiale. On peut introduire dans un recueil une fable, un sonnet, un petit récit, une courte nouvelle, voire un bref chapitre, sans ravir aux auteurs l'essentiel de leurs ouvrages. Mais il en va différemment en musique. Les principaux succès de la plupart des compositeurs sont dus à des œuvres de peu d'étendue : mélodies, chansons, œuvres pianistiques ou instrumentales. Qui ne voit qu'en prétendant illustrer un ouvrage traitant de la mélodie, de la chanson, de la musique de chambre, il sera loisible de publier toutes les œuvres à succès des grands compositeurs, de s'assurer ainsi gratuitement un profit considérable et de porter le plus grave préjudice aux éditions originales des œuvres « empruntées » ? Quelle sera la secrète souffrance du compositeur qui, ayant trouvé un thème, une phrase, un motif, une mélodie, verra un manufacturier de la musique « emprunter » avec l'appui de la loi le fruit de son talent et en faire la base d'une autre œuvre ? Et comment le compositeur pourra-t-il exploiter sa pensée sous les diverses formes auxquelles elle peut se prêter, ou en céder l'exploitation avec avantage, si le premier venu à le droit d'entreprendre cette exploitation — généralement la plus rémunératrice — sous forme de transcriptions, variations, adaptations, etc... ?

Autant dire que, dans les pays où le législateur consacre une pareille mutilation du droit d'auteur, ce droit a cessé d'exister en matière musicale.

Fort de ces exemples et de leurs suites, nous avons le devoir de protester hautement contre ce véritable recul de la protection du droit d'auteur. Nous nous refusons énergiquement à admettre que le droit d'emprunt puisse aboutir à dépouiller les auteurs d'œuvres originales du produit de leur travail, et au profit de véritables parasites; et nous estimons que si la révision de la Convention de Berne devait, par la porte qu'ouvrirait toute grande son nouvel article 10, homologuer de telles atteintes au droit d'auteur, il deviendrait entièrement inutile de chercher à perfectionner et à en étendre l'action. L'article 10 détruirait l'effet de toutes les autres dispositions protectrices.

Nous avouons d'ailleurs ne pas comprendre, il faut le répéter, comment les pays qui permettent à des tiers toutes les transformations d'une œuvre originale ont pu être admis à signer la Convention d'Union de Berne, alors que cette Convention, en autorisant les emprunts, n'autorise nullement les remaniements. C'est rendre à la cause du droit d'auteur un bien mauvais service que d'introduire dans la famille unioniste des États décidés à amputer ce droit de ses prérogatives les plus essentielles.

Pour conclure nos observations, nous rejetons donc formellement les paragraphes 1 et 2 du texte proposé et n'acceptons que le paragraphe 3, en vertu duquel, remarquons-le, les législations précitées devront être profondément modifiées, si les États intéressés veulent demeurer dans l'Union. Aucune modification du texte de l'œuvre empruntée ne pourrait plus, en effet, être tolérée.

Il nous reste à proposer, pour l'article 10, un texte qui, tout en reconnaissant la faculté d'emprunt dans une juste mesure, limite cette faculté de manière à conserver aux auteurs unionistes la pleine jouissance de leur droit exclusif.

Ce texte pourrait être le suivant :

Article 10

« Dans toute œuvre ayant un caractère de critique, de polémique « ou d'enseignement, il est licite d'inclure des analyses ou de courtes « citations textuelles de toute production littéraire, scientifique ou « artistique, à la condition toutefois que la production analysée « ou citée ait été déjà publiée.

« Pour les chrestomathies, anthologies et tous ouvrages d'ensei- « gnement, il est licite de faire des emprunts aux œuvres littéraires, « artistiques ou scientifiques déjà publiées, à condition que la « totalité des emprunts faits à une seule œuvre n'excède pas :

« *a*) Trois pages de l'édition originale de cette œuvre, ou, en tout « cas, la moitié au plus de cette œuvre, s'il s'agit d'une œuvre « scientifique ou littéraire ;

« *b*) Une page ou le quart au plus de l'œuvre, s'il s'agit d'une « œuvre musicale ; dans ce dernier cas, l'emprunt ne peut jamais « être inséré dans une autre composition musicale.

« Ne peut être reproduite intégralement sans autorisation toute « œuvre littéraire ou scientifique formant un tout (sonnet, théorème, « par exemple), même si son étendue est inférieure au maximum « autorisé (trois pages).

« Tous les emprunts, reconnus licites doivent être entièrement « conformes au texte original et accompagnés de l'indication « exacte de la source (titre de l'œuvre, nom de l'auteur s'il est « connu).

« La reproduction totale ou partielle des œuvres des arts graphi-

« ques et plastiques n'est licite que si elle a lieu, par les procédés « des arts graphiques, dans les publications ayant un caractère « critique, ou scientifique, ou d'enseignement, et si ces œuvres ont « été déjà livrées au public. »

Le premier alinéa s'inspire du texte proposé par le Bureau de Berne, tout en indiquant, par les expressions mêmes de l'article 2 de la Convention, que le droit de citation s'applique à toutes les productions protégées par la Convention, dès lors qu'elles ont été publiées.

Le second alinéa précise et limite la faculté d'emprunt, d'abord à certains ouvrages dont le but seul justifie l'emprunt gratuit, ensuite à une certaine étendue, à l'instar du principe excellent introduit dans la loi italienne du 7 novembre 1925 (art. 22). Cette étendue est nécessairement différente pour les œuvres littéraires ou scientifiques et les compositions musicales, en raison des motifs que nous avons déjà développés. On a jugé également indispensable de préciser que jamais un fragment d'œuvre musicale ne pourra être introduit dans une œuvre musicale nouvelle ; on a vu, en effet, à quel excès conduirait cette prétention qu'aucune nécessité d'enseignement ne saurait justifier et qui a seulement pour but de permettre à des compositeurs, probablement peu doués, de s'emparer des succès d'autrui.

Dans un troisième alinéa, nous conservons le troisième paragraphe du texte proposé par le Bureau de Berne, en soulignant seulement, par l'adjonction du mot « entièrement », l'interdiction rigoureuse de modifier le texte emprunté.

Enfin, dans un quatrième alinéa, nous avons cru indispensable d'autoriser expressément, dans des ouvrages à but déterminé, la reproduction, même totale, parce qu'en fait et par nature indivisible, des œuvres graphiques ou plastiques, telles que tableaux, gravures, sculptures, etc. Cette faculté est, en effet, indispensable, mais il convient de préciser sous quelle forme la reproduction pourra être faite, de manière à prévenir, entre autres abus, celui qui consiste à autoriser dans une convention internationale ou dans certaines législations, la contrefaçon par la sculpture, sous prétexte d'emprunts licites, d'une œuvre de peinture, ou inversement.

Par suite des dispositions précises des deuxième et quatrième alinéas de notre rédaction, un statut minimum se trouve garanti aux auteurs unionistes par la Convention. En conséquence, l'entière liberté que le Bureau international de Berne proposait de reconnaître aux législations internes ne peut plus subsister, et le paragraphe 2 des propositions du Bureau disparaît.

Nous espérons fermement que l'Association littéraire et artistique internationale acceptera de présenter notre rédaction dans l'article 10 à la réunion de Lugano et à la Conférence de Rome, et nous souhaitons que celle-ci l'introduise dans la Convention revisée. Nous avons montré, en effet, que l'entière liberté de régler la faculté d'emprunt laissée jusqu'à présent aux législations internes et aux arrangements particuliers avait conduit certains États à consentir, bien au delà des nécessités de l'enseignement ou de la critique, de très graves amputations au droit d'auteur. Il n'est que temps de s'arrêter dans une voie qui aboutirait, à bref délai, à la négation même de la propriété intellectuelle et, par suite, à la destruction de l'œuvre de l'Union de Berne. Il est à souhaiter aussi que les législations qui n'ont pas encore réglementé le droit de citation ni le droit d'emprunt se mettent à l'unisson de la Convention de Berne revisée, sur les bases que nous proposons.

Droit de représentation et d'exécution des œuvres musicales

(Article 11 de la Convention)

APPLICATIONS DE LA FACULTÉ DE RÉSERVE INSÉRÉE DANS LA CONVENTION D'UNION DE BERNE, REVISÉE A BERLIN

RAPPORT

DE

M. **ALPI JEAN-BERNARD**

Directeur de la Société des auteurs, éditeurs et compositeurs de musique

L'Union pour la protection des droits des auteurs sur leurs œuvres artistiques et littéraires connaît, depuis sa fondation, une extension sans cesse accrue.

C'est une prospérité admirable qui s'explique par l'utilité indéniable et universelle du but poursuivi.

Mais s'il y a lieu de se réjouir des résultats obtenus quant au nombre des États devenus membres de l'Union, il faut convenir, par contre, que la situation au point de vue de l'efficacité et de l'homogénéité de la protection n'est pas encore satisfaisante.

L'état de choses fâcheux que l'on constate à cet égard trouve son origine dans les dispositions des articles 25, 26 et 27 de la Convention de Berne revisée à Berlin en 1908.

Le prédécesseur de M. Ostertag, l'éminent directeur actuel du Bureau international de Berne, M. Roethlisberger, disait, au Congrès de 1925, à Paris, lors de l'Exposition internationale des Arts décoratifs :

« L'ennemi le plus acharné de l'unification progressive des dispo-
« sitions conventionnelles est personnifié par le système dit *des*
« *réserves*. Les pays contractants, lors de l'adoption de la Conven-
« tion de Berne revisée, et les pays nouvellement adhérents, lors de
« leur accession à l'Union, sont autorisés à déclarer vouloir rester
« liés sur tel ou tel point par les dispositions isolées, moins libérales,
« des actes antérieurs de 1886 et 1896. Dix pays, parmi les vingt-sept
« pays membres de l'Union, ont fait usage de cette faculté qui a été
« concédée à la suite d'une invasion malheureuse de la politique
« dans notre domaine.

« C'est, en effet, pour faire une concession à la Russie qui, l'ayant « obtenue, n'en a du reste pas eu cure, qu'à la Conférence de Berlin « certains négociateurs ont abandonné le système de la Convention « formant bloc, pour l'échanger contre le système qu'on a pittores- « quement nommé celui du *manteau troué.* »

Sans entrer dans l'examen détaillé des réserves faites par chacun des États qui les ont insérées dans leur adhésion, signalons celles faites par plusieurs pays sur les huit points suivants :

1° Articles de journaux et revues : Grèce, Norvège, Suède, Danemark et Pays-Bas;
2° Droit exclusif de traduction : Grèce, Italie, Japon, Pays-Bas;
3° Droit de représentation : Italie et Pays-Bas;
4° Droit de représentation et d'exécution : Grèce;
5° Exécutions publiques des œuvres musicales : Japon;
6° Œuvres d'art appliqué : France, Tunisie;
7° Œuvres d'architecture : Norvège;
8° Rétroactivité : Norvège, Grande-Bretagne.

Comme on le voit, ces réserves ne portent pas toutes sur des points d'égale importance, mais elles sont fort nombreuses cependant; il en résulte une extrême complexité dans les dispositions qui règlent la protection du droit des auteurs.

Ainsi apparaît une inégalité choquante entre les ressortissants des différents États de l'Union. C'est un danger que les adversaires du droit de réserve avaient signalé, mais qui, à raison du large usage qui en a été fait, est encore plus grave qu'on n'avait pu le supposer.

L'objet de ce rapport est d'examiner seulement les réserves faites par les différents États sur la question du droit de représentation et d'exécution des œuvres musicales.

Ces états sont : la Grèce, l'Italie, le Japon et les Pays-Bas.

La Grèce

La Grèce, en adhérant à la Convention de Berne, le 9 novembre 1920, a stipulé trois réserves dont une est libellée de la façon suivante :

Réserves. — 1°... 2°... 3°... : « En ce qui concerne le droit de repré- « senter publiquement les œuvres dramatiques ou dramatico-musi- « cales et celui d'exécuter publiquement les œuvres musicales, le « gouvernement de la Grèce, au lieu d'adhérer à l'article 11 de la « Convention revisée du 13 novembre 1908, entend rester lié par « l'article 9 de la Convention de Berne du 9 septembre 1886. » (*Le Droit d'Auteur*, 1920, p. 133.)

Il résulte de cette décision que la Grèce, au lieu de restreindre ses réserves, comme les trois autres pays, a formulé une réserve sur l'article 11 tout entier. Il est indispensable d'examiner ces deux articles pour se rendre compte de la portée de cette réserve : d'un côté, l'article 11 de la Convention du 13 novembre 1908, et, de l'autre, l'article 9 de la Convention du 9 novembre 1886.

Convention du 13 novembre 1908

Art. 11. — Les stipulations de la présente Convention s'appliquent à la représentation publique des œuvres dramatiques ou dramatico-musicales, *et à l'exécution publique des œuvres musicales*, que ces œuvres soient publiées ou non.

Les auteurs d'œuvres dramatiques ou dramatico-musicales sont, pendant la durée de leur droit sur l'œuvre originale, protégés contre la représentation publique non autorisée de la traduction de leurs ouvrages.

Pour jouir de la protection du présent article, les auteurs, en publiant leurs œuvres, ne sont pas tenus d'en interdire la représentation ou l'exécution publique.

Convention du 9 septembre 1886

Art. 9. — Les stipulations de l'article 2 s'appliquent à la représentation publique des œuvres dramatiques ou dramatico-musicales, que ces œuvres soient publiées ou non.

Les auteurs d'œuvres dramatiques ou dramatico-musicales ou leurs ayants cause, sont, pendant la durée de leur droit exclusif de traduction, réciproquement protégés contre la représentation publique non autorisée de la traduction de leurs ouvrages.

Les stipulations de l'article 2 s'appliquent également à l'exécution publique des œuvres musicales non publiées ou de celles qui ont été publiées, mais dont l'auteur a expressément déclaré sur le titre ou en tête de l'ouvrage qu'il en interdit l'exécution publique.

On voit tout de suite, par la comparaison des deux textes, que les auteurs ou compositeurs ne peuvent pas bénéficier, en Grèce, des avantages du dernier alinéa de l'article 11 de la Convention du 11 novembre 1908, lequel dispense les auteurs de mentionner sur leurs ouvrages l'interdiction de la représentation ou de l'exécution publique.

Cette situation fait ressortir bien nettement les inconvénients du système des réserves adopté par la Conférence de revision de 1908. Si les auteurs d'œuvres musicales d'un pays ayant adhéré à l'Union veulent être protégés contre l'*exécution publique* non autorisée de leurs œuvres en Grèce, ils seront tenus de mentionner cette réserve et perdront ainsi le don précieux qui leur avait été, à grand'peine, accordé par le paragraphe 3 de l'article 11 de la Convention de 1908.

La Grèce pourrait facilement mettre fin à cette anomalie, en déclarant qu'elle a entendu réserver seulement l'alinéa 2 de la Convention de 1886, qui est relatif à la durée de protection de la traduction d'une œuvre, et qu'elle réduit ses réserves à cet alinéa. Elle ferait ainsi œuvre utile, accorderait aux auteurs la dispense de mentionner l'interdiction d'exécutions publiques et mettrait ainsi fin à une situation pouvant ouvrir matière à discussion et à procès.

L'Italie

L'Italie a adhéré à la Convention de Berne le 9 septembre 1886, mais lorsqu'elle a adhéré à la Convention revisée du 13 novembre 1908, elle a fait des réserves en ce qui concerne le droit de représentation, à l'égard des traductions des œuvres dramatiques ou dramatico-musicales (art. 9, alinéa 2, de la Convention de Berne).

Cette réserve vise spécialement la durée de protection de la traduction des œuvres et décide que les auteurs d'œuvres dramatiques ou dramatico-musicales ou leurs ayants cause sont, pendant la durée de leur droit exclusif de traduction, réciproquement protégés contre la représentation publique non autorisée de la traduction de leurs ouvrages.

L'Italie vient de se doter d'une nouvelle loi sur le droit d'auteur : le décret-loi n° 1950 du 7 novembre 1925, qui a réalisé une réforme depuis longtemps attendue, et dans un sens favorable aux revendications nombreuses des auteurs. Elle a régularisé d'une façon magistrale la plupart des difficultés soulevées par l'exécution du droit exclusif de traduction.

Elle a, il est vrai, exigé en certains cas, pour l'assimilation du droit de traduction au droit de reproduction, qu'il y ait eu traduction autorisée, dans les dix ans de la première publication. Mais cela ne s'applique (art. 27 de la loi) qu'aux œuvres scientifiques, pas aux œuvres musicales.

Le Japon

Le Japon a adhéré à la Convention de Berne le 15 juillet 1899.

Lorsqu'il a adhéré à la Convention de Berne revisée du 13 novembre 1908, il a fait la réserve suivante : « ... 2° En ce qui concerne l'exécution publique des œuvres musicales, le gouvernement impérial du Japon, au lieu d'adhérer à l'article 11 de ladite Convention revisée du 13 novembre 1908, entend rester lié par les dispositions de l'alinéa 3 de l'article 9 de la Convention de Berne du 9 septembre 1886. » (*Le Droit d'Auteur*, 1910, p. 86.)

« Il en résulte, dit M. le directeur Roethlisberger, que les auteurs « unionistes seront ainsi soumis, sur territoire japonais, à l'obliga- « tion de la mention de réserve, s'ils entendent exercer un contrôle « sur l'exécution publique de leurs œuvres musicales publiées. » (*Le Droit d'Auteur*, 1922, p. 129.)

Cette réserve du Japon paraît inexplicable puisque, d'après sa loi nationale, les œuvres sont protégées sans qu'il y ait à accomplir aucune formalité et que l'obligation d'une mention de réserve n'y est nullement contenue.

M. le directeur Roethlisberger (*le Droit d'Auteur*, 1922, p. 104) se demande même si cette réserve n'est pas la conséquence d'une erreur. Il pense que, pour le Japon comme pour la Grèce, les réserves devaient viser simplement l'alinéa 2 de l'article 9 de la Convention de Berne de 1886, qui établit la corrélation entre le droit de traduction et la représentation des traductions. La Grèce a fait cependant une réserve pour la totalité de cet article, et le Japon seulement pour le troisième alinéa de cet article.

PAYS-BAS

Les Pays-Bas ont adhéré à la Convention de Berne le 1er novembre 1912 pour la partie européenne du royaume des Pays-Bas et le 1er avril 1913 pour les Indes Néerlandaises, Curaçao et Surinam.

Toutefois, dans la déclaration du 9 octobre 1912 par laquelle le ministre des Pays-Bas a notifié au Conseil fédéral son adhésion à la Convention de Berne, ce dernier a fait les réserves suivantes :

« 1°... 2°... 3° En ce qui concerne le droit de représenter publiquement des traductions d'œuvres dramatiques et dramatico-musicales, le gouvernement des Pays-Bas, au lieu d'adhérer à l'article 11, alinéa 2 de la Convention revisée du 13 novembre 1908, entend rester lié par l'article 9, alinéa 2 de la Convention de Berne du 9 septembre 1888. » (*Le Droit d'Auteur*, 1912, p. 146.)

Ces réserves visent donc aussi la représentation publique non autorisée de la traduction des ouvrages, lesquels restent protégés pendant le même temps que le droit de traduction.

La loi néerlandaise sur le droit d'auteur avait été publiée le 23 septembre 1912 (*le Droit d'Auteur*, 1912, p. 146) et c'est aussitôt après sa promulgation que les Pays-Bas ont adhéré à la Convention de Berne. Cette loi assimile complètement le droit de représentation et d'exécution au droit principal de reproduction.

*
* *

Il résulte, des explications ci-dessus, que trois catégories de réserves ont été faites à la Convention de Berne revisée du 13 novembre 1908.

D'une part, la Grèce qui déclare appliquer les trois alinéas de l'article 9 de la Convention du 9 septembre 1886.

D'autre part, l'Italie ou les Pays-Bas qui se sont réservés d'appliquer l'alinéa 2 de l'article 9 seulement.

Enfin, le Japon qui s'est réservé d'appliquer l'alinéa 3 de l'article 9 de ladite Convention.

Nous avons vu, au cours de ce travail, que les seules réserves qui paraissent importantes sont celles qui sont relatives à la durée de protection de la traduction des œuvres originales. Ces réserves étaient nécessaires pour permettre l'application des lois nationales sur la durée de la protection accordée aux traductions, mais aujourd'hui on doit pouvoir espérer que des modifications soient apportées aux lois nationales, qui les mettent en harmonie avec les principes généralement admis maintenant par la plupart des législations sur la question.

Radiophonie

(Nouvel article 11 *bis*.)

RAPPORT

DE

M. MARCEL BOUTET

Avocat à la Cour de Paris, secrétaire général adjoint de l'Association

Le premier alinéa de l'article 11 *bis* proposé par le programme de la Conférence de Rome pose un principe d'ordre essentiellement général, celui de la nécessité de l'autorisation de l'auteur d'une œuvre pour transmettre cette œuvre par la voie radiophonique.

Ce principe est entièrement conforme aux vœux adoptés par l'Association littéraire et artistique internationale, à ses congrès de Paris (1925) et de Varsovie (1926). Nous l'acceptons donc sans réserve, dans son esprit.

Par contre, son texte nous paraîtrait devoir gagner à être plus étendu. L'expression « œuvres littéraires ou artistiques » permet aux esprits libéraux d'étendre leur libéralisme à toutes les œuvres de la pensée. Mais il n'est pas que des libéraux dans le domaine international, et ce qui va de soi, sans le dire, va beaucoup mieux encore en le disant. C'est pourquoi, tout en respectant le texte proposé par le Bureau de Berne et par le gouvernement italien, nous pensons que la désignation : « les auteurs d'œuvres littéraires et artistiques » serait avantageusement remplacée par celle employée en l'article 2 de la Convention, augmenté des œuvres cinématographiques.

Le texte proposé deviendrait alors : « Les auteurs d'une production du domaine littéraire, scientifique, cinématographique et artistique jouissent du droit... », le reste sans changement.

Avant d'aborder l'examen de l'alinéa 2, nous pensons qu'il serait souhaitable de préciser ce qui, en matière radiophonique, constitue en tout cas l'émission donnant droit à une taxation au profit de l'auteur.

Des pays ont estimé que la réception par des appareils publics ou même privés constituait un acte créant un droit de perception, au même titre que l'émission.

D'autres pays, par contre, peuvent penser que l'émission seule est taxable.

Certains, enfin, pourraient soutenir que seule la réception doit être taillable et corvéable.

Il ne s'agit pas, ici, de restreindre l'étendue des sources taxables. Avant d'aboutir à une législation uniforme, il faut laisser à chaque pays le loisir de prendre l'air de sa souveraineté nationale.

Mais il nous paraît que, pour les raisons exposées au Congrès de Varsovie et admises par ce dernier, une source doit être toujours imposée, en matière radiophonique : c'est l'émission ; et ce principe doit être, à notre avis, posé dans la Convention.

Les législations qui voudront étendre les taxes aux postes récepteurs publics ou même privés agiront comme elles l'entendront. Mais il sera admis, tout d'abord, que l'émission, constituant une exécution publique, sera la première source de la taxe perçue au profit de l'auteur.

C'est pourquoi, nous vous proposons d'adjoindre, au texte établi par le Bureau de Berne et par le gouvernement italien, l'alinéa suivant :

> « L'émission radio-électrique constitue, dans tous les cas, la com-
> « munication au public prévue par l'alinéa précédent. »

Nous voici arrivés maintenant au principe particulier contenu dans l'alinéa 2 des propositions officielles : c'est la reconnaissance du droit des exécutants à autoriser la diffusion de leur exécution par la voie radiophonique.

Cette question, nous la retrouverons à l'article 13 qui intéresse les instruments de musique mécaniques.

Elle est, il faut le dire, bien séduisante. Dans cette Association qui, depuis bientôt cinquante ans, lutte pour la reconnaissance des droits intellectuels, il ne viendra à l'idée de personne de refuser aux exécutants la somme d'art et de droits que représente leur exécution. Sans eux, bien souvent, que deviendrait l'œuvre ? Si l'auteur l'a créée, l'exécutant ne lui donne-t-il pas la vie ? Sous ses doigts, le texte s'anime, la pensée de l'auteur se communique à l'auditeur, l'œuvre était un texte, elle devient une réalité vivante.

« Protégeons l'exécutant », disent les propositions.

« Protégeons l'exécutant », serions-nous tentés de répéter en écho. Mais résistons à la tentation et voyons. Quel que soit le mérite de l'exécutant, quelle que soit la part que ce dernier prend à la réalisation de la pensée créatrice, il ne nous semble pas que son droit soit de même nature que celui de l'auteur. Son effort n'est pas associé à la création de l'œuvre ; il n'est attaché qu'à sa réalisation matérielle. Malgré son mérite, il demeure un intermédiaire ; il n'est pas un auteur.

Et les rédacteurs de l'article 11 *bis* ont bien compris que, juridiquement, il leur fallait bâtir une théorie nouvelle pour admettre l'exécutant au bénéfice de la Convention d'Union.

C'est pourquoi, dans leur commentaire, ils ont imaginé cette conception assez neuve de « l'œuvre de seconde main ». J'avoue que l'expression elle-même prouve combien nous nous trouvons, juridiquement, en présence de deux situations de natures différentes.

L'œuvre existe dans la création. Elle est la pensée traduite par l'auteur lui-même dans le langage des sons. C'est là qu'elle est née. Dire qu'elle devient « de seconde main » le jour où l'interprète est chargé de la présenter au public nous semble la dériver de son origine. L'interprète reçoit une mission; il ne transforme pas, il ne crée pas.

Or, ce rôle de l'exécutant, que nul ne contredira, peut-on soutenir qu'il corresponde à la notion de « l'auteur », telle que l'a conçue l'ensemble de la Convention d'Union ? Nous ne le pensons pas.

Que l'on cherche, dans un texte spécial consacré aux exécutants, véritable statut de leurs droits, à protéger leur travail, d'un mérite intellectuel parfois si élevé, nous nous associerons à cette tâche, de grand cœur. Mais leur donner droit de cité à l'intérieur de la Convention d'Union nous paraît contraire aux notions qui, juridiquement, ont inspiré l'ensemble du texte aujourd'hui soumis à une revision, non point de son esprit, mais des détails de son application.

Et c'est pourquoi nous proposons de supprimer l'alinéa 2 du texte des propositions officielles.

Si notre manière de voir est adoptée, l'article 11 *bis* sera rédigé de la manière suivante :

> « Les auteurs d'une production du domaine littéraire, scientifique,
> « cinématographique et artistique jouissent du droit exclusif d'au-
> « toriser la communication de leur œuvre au public, par la télé-
> « graphie ou la téléphonie avec ou sans fil, ou par tout autre moyen
> « analogue, servant à transmettre les sons et les images.
> « L'émission radio-électrique constitue, dans tous les cas, la com-
> « munication au public prévue par l'alinéa précédent. »

Instruments de musique mécaniques

(Article 13 de la Convention)

RAPPORT

DE

M. MARCEL BOUTET

Avocat à la Cour de Paris,

Secrétaire général adjoint de l'Association littéraire et artistique internationale

Les propositions officielles du gouvernement italien et du Bureau de Berne à l'égard des instruments mécaniques (art. 13) portent sur deux points :

Le premier consiste à accorder aux artistes exécutants une protection semblable à celle de l'auteur de l'œuvre adaptée.

La seconde consiste à ne respecter les droits acquis qu'autant que l'adaptation nouvelle aura lieu à l'aide d'instruments mécaniques du même genre que ceux ayant adapté l'œuvre antérieurement. Enfin, le droit acquis n'est respecté qu'au profit du fabricant qui l'aura acquis, et non au profit de tous.

Avant d'aborder l'examen de ces deux propositions, il semble utile de modifier l'alinéa 1er de l'article 13 actuel. Celui-ci reconnaît à l'auteur le droit d'autoriser « l'adaptation » de son œuvre à des instruments mécaniques. Le mot « adaptation » apparaît comme un peu insuffisant. Excellent lorsqu'il s'appliquait aux instruments « portant en eux-mêmes leurs notations », il devient un peu imprécis à l'égard de l'actuel phonographe.

La reproduction par cet instrument tient, en effet, à la fois de l'édition et de l'adaptation. Sans doute, la matrice du disque constitue l'adaptation ; mais les disques eux-mêmes, par leur tirage presque illimité, participent surtout de l'édition. Questions de terminologie, dira-t-on, c'est possible. Mais la précision ne nuit pas, et il serait souhaitable d'ajouter au texte proposé une mention qui rappellerait la préoccupation que nous venons de vous soumettre. C'est ainsi que le texte de l'alinéa 1er pourrait devenir le suivant :

> « Les auteurs d'œuvres musicales ont le droit exclusif d'autoriser : 1° L'adaptation de ces œuvres à tous instruments servant à les reproduire mécaniquement, ainsi que l'édition consécutive à cette acceptation ; 2° L'exécution publique des mêmes œuvres, au moyen de ces instruments. »

A l'égard du droit des exécutants, prévu dans l'alinéa 1 *bis* des propositions officielles, les raisons qui nous ont poussé, en matière de radiophonie, à l'écarter du texte de la Convention, demeurent intactes.

Qu'en matière d'instrument de musique mécanique, on considère l'exécutant exactement sous le même angle qu'en matière de radiophonie, ou qu'au contraire on estime que sa situation présente certaines différences, peu importe en l'espèce : la nature juridique de son droit ne nous paraît pas participer de celle de « l'auteur » telle que la conçoit la Convention d'Union.

Les propositions du Bureau de Berne et du gouvernement italien laissent subsister l'alinéa 2 de l'article 13 : c'est celui des réserves.

Ce respect nous paraît fâcheux. A l'époque où elles ont été admises, elles furent peut-être un mal nécessaire. Aujourd'hui, elles sont un mal qui doit guérir.

Il sera expliqué, dans un rapport spécial, qu'il est infiniment souhaitable de supprimer dans tous les articles de la Convention la faculté de réserves. En matière d'instruments de musique mécaniques, où la licence obligatoire a joué un rôle susceptible d'appréciations parfois sévères, la nécessité de supprimer les réserves se fait fortement sentir. Nous pensons donc qu'il faut, sans faiblir, voter la mort de l'alinéa 2.

La question des droits acquis a retenu l'attention des propositions officielles.

Le texte nouveau restreindrait les droits licitement acquis à la personne de celui qui les a acquis et, de plus, à la condition que l'adaptation nouvelle soit faite par des instruments mécaniques du même genre que ceux qui ont contribué à faire acquérir le droit.

Innovation heureuse et qui mérite d'être acceptée.

Mais dans leur exposé de motifs, les rédacteurs du texte nouveau reconnaissent que les droits de l'auteur subiront encore une entrave considérable.

N'est-il pas possible de desserrer cette entrave? Il nous est apparu que nous devions nous efforcer de le faire.

Pour y arriver, il suffit de donner à la notion du droit acquis une valeur strictement limitée à celui qui l'a acquis et aux éléments de représentation matérielle : ainsi le droit acquis se limiterait à l'édition en cours, c'est-à-dire, en matière d'instruments de musique mécaniques, à la matrice même, sans qu'il soit possible pour l'avenir d'étendre le droit à des éditions nouvelles.

Ainsi, nous ne donnerions pas au droit acquis la valeur d'un droit de propriété immatérielle sur l'œuvre, valeur qui n'est pas la sienne. En effet, pour reprendre l'expression fort juste employée par l'un des membres de l'Association, un droit sur l'œuvre tombée dans le domaine public n'est pas un droit comparable à celui sur un bien vacant. C'est seulement un droit sur un bien commun, qui, tombé dans la communauté, en sera extrait pour redevenir, au profit de l'auteur, bien individuel.

Seuls les éléments d'appropriation matérielle demeureraient le bénéfice de celui qui a acquis un droit; dans cette limite, le droit acquis nous apparaît comme juste et digne d'être respecté.

Pour traduire d'une manière concrète notre proposition, nous proposons à votre agrément la rédaction suivante de l'alinéa :

> « La disposition de l'alinéa 1er n'a pas d'effet rétroactif et, par « suite, n'est pas applicable dans un pays de l'Union aux réalisations « matérielles d'éditions et d'adaptations consécutives licites anté- « rieures à sa promulgation ou en cours d'exécution lors de la dite « promulgation. »

A l'égard de l'alinéa 4, et pour les raisons expliquées à l'alinéa 1er, nous jugeons utile d'ajouter au texte du gouvernement italien l'expression « éditions consécutives », qui ferait alors de l'alinéa proposé l'alinéa suivant :

> « Les adaptations et éditions consécutives, faites en vertu des « alinéas 2 et 3 du présent article... (le reste sans changement). »

Rétroactivité

(Article 18 de la Convention)

RAPPORT

DE

MM. JACQUES PFEIFFER et MARCEL BEURDELEY
Avocats à la Cour de Paris

L'administration italienne et le Bureau international de Berne envisagent, dans les propositions qui ont été rédigées en vue de la Conférence de Rome, la modification de l'article 18 de la Convention actuellement en vigueur. Cet article édicte que si une œuvre, par suite de l'expiration de la durée de protection qui lui était antérieurement reconnue, est tombée dans le domaine public du pays où la protection est réclamée, cette œuvre n'y sera pas protégée à nouveau.

L'administration italienne et le Bureau international de Berne exposent qu'il ne paraît pas juste d'exclure complètement de l'application de la nouvelle convention une œuvre dont le délai de protection est écoulé au moment de son entrée en vigueur; ils suggèrent qu'il soit décidé que la Convention s'applique à toutes les œuvres pour lesquelles la durée de protection établie conformément à l'article 7 n'était pas encore expirée au moment de son entrée en vigueur, même si la durée de protection antérieurement reconnue est déjà expirée à ce moment. Autrement dit, l'article 7 prévoit une durée de protection de cinquante ans après la mort de l'auteur. Si l'œuvre protégée dans son pays d'origine pour une durée de trente ans est tombée dans le domaine public, avant que soit promulguée la nouvelle convention, elle sera à nouveau protégée pour un laps de temps égal à celui qui resterait à courir si la durée de protection avait été de cinquante ans et non pas de trente ans.

Il paraît juste de consacrer le principe de rétroactivité de la protection la plus longue et de retirer du domaine public une œuvre qui y était tombée par suite d'une protection reconnue incomplète et insuffisante. Pourtant, quelque court qu'il ait pu être, son passage dans le domaine public a permis aux tiers d'acquérir des droits sur elle, qui ne sauraient être indûment méconnus. L'administration et le Bureau international de Berne ont senti la nécessité de concilier la rétroactivité de la protection et le respect des droits des tiers. Ils ont suggéré qu'à la règle ci-dessus énoncée soit apportée une exception et qu'il soit stipulé que demeurent respectés les droits licitement acquis par des tiers sous l'empire de la convention antérieure. Certes il est légitime et nécessaire que les droits des tiers soient sauvegardés et qu'ils ne souffrent pas un préjudice occasionné par une rétroactivité imprévisible, mais il convient de préciser la portée et de déterminer l'étendue de leurs droits.

La question de rétroactivité en opposition avec des droits acquis s'est posée notamment à deux reprises en droit français : une première fois lors de la promulgation du décret de 1852, qui accordait aux auteurs étrangers la même protection qu'aux auteurs français; une seconde fois lors de la promulgation de la loi de 1866, qui a prolongé la durée de protection *post mortem*.

Les commentateurs de la loi de 1866 se sont posé la question de savoir si en faisant revivre le droit de l'héritier on n'allait point porter atteinte aux droits acquis par le domaine public. Ils ont recherché quels pouvaient être ces droits acquis et ils ont conclu que les choses du domaine public, bien qu'appartenant à tout le monde, n'étaient à personne jusqu'au jour où un individu déterminé *s'en était approprié* une part quelconque. Dès cette appropriation, il devient impossible de retirer à celui qui s'est emparé de la chose *la jouissance* de cette chose sans porter atteinte à un droit réellement acquis. Ce droit réellement acquis, ce n'est pas la propriété de l'œuvre, qui continue d'appartenir au domaine public, c'est la part de cette œuvre dont le tiers s'est emparé; cette part acquise, ce sera l'impression pour une œuvre littéraire, la reproduction pour une œuvre artistique. La rétroactivité ne pourra donc pas porter atteinte *à cette impression ou à cette reproduction*, qui sont les seuls éléments qui ont pu valablement être acquis par un tiers quelconque. Ainsi « celui qui, dans le moment où l'œuvre était considérée comme « faisant partie du domaine public, en aura fait, par exemple, une « édition, aura droit de garder cette édition et de l'écouler, malgré « les droits renaissant au profit des héritiers de l'auteur; mais il « n'aura droit qu'à cette édition, il n'en pourra publier une seconde, « parce qu'il n'aura de droit acquis qu'à l'édition première, n'ayant « fait acte d'appropriation que pour cette édition seulement. De « même, s'il s'agit d'une pièce de théâtre, toutes les représentations « qui auront eu lieu pendant la période où, d'après la loi ancienne, « la propriété littéraire avait cessé, seront considérées comme irré- « prochables; les bénéfices faits par le directeur de théâtre lui « resteront définitivement acquis; mais il ne sera pas pour cela « autorisé à continuer de représenter la pièce après que la loi aura « fait revivre le droit privatif, un moment considéré comme éteint. « Chaque représentation est un fait d'appropriation distinct et « spécial, constituant un droit acquis, mais ne conférant aucun « droit au delà ». (*Pouillet*, *Propriété littéraire et artistique*, n° 159.)

Les tribunaux s'étaient déjà prononcés dans le même sens lorsqu'ils avaient eu à appliquer le décret de 1852 accordant aux auteurs étrangers la même protection qu'aux auteurs français. Ils avaient décidé que les éditeurs ne pouvaient être privés de la faculté de vendre les produits des éditions exécutées ou en cours d'exécution au moment de la promulgation du décret (tribunal correctionnel de la Seine, 16 décembre 1857, Pataille 1857-463).

La Cour de Paris (8 décembre 1853, Dalloz, 1854.2.25) a expressément considéré : que le fait de l'impression en France, alors que l'auteur étranger n'avait pas le droit de s'y opposer, ne pouvait impliquer de sa part une renonciation à sa propriété; que la seule conséquence à tirer du droit que chacun avait, avant le décret de 1852, d'imprimer en France les ouvrages d'auteurs étrangers, c'était que ceux qui avaient usé de cette liberté avaient la faculté de vendre les exemplaires des éditions créées ou en cours d'exécution lors de l'accomplissement par l'auteur étranger des formalités auxquelles était subordonnée l'application du décret précité.

Ces précédents, qui ont été empruntés à la législation française, permettent de fixer la notion du droit acquis en matière de propriété littéraire et artistique. Le droit acquis ne peut porter que sur la part de l'œuvre — dont l'ensemble appartient au domaine public — qu'un tiers s'est appropriée : cette part sera tantôt une édition, tantôt une reproduction ; le tiers aura le droit d'écouler l'édition ou d'épuiser la reproduction en cours, mais il n'aura pas celui de tirer une seconde édition ou une seconde série de reproductions.

Les solutions admises par la doctrine et la jurisprudence françaises concilient les intérêts opposés qui sont en présence; elles assurent une protection plus étendue de l'œuvre tombée trop tôt dans le domaine public, tout en sauvegardant les droits légitimes que les tiers avaient acquis et exploités. Aussi semble-t-il naturel de s'en inspirer et d'étendre au problème international qui se pose la solution adoptée en droit interne.

C'est en tenant compte de ces observations que la modification suivante pourrait être apportée aux propositions de l'administration italienne et du Bureau international de Berne.

L'article 1er serait ainsi rédigé :

« La présente Convention s'applique à toutes les œuvres pour « lesquelles la durée de protection établie conformément à l'article 7 « n'était pas encore expirée au moment de son entrée en vigueur, « même si la durée de protection antérieurement reconnue est déjà « expirée à ce moment. *Toutefois, la présente Convention ne s'applique « pas aux impressions et reproductions antérieures à sa promulga- « tion où en cours d'exécution lors de ladite promulgation.* »

Combinaison de la Convention avec les législations nationales

(Article 19)

RAPPORT

DE

M. **MARCEL BEURDELEY**

Avocat à la Cour de Paris

Comme le remarque très justement le rapporteur du Bureau de Berne, il est incontestable que, dans l'intention des auteurs de la Convention, les dispositions de celle-ci ne devaient constituer qu'un minimum de protection et qu'elles ne sauraient devoir être opposées aux étrangers unionistes lorsque les lois nationales édicteraient en leur faveur des dispositions plus favorables que la Convention d'Union. En aucun cas les étrangers non unionistes ne pourraient être mieux traités que les unionistes, s'ils revendiquaient l'application de lois nationales plus larges que la Convention.

Comme, par ailleurs, l'article 4 de la Convention prévoit l'assimilation de l'étranger au national, il s'ensuit que les étrangers unionistes doivent pouvoir bénéficier des dispositions accordées en faveur des nationaux par les lois internes, si celles-ci dépassent les droits accordés par la Convention.

Or, le texte actuel de la Convention de Berne n'a admis dans son article 19 la possibilité de revendiquer l'application de dispositions plus larges contenues dans les législations intérieures que si ces dispositions étaient édictées « en faveur des étrangers en général ».

La restriction ainsi apportée par l'article 19 va directement à l'encontre du principe même de l'assimilation, et c'est avec raison que le Bureau de Berne propose la suppression pure et simple des mots « en faveur des étrangers en général ». Il nous a paru toutefois préférable de préciser la portée véritable de l'article 19 en spécifiant expressément que ce sont bien les étrangers unionistes qui pourraient bénéficier des dispositions plus favorables qui seraient édictées par les lois internes.

Nous proposons donc la nouvelle rédaction suivante :

ARTICLE 19

« Les dispositions de la présente Convention n'empêchent pas *les* « *étrangers unionistes* de revendiquer l'application de dispositions « plus larges, qui seraient édictées par la législation d'un pays de « l'Union. »

Faculté de réserve

INSCRITE DANS LA CONVENTION REVISÉE A BERLIN

(Articles 25 et 27)

RAPPORT

DE

M. **ROBERT HABASQUE**

Avocat à la Cour de Paris

La faculté de réserve inscrite dans la Convention d'Union de Berne, revisée à Berlin le 13 novembre 1908, a toujours fait l'objet des préoccupations de l'Association depuis lors.

A maintes reprises, en effet, les inconvénients pouvant en résulter ont été dénoncés et mis en lumière dans ses travaux.

Tout récemment encore, lors du Congrès de Paris de 1925, la suppression de cette faculté a été envisagée et préconisée par un vœu formel.

Aussi est-ce avec la plus grande satisfaction que l'Association a relevé, dans les observations préliminaires aux propositions de revision envisagées pour la Conférence de Rome, le procès de cette faculté de réserve contre laquelle ont été repris les arguments fondamentaux invoqués par l'Association.

Il semble inutile de revenir aujourd'hui sur ces arguments qui ont été maintes fois développés en faveur de la suppression, aussi bien dans le passé que dans l'avenir, et dont l'un des principaux, la situation de plus en plus complexe pouvant résulter des réserves au fur et à mesure des différentes revisions, a été mis en avant par M. Ostertag, directeur du Bureau de la Propriété littéraire à Berne, dans son rapport sur la revision de la Convention, au Congrès de Varsovie de 1926.

Si, à la vérité, quelques objections ont pu être élevées, elles apparaissent sans portée.

La crainte de provoquer des dénonciations de la part des États contractants apparaît, en effet, d'autant plus chimérique qu'il est remarquable d'observer que depuis la dernière revision de 1908, sur les douze États nouveaux qui ont adhéré à l'Union, trois seulement, la Grèce, les Pays-Bas et la Roumanie, ont usé de la faculté de réserve [1].

1. Hélas ! il faut ajouter maintenant l'Esthonie, qui pour la traduction restreint son adhésion à l'article 5 du texte de 1896 et à l'article 9, alinéa 2 du texte de 1886. (Voir *le Droit d'Auteur*, numéro du 15 septembre 1927, p. 102).

L'expérience semble prouver qu'il n'y a pas lieu de redouter que cette suppression ne soit un obstacle à de nouvelles adhésions.

D'ailleurs, si la faculté de réserve, au moment où elle a été introduite dans la Convention, pouvait s'expliquer par l'état des législations des différents pays, il ne faut pas oublier que, depuis lors, la plupart de ces législations ont évolué. Il semble même que la suppression de cette faculté soit, au contraire, de nature à accentuer, parfois même à provoquer une évolution de ces législations dans le sens des dispositions de la Convention d'Union.

***

La faculté de réserve résulte notamment des articles 25 et 27 de la Convention.

On pouvait donc s'attendre, après le plaidoyer contre cette faculté contenu dans les observations préliminaires, à des propositions de modification dans le texte même du projet de revision. Il n'en est malheureusement rien et, après avoir admis le principe, le projet ne contient aucune disposition modificative qui le mette en œuvre. Il semble cependant que le moment soit venu. Aussi l'Association estimera-t-elle qu'il y a lieu d'envisager les modifications suivantes au texte de Berlin :

1° La dernière phrase du dernier alinéa de l'article 25 : « Toutefois, elle pourra contenir, etc. », doit être purement et simplement supprimée ;

2° Le deuxième alinéa de l'article 27 : « Les États signataires, etc. », doit être également supprimé purement et simplement ;

3° Le dernier alinéa de l'article 30 doit être en conséquence ainsi modifié :

« Il en sera de même pour les États qui renonceront aux réserves faites par eux en vertu de l'article 26. »

Il est à noter, en effet, que cet article 28 prévoit, pour les pays contractants, la possibilité de faire une déclaration générale par laquelle ils indiquent que toutes les colonies ou possessions sont comprises dans l'accession ou qu'au contraire certaines d'entre elles nommément désignées y sont seulement comprises ou en sont exclues.

La suppression des réserves, telle que nous l'envisageons, n'entraînerait aucune modification de cet article 26.

Tout au plus pourrait-on regretter que ce terme « réserve » puisse prêter, par le double sens dans lequel il est employé, à une confusion à cet égard, et peut-être pourrait-on y remédier en y substituant, dans le dernier alinéa de l'article 30, un autre terme évitant cette confusion.

Dénonciation de la Convention

(Article 29)

RAPPORT

DE

M. MARCEL BEURDELEY

Avocat à la Cour de Paris

L'article 29 de la Convention d'Union avait posé le principe que mise en application trois mois après l'échange des ratifications, elle resterait en vigueur pendant un temps indéterminé, mais il avait également admis que chaque pays pourrait la dénoncer suivant certaines formalités et que la Convention cesserait de produire ses effets à son égard à l'expiration d'un délai d'une année à partir du jour où la dénonciation aurait été faite, étant entendu que la Convention resterait exécutoire pour les autres pays de l'Union.

Très judicieusement, le Bureau de Berne s'est préoccupé de la situation qui serait faite aux œuvres qui ne bénéficieraient plus de la protection du traité d'Union à partir du jour où la Convention cesserait d'être en vigueur. Comme il serait inéquitable qu'un auteur qui a créé ou édité un ouvrage sous l'empire de la Convention voie tout à coup, du fait de la dénonciation, ses œuvres tomber dans le domaine public, le Bureau de Berne a proposé très heureusement d'ajouter à l'article 29 un paragraphe additionnel tendant tout au moins à faire bénéficier les œuvres qui ne seraient plus protégées par la Convention d'Union, du traitement des œuvres nationales.

Tout en étant d'accord avec le Bureau de Berne sur l'opportunité de sa proposition, qui est tout à fait conforme au principe même de l'assimilation de l'étranger au national et qui satisfait un légitime sentiment d'équité, il nous a semblé néanmoins que la rédaction du paragraphe additionnel que l'on propose peut provoquer des interprétations ambiguës.

Les expressions : « la dénonciation laissera subsister » paraissent, en effet, impliquer la préexistence et le maintien d'anciens droits conférés aux étrangers, alors qu'en réalité la dénonciation de la Convention aura pour effet de changer la nature et l'étendue des droits des étrangers et produira en quelque sorte une novation des droits.

Pour éviter les malentendus qui pourraient s'élever à ce sujet, il nous a paru préférable de proposer la rédaction suivante :

« A la suite de cette dénonciation, les œuvres étrangères protégées « par la Convention dénoncée bénéficieront à l'avenir de la pro- « tection accordée aux œuvres nationales. »

ANNEXES AUX PROCÈS-VERBAUX

ANNEXE I

Sur les principaux événements relatifs au droit d'auteur

d'octobre 1926 à juin 1927

RAPPORT

DE

M. MENTHA

Secrétaire du Bureau international de Berne pour la protection des œuvres littéraires et artistiques

Huit mois seulement ont passé depuis le brillant Congrès de Varsovie et déjà l'Association littéraire et artistique internationale, avide de choses nouvelles, comme les Gaulois du temps de César, aspire à connaître les derniers événements survenus dans le domaine du droit d'auteur. Je craindrais fort de décevoir une pareille curiosité, qui honore à la fois ceux qui l'éprouvent et celui qui est chargé de la satisfaire, si les circonstances ne venaient à mon secours et ne me permettaient de vous entretenir de plusieurs faits assez marquants pour que mon commentaire, quelque insuffisant qu'il soit, ne puisse pas les affaiblir. Je me contenterai, d'ailleurs, d'examiner le développement de l'Union, le mouvement des traités et l'activité législative, renonçant, par souci de brièveté, à un exposé de la jurisprudence. (Les arrêts rendus en matière de propriété littéraire et artistique sont nombreux en Allemagne, en France, en Italie; mais il est plutôt rare que les tribunaux aient à appliquer la Convention de Berne : deux cas sont rapportés dans *le Droit d'Auteur* des 15 janvier 1927, p. 11-12, et 15 février 1927, p. 27.)

I

L'*Union internationale* enregistre une adhésion nouvelle : celle de la *Roumanie*, que le Congrès de Varsovie avait prévue et qui est devenue effective le 1er janvier 1927. Envisagée et presque promise dès le Congrès de Bucarest en 1906, cette accession avait été constamment différée sans que nous ayons toujours compris les motifs d'un retard qui a duré vingt ans. Bornons-nous aujourd'hui à nous réjouir de l'heureuse fin d'une longue attente, tout en avouant que l'adhésion roumaine nous a causé sur un point une légère déception. Le gouvernement de Bucarest, en effet, n'a pas accepté sans réserve la Convention de Berne revisée : il a déclaré qu'il entendait substituer à l'article 9 du texte de Berlin l'article 7 de la Convention de Berne primitive de 1886. Les rapports entre la Roumanie et les autres pays unionistes sont donc réglés, en ce qui concerne les articles de revues et de journaux, par une disposition vieille de quarante ans et sensiblement moins favorable aux auteurs que l'article 9 de la Convention de Berne revisée. Tout article paru dans un journal ou un recueil périodique de l'Union peut être reproduit librement en Roumanie, en original ou en traduction, à moins que les auteurs ou éditeurs ne l'aient expressément interdit. Au surplus, cette interdiction ne saurait d'aucune manière viser les articles de discussion politique, les nouvelles du jour et les faits divers. Ainsi, maintenant encore, les romans-feuilletons, les contes, les variétés scientifiques, publiés sans mention de réserve dans un périodique unioniste, sont des proies livrées et quasiment désignées aux directeurs des périodiques roumains. Une restriction de cette importance, apportée au droit de l'auteur, ne laisse pas d'être surprenante, et l'on se demande pourquoi la Roumanie n'a pas cru devoir adhérer purement et simplement à la Convention revisée. Désirait-elle se ménager la faculté de remplir à bon marché les colonnes de ses journaux et revues ? Il faut le supposer. Mais de tels desseins cadrent mal avec les principes dont s'inspire la nouvelle loi roumaine sur la propriété littéraire et artistique du 28 juin 1923. Cette loi protège assez bien les journalistes. Elle abandonne, il est vrai, à la libre reproduction l'ensemble des articles anonymes, d'une part, et, d'autre part, parmi les articles signés, les articles politiques, de polémique, d'intérêt général, les faits divers, informations, télégrammes et correspondances (art. 47). Cependant, comme la grande majorité des articles qui n'ont pas un caractère prononcé d'actualité sont signés, il en résulte qu'en fait les travaux d'une valeur tant soit peu durable et qui paraissent d'abord dans un périodique roumain sont protégés. Était-il équitable, était-il conforme à l'esprit de la Convention de traiter moins bien les articles parus dans les périodiques unionistes ?

Si l'on cherche à pénétrer les intentions qui ont pu guider le gouvernement roumain, on en vient à penser qu'il a désiré assurer aux revues de son pays la possibilité de cueillir à droite et à gauche, dans l'Union, des articles sans bourse délier. Pourtant, ce calcul, s'il a été fait, risque de se révéler faux, parce que beaucoup de revues portent en tête de chaque livraison la mention générale d'interdiction déclarée suffisante par l'article 7 de la Convention de 1886 pour donner un caractère illicite à toute reproduction non autorisée. Restent les études, de plus en plus nombreuses, littéraires, scientifiques, historiques qui paraissent dans les journaux et qui sont parfois de véritables petites monographies. Ces œuvres-là, en effet, pourront être librement reprises par les périodiques roumains, si elles ne sont pas munies d'une mention de réserve. Mais il en serait de même sous le régime de l'article 9, 2e alinéa, de la Convention de Berne revisée, du moins en ce qui touche la reproduction dite *de journal à journal*. En définitive, la réserve roumaine profite aux éditeurs et propriétaires de périodiques seulement pour les articles parus sans mention de réserve dans les revues de l'Union, et pour les romans-feuilletons et les nouvelles publiés dans les mêmes conditions par les journaux unionistes, en d'autres termes : pour les œuvres protégées d'une façon absolue par l'article 9 de la Convention de Berne revisée.

Encore doit-on se demander, en l'espèce, si l'article 19 du traité d'Union n'est pas applicable, qui prévoit, en termes peut-être un peu réticents mais néanmoins très intelligibles, que pourront toujours être invoquées les dispositions plus larges édictées par la législation d'un pays unioniste en faveur des étrangers en général. Or, on sait que la loi roumaine protège tous les *auteurs*[1] étrangers sans condition de réciprocité. Ces derniers bénéficieront donc aussi de la réglementation relativement libérale, nous l'avons vu, qui a trait aux articles de revues et de journaux. En particulier, tous les articles signés, publiés dans les périodiques unionistes, devront être considérés comme rigoureusement protégés en Roumanie, à l'exception des articles politiques, de polémique, d'intérêt général, etc. L'article 9 de la Convention de Berne revisée n'est pas beaucoup plus favorable aux auteurs. Il présente surtout l'avantage de protéger inconditionnellement les travaux de revues. Mais la loi roumaine les protège aussi, à l'exception des articles anonymes de revues, peu fréquents[2]. Quant aux articles de discussion et d'actualité qui sont, au total, ceux que la loi roumaine prive radicalement de la protection, on en trouve évidemment dans les revues unionistes et, sous le régime actuel, ils ne sont pas protégés en Roumanie. Serait-il excessif de proposer aux périodiques roumains de ne pas utiliser les revues unionistes si ce n'est du consentement des ayants droit? L'actualité véritable est largement exploitée, découpée, servie sous toutes les formes dans les journaux; il ne paraît pas nécessaire de se réserver par surcroît la faculté d'effeuiller gratuitement les revues.

Le Bureau international n'a pas manqué de soumettre ces arguments aux autorités roumaines; nous ignorons s'ils ont eu quelque prise.

Puisque je suis en train de parler de la loi roumaine, je désirerais signaler à l'Association une controverse intéressante que nous avons eue avec le chef du Bureau juridique de la Gramophone Company de Grande-Bretagne. J'avais soutenu à trois reprises dans *le Droit d'Auteur* (années 1924, p. 34, 3e col.; 1926, p. 56, 3e col. et 121, 3e col.) que la loi roumaine sur la propriété littéraire et artistique protégeait les étrangers au même titre que les nationaux, sauf à ne pas admettre que la durée du droit d'auteur pût dépasser en Roumanie le terme fixé par la loi du pays d'origine de l'œuvre. C'était, en somme, la solution de l'article 7 de la Convention de Berne revisée et de bien d'autres traités. Elle se heurtait toutefois à un argument de texte très sérieux : l'article 4, avant-dernier alinéa, de la loi roumaine prescrit en effet que les cessionnaires et héritiers des auteurs étrangers jouiront des mêmes droits que les héritiers des auteurs roumains, mais *sous la condition de la réciprocité*. Mon contradicteur estimait, en conséquence, que la protection des héritiers et cessionnaires des auteurs étrangers était subordonnée, en Roumanie, à la réciprocité, tandis que j'avais cru que cette protection était accordée sans réciprocité véritable, sous la seule réserve que le délai roumain de trente ans *post mortem* ne pourrait pas être prolongé et qu'il serait même, au besoin, écourté de manière à ne jamais dépasser la durée de protection établie au pays d'origine. J'ai dû, Messieurs, rendre les armes : la lettre de la loi roumaine est contraire à ma thèse. Il est entendu que l'auteur, le créateur étranger *en personne*, est protégé en Roumanie indépendam-

1. Prendre ici ce terme dans son sens strict.

2. Ils peuvent d'ailleurs bénéficier de la protection grâce à la mention de réserve prévue par l'article 7 de la Convention de 1886.

ment de toute réciprocité. Mais, dès que le droit passe à quelqu'un d'autre (éditeur, héritier), le principe de la réciprocité intervient. Cette distinction entre l'auteur étranger, d'une part, et ses successeurs, *mortis causa* ou non, d'autre part, est assez singulière et c'est pourquoi je m'y arrête un instant. Si le législateur roumain a jugé équitable de protéger *tous* les auteurs, roumains et étrangers, quel que soit le lieu de publication de leurs œuvres, pourquoi s'est-il montré moins libéral envers les *héritiers* des auteurs étrangers ?

En décidant que la propriété littéraire se prolonge au delà de la mort de l'écrivain ou de l'artiste, on proclame implicitement que les héritiers sont fondés à jouir des fruits de cette propriété, et l'on ne voit pas que les héritiers des auteurs étrangers soient à cet égard moins dignes d'attention que les héritiers des auteurs roumains. Pour les *cessionnaires*, on peut, en principe, accepter le traitement différentiel, en considérant que la sollicitude du législateur roumain s'étend aux auteurs du monde entier, parce que le droit d'auteur se rapproche par certains côtés du droit au respect de la personnalité humaine et que les cessionnaires des écrivains et artistes étrangers, investis simplement de prérogatives pécuniaires, ne peuvent pas prétendre à une protection basée sur la qualité d'auteur, qu'ils ne possèdent point.

Il n'en reste pas moins que le système choisi par le législateur roumain conduit à de grandes complications. Afin de savoir si une œuvre étrangère est protégée en Roumanie, il faut examiner tout d'abord si la réciprocité existe en matière de propriété littéraire et artistique entre la Roumanie et le pays d'origine de cette œuvre. Dans l'affirmative, le délai de protection applicable sera, comme sous le régime de la Convention de Berne revisée, le délai le plus court. Si la réciprocité n'existe pas, on commencera par rechercher si l'auteur est décédé ou vivant. Dans le premier cas, l'œuvre étrangère est nécessairement devenue la proie du domaine public au plus tard à la date de la mort du créateur. Dans le second cas, l'œuvre peut être ou dans le domaine privé ou dans le domaine public. Elle est dans le domaine privé et y demeurera jusqu'au jour du décès de l'auteur, si ce dernier n'a pas aliéné son droit sur elle; mais, si l'auteur n'est plus titulaire du droit de propriété littéraire et artistique, l'œuvre étrangère est tombée dans le domaine public en Roumanie au jour et du fait de la cession.

Je ne pense pas exagérer, Messieurs, en qualifiant de subtile l'interprétation que j'ai essayé de vous présenter. Tant d'hypothèses diverses inquiètent le bon sens; on voudrait plus de simplicité. Et je n'ai pas tout dit. *Quid*, si tel droit afférent à une œuvre étrangère [1] a été cédé, tandis que tel autre reste attaché à la personne de l'auteur ? Un écrivain, par exemple, a vendu un roman pour l'édition et la traduction, tout en conservant son droit à l'adaptation théâtrale et cinématographique. L'ouvrage sera-t-il dans le domaine public ou le domaine privé, suivant qu'il s'agira de le publier en version roumaine ou de l'adapter, en Roumanie, à la scène ou à l'écran ? En vérité, félicitons-nous de ce que la Convention de Berne établisse la réciprocité entre la Roumanie et les autres pays unionistes et nous dispense ainsi, dans bien des cas, du raisonnement que j'ai eu, et je m'en excuse, la cruauté de vous infliger.

Au Congrès de Varsovie, M. Émile Stanislas Rappaport avait lu une

1. Non sujette au traitement réciproque.

étude très intéressante de M. Hamangiu, conseiller à la Haute Cour roumaine de cassation, sur la propriété littéraire et artistique en Roumanie. M. Hamangiu relevait dans ce mémoire la générosité du législateur roumain envers les étrangers, générosité qui rendait superflue — ce sont les propres termes du rapporteur — la conclusion de toute convention diplomatique avec les autres pays. Voilà qui confirmerait l'opinion que j'ai émise dans *le Droit d'Auteur*. Me serais-je trop pressé de l'abandonner pour plaire à un contradicteur courtois ? L'avenir le dira, car nous avons prié l'Administration roumaine de nous donner son avis. En attendant, je note que dans la revue *Ostrecht* (numéro de février 1927), un avocat du barreau de Bucarest, M. A. Schwefelberg, appuie la théorie de la Compagnie anglaise du Gramophone.

L'Empire romain s'enorgueillissait de voir ses aigles maîtresses de tout le littoral méditerranéen. Bien que l'Union de Berne étende ses conquêtes jusqu'en Amérique (avec le Canada et le Brésil) et en Extrême-Orient (avec le Japon), elle ne s'est point encore installée sur le pourtour entier de la mer latine.

La *Grèce*, berceau de la civilisation occidentale, ignora longtemps nos efforts ; elle n'a adhéré à la Convention revisée qu'à partir du 9 novembre 1920, en multipliant au surplus les réserves.

La *Turquie* subordonne son accession à l'autorisation qui devrait lui être accordée de traduire librement en langue turque toutes les œuvres étrangères. A Paris en 1925, à Varsovie en 1926, l'Association a protesté contre cette exigence, à laquelle il ne serait pas possible de céder sans porter un coup peut-être mortel à la Convention. Il convient jusqu'à nouvel ordre de renoncer à conquérir la Turquie plutôt que de payer d'un prix funeste un succès certes désirable, mais non point absolument nécessaire.

Les nouvelles de *Yougoslavie*, en revanche, sont bonnes. Le projet de loi sur le droit d'auteur, auquel travaillent les autorités de ce pays, est à la veille d'être achevé. Une commission de rédaction, composée de MM. Straznicki, Lapajne, professeurs, et Choumane, directeur de l'Office national de la propriété industrielle, doit siéger incessamment, si elle ne s'est pas déjà réunie, afin de mettre la dernière main au texte présenté au pouvoir législatif. Une fois la loi votée, l'adhésion du Royaume des Serbes, Croates et Slovènes à la Convention de Berne suivra sans difficulté.

Un autre pays méditerranéen qui a sa place marquée dans l'Union et qui, souhaitons-le, ne tardera plus guère à la prendre, c'est l'*Égypte*. Au Congrès de Paris, en 1925, M. Ernest Eeman, ancien président de la Cour d'appel mixte d'Alexandrie, a brillamment démontré que l'Égypte pouvait adhérer du jour au lendemain à la Convention, la jurisprudence intelligente des tribunaux mixtes garantissant, en l'absence d'une loi, le respect des droits de l'auteur. Un jugement du 8 février 1927 nous incite aujourd'hui à un peu moins d'optimisme. Reniant une tradition qui semblait solide, les juges du tribunal sommaire mixte d'Alexandrie ont débouté la Société des auteurs, compositeurs et éditeurs de musique, qui réclamait des droits pour des exécutions musicales organisées dans une salle d'hôtel, où les auditeurs étaient admis sur invitations payantes. On pouvait à la rigueur discuter la question de savoir si cette manifestation était publique ou privée, et hésiter dans la détermination de la personne responsable (l'hôtelier, le chef d'orchestre, l'association qui avait loué la salle). Mais le principe même de la propriété musicale aurait dû demeurer en dehors de la discussion. Or, précisément, les juges ont déclaré que l'intérêt des auteurs à recevoir un salaire pour les représentations et exécutions de leurs œuvres ne pouvait être considéré comme un *droit*, tant que cet intérêt n'avait pas reçu sa consécration *législative*. Dès lors, faute d'une loi spéciale, les compositions musicales sont acquises en Égypte au domaine public, pour ce qui concerne leur exécution, immédiatement après la vente du cahier de musique (v. *Journal du Caire* du 7 avril 1927). M. Linant de Bellefonds, conseiller royal au ministère égyptien de la Justice, auteur d'une remarquable brochure sur le droit des écrivains et artistes en Égypte [1], craint que le jugement du 8 février 1927 n'ébranle « toute l'œuvre antérieure de la jurisprudence « mixte en contestant au juge le pouvoir de reconnaître, en matière de « propriété littéraire et artistique, un droit que la législation positive n'a « pas encore consacré ». J'espère, Messieurs, qu'il n'en sera rien et que M. Linant de Bellefonds aura été victime d'un petit accès de défaitisme. Mais il a eu grandement raison de rappeler que la jurisprudence la plus éclairée ressemble quelquefois au soleil qui subit des éclipses. Puisse la nouvelle doctrine du tribunal sommaire d'Alexandrie disparaître sans laisser de traces! Déjà je constate qu'elle n'a pas été suivie au Caire, où M. José Padilla, l'heureux auteur de la *Valencia*, a obtenu, les 21 février et 14 mars 1927, des jugements qui sauvegardent pleinement ses droits (voir *Journal des tribunaux mixtes d'Égypte* des 11-12 avril 1927).

Du reste, le temps approche où l'Égypte aura sa loi sur le droit d'auteur, loi toute neuve qu'elle exhibera, comme une robe de mariée, pour adhérer à l'Union. C'est d'une charmante délicatesse, disait *le Droit d'Auteur* du 15 juin 1926. C'est aussi d'une louable prudence, puisque nous venons de voir que les tribunaux participent de l'inconstance humaine. L'avant-projet de loi égyptien sur le droit d'auteur a paru dans le *Journal des tribunaux mixtes d'Égypte* des 11 et 12 mars 1927. Il est l'œuvre d'une commission de cinq membres, dont faisait partie M. Linant de Bellefonds. C'est un document très intéressant, mais qu'il serait peut-être prématuré d'analyser en détail, parce qu'il n'a pas encore reçu l'approbation du ministère de la Justice. Je me contenterai de quelques observations tout à fait générales.

La nomenclature des ouvrages protégés correspond à celle des lois les plus récentes sur le droit d'auteur. Elle comprend notamment les œuvres des arts appliqués à l'industrie et les projets de travaux d'ingénieur, lorsqu'ils constituent des solutions originales de problèmes techniques (art. 1er). Cette dernière formule, qui paraît contestable [2], est reprise de la loi italienne de 1925, ainsi que l'article 4, beaucoup plus heureux, qui protège le titre de l'ouvrage, à moins qu'il ne s'agisse d'un titre générique.

Le droit d'auteur embrasse, d'une part, les prérogatives *personnelles*, d'autre part, les prérogatives *patrimoniales* ou *pécuniaires*.

Les premières, qui constituent le *droit moral*, sont définies à l'article 22 : L'auteur a toujours, et en tout temps, une action pour empêcher que la paternité de son œuvre ne soit méconnue, ou que l'œuvre ne soit exploitée ou altérée au préjudice de ses intérêts moraux. Après la mort de l'auteur,

1. Tirage à part d'une étude parue dans *l'Égypte contemporaine*, revue de la Société royale d'économie politique, de statistique et de législation, t. XVIII, p. 89 à 121.

2. Voir sur ce point *le Droit d'Auteur*, 1927, p. 52, 1re col.

cette action peut être exercée par les proches ou, à leur défaut, par l'État. On voit que seul le droit de défense, ou droit moral *négatif*, a retenu l'attention des rédacteurs de l'avant-projet. Le droit *positif* au repentir, au reniement public des erreurs passées, le droit plus radical encore de retirer une œuvre de la circulation ne sont pas mentionnés.

Les prérogatives *patrimoniales* se résument dans le droit d'exploiter l'œuvre. L'avant-projet (art. 5) le constate et énumère les principaux modes d'exploitation connus (publication, exécution, représentation, traduction, modification); il y ajoute la diffusion en précisant que ce terme s'applique à tous les moyens de propager l'œuvre, y compris les procédés mécaniques et radioélectriques, tels que le téléphone, la radiophonie ou tout autre analogue. Il s'ensuit que la radiodiffusion des ouvrages de l'esprit est sujette au consentement de l'auteur. En effet, dit encore l'article 7, la diffusion radioélectrique est considérée, en tout cas, comme une exécution publique. C'est la thèse que *le Droit d'Auteur* avait soutenue en 1924 (numéro du 15 octobre).

Le problème de la *collaboration* est traité sensiblement de même que dans la loi italienne. Il prend une importance toujours croissante en matière de films; aussi les rédacteurs de l'avant-projet ont-ils réglé avec soin le droit d'auteur sur les œuvres cinématographiques. Ils ont estimé (art. 12) que devaient être considérés comme collaborateurs :

1° L'auteur initial, c'est-à-dire celui qui a conçu l'œuvre cinématographique ou composé l'ouvrage (roman, pièce de théâtre), dont elle est tirée ;

2° Les réalisateurs du film, c'est-à-dire :

a) Celui qui a adapté l'œuvre au cinéma ;

b) Le metteur en scène et

c) L'éditeur-producteur, si ce dernier a contribué à la réalisation artistique du film.

Il y aura donc quatre collaborateurs, et même cinq, si l'œuvre cinématographique comporte une partie musicale originale, écrite spécialement pour elle. Cette tentative de rendre à chacun ce qui lui est dû est très méritoire.

Il est probable d'ailleurs que le développement de l'industrie cinématographique rendra de plus en plus malaisée la détermination des auteurs physiques des films, tandis que croîtra en importance le rôle du capital détenu par la Société anonyme éditrice. Dans cet ordre d'idées, je m'en voudrais de ne pas mentionner ici un article très juste publié par le *Bulletin de la Société française de législation comparée* (numéro de janvier-mars 1927) et dû à la plume de M. Lapie, avocat à la Cour de Paris.

Les *restrictions* que l'avant-projet égyptien apporte au droit d'auteur sont normales. L'article 16, consacré aux *périodiques*, protège de façon absolue les romans-feuilletons et les contes. En revanche, les articles scientifiques ou littéraires peuvent être réimprimés de périodique à périodique, s'ils ne sont pas au bénéfice d'une défense expresse de reproduction, tandis que les articles de discussion politique, les nouvelles du jour et les faits divers sont abandonnés au domaine public. Cependant, l'indication de la source est toujours obligatoire. Les emprunts dits pédagogiques (art. 18) sont autorisés dans des limites raisonnables; les citations de même (art. 5), une fois que l'œuvre est publiée. La seule limitation vraiment excessive du droit d'auteur est, à mon avis, le privilège accordé aux musiques de l'armée et de la marine, qui ont le droit d'exécuter en public des œuvres musicales sans aucune contre-prestation, pourvu que l'exécution n'ait pas lieu dans un but de lucre (art. 19). Il me semble qu'un droit de principe tout au moins pourrait et devrait être exigé des musiques militaires.

Sur le chapitre de la *durée*, l'avant-projet ne donne pas toute satisfaction. Le droit d'auteur, dispose l'article 23, prend fin trente ans après la mort de l'auteur. Les *photographies* sont protégées pendant quinze ans à dater de la première publication (art. 25), les *productions cinématographiques* également, lorsqu'elles ne sont qu'une reproduction des scènes de la nature (art. 25). Faut-il en conclure qu'un film dramatique comportera deux parties : l'action proprement dite représentée par une suite de photographies protégées jusqu'à trente ans *post mortem auctoris*, et le cadre de cette action dont les photographies ne jouiraient que de la protection plus brève, si elles reproduisent des vues qui n'ont pas été spécialement arrangées pour le film ? Ce serait plutôt compliqué. Le *droit exclusif de traduction* est en général assimilé au droit de reproduction quant à la durée; cependant si, dans les dix années consécutives à la première publication, l'auteur d'une œuvre scientifique ou didactique n'a pas publié lui-même ou fait publier une version dans une langue déterminée, son droit exclusif de traduction prend fin pour cette langue et chacun peut ensuite traduire l'œuvre librement, à condition de respecter les droits parallèles d'autres traducteurs qui auraient déjà profité de la tolérance instituée par la loi. Tel est, si je ne me trompe, le sens de l'article 24 qu'il convient de rapprocher de l'article 27 de la loi italienne, en exprimant le souhait qu'au moment d'adhérer à l'Union, l'Égypte s'inspire du généreux exemple de l'Italie et renonce à toute réserve en ce qui concerne le droit de traduction. L'article 24 de l'avant-projet *ne* s'appliquerait alors *pas* aux œuvres unionistes. D'autre part, comme le principe général du délai de trente ans est contraire à l'un des vœux essentiels de l'Association, peut-être l'Assemblée réunie ici voudra-t-elle affirmer son désir de voir le gouvernement égyptien adopter en dernière heure le délai conventionnel de cinquante ans.

L'exposé détaillé de M. le directeur Ostertag au Congrès de Varsovie me dispense de vous parler longuement des *États-Unis*. Habitués depuis bientôt quarante ans à attendre l'adhésion américaine, nous ne pouvons que conserver une attitude qui nous vaudrait l'approbation de Guillaume d'Orange, l'auteur du mot célèbre : « Il n'est pas nécessaire d'espérer pour entreprendre ni de réussir pour persévérer. » A la vérité, nous ne cessons pas d'espérer, persuadés que notre confiance au long cours (v. *le Droit d'Auteur*, 1927, p. 2, 2ᵉ col.) sera récompensée. M. Vestal, qui patronne le dernier bill soumis au Congrès américain, est un ami sincère de l'Union, et M. Thorvald Solberg affiche une indestructible jeunesse chaque fois qu'il plaide notre cause, ce qui lui est arrivé récemment encore dans un bel article du *Yale Law Journal* (numéro de novembre 1926). Il serait téméraire d'escompter la victoire à très brève échéance; elle n'en est pas moins promise à nos efforts comme la fraîcheur des palmiers après la traversée du désert.

De l'*Esthonie* [1], de la *Finlande*, de la *Lettonie*, de la *Lithuanie* et des républiques de l'*Amérique du Sud*, je n'ai rien de spécial à dire. La

1. L'Esthonie a adhéré, depuis, à la Convention de Berne, mais avec une réserve pour la traduction. (Voir *suprà*, p. 83, et *le Droit d'Auteur*, 15 sept. 1927, p. 102 et s.).

situation demeure dans ces pays ce qu'elle était en septembre 1926, lors du Congrès de Varsovie.

En revanche, le Bureau international a appris de bonne source que la principauté de *Lichtenstein* édicterait prochainement une loi sur la protection de la propriété immatérielle (brevets, dessins et modèles, marques, droit d'auteur) et adhérerait ensuite aux deux Unions de Paris et de Berne. (Voir *Droit d'Auteur*, 15 sept. 1927, p. 102.)

II

Le mouvement des *traités* est toujours lent. Il serait regrettable qu'il en fût autrement. La Convention doit, en règle générale, suffire aux rapports entre pays unionistes. Aussi bien n'ai-je à signaler que des arrangements conclus entre pays unionistes, d'une part, et non unionistes, de l'autre.

Le 28 juin 1926, l'*Allemagne* et la *Lettonie* ont signé un traité de commerce, entré en vigueur le 1er décembre 1926, qui contient la clause de la nation la plus favorisée pour la protection de la propriété industrielle, littéraire et artistique, les parties contractantes se réservant au surplus de stipuler des accords concernant la sauvegarde réciproque de la propriété intellectuelle et industrielle. L'*Allemagne* a décidé, d'autre part, d'accéder à la *Convention littéraire de Montevideo*, du 11 janvier 1889, et au Protocole du 13 février 1889, additionnel à cette Convention. Une loi allemande du 26 mars 1927 approuve cette adhésion, qui doit encore être reconnue par les contractants sud-américains pour devenir effective. On peut admettre que la République Argentine et peut-être le Paraguay procéderont à la reconnaissance de l'adhésion allemande. Celle-ci porte à six les États européens membres de l'Union de Montevideo. Ce sont : l'Allemagne, l'Autriche, la Belgique, l'Espagne, la France et l'Italie.

Entre la *Pologne* et les *États-Unis*, un accord a été passé suivant lequel, à dater du 16 février 1927, les auteurs citoyens des États-Unis bénéficient des dispositions de la loi polonaise sur le droit d'auteur, du 29 mars 1926, et les auteurs de nationalité polonaise de la loi américaine sur le *copyright*, du 4 mars 1909. Cette protection réciproque embrasse aussi les adaptations des œuvres musicales aux instruments mécaniques de reproduction.

Un accord similaire existe entre les *États-Unis* et la *Tchécoslovaquie*, selon les renseignements tout récents que le Bureau international tient de son distingué correspondant de Prague, M. Jean Lœwenbach. A partir du 1er mars 1927, jour de l'entrée en vigueur de la nouvelle loi tchécoslovaque du 24 novembre 1926, les auteurs américains sont protégés en Tchécoslovaquie *de plano* pour leurs œuvres publiées et non publiées, et les auteurs tchécoslovaques en Amérique pour les œuvres qu'ils publieront en accomplissant les formalités prescrites par la loi du 4 mars 1909. Toutefois, la protection réciproque des droits musico-mécaniques n'a pris naissance que le 27 avril 1927 : c'est ce que déclare expressément un avis du gouvernement de Prague paru dans la *Feuille officielle tchécoslovaque* du 7 mai 1927.

Enfin, l'*Espagne* et le *Paraguay* ont signé un traité relatif à la propriété littéraire, artistique et scientifique, devenu exécutoire le 15 septembre 1926 [1], et qui se rapproche probablement beaucoup de la Convention hispano-mexicaine du 31 mars 1924 (v. *Droit d'Auteur* du 15 septembre 1925). *A priori* on peut se demander si la Convention de Montevideo ne

1. Voir le journal *Correo del Cauca*, de Coli, numéro du 15 février 1927.

réglait pas d'une manière suffisante les relations de propriété littéraire entre l'Espagne et le Paraguay.

III

L'activité législative, assez intense en 1925-1926, ne s'est pas ralentie durant ces huit derniers mois. Nous avons pu louer à Varsovie la codification polonaise du droit d'auteur; c'est aujourd'hui le moment de saluer la codification *tchécoslovaque* non moins remarquable [1]. Je ne tenterai pas ici une étude même sommaire de la loi tchèque concernant le droit d'auteur sur les œuvres littéraires, artistiques et photographiques, du 24 novembre 1926 : il importe de se borner. D'ailleurs les délégués de l'Association, passant à Prague au retour de Varsovie, ont pris connaissance de ce document auquel il ne manquait alors que la dernière sanction parlementaire. Le législateur tchécoslovaque avait pour tâche de substituer aux deux anciennes lois autrichienne et hongroise, des 26 décembre 1895 et 26 avril 1884, une loi unique et moderne adaptée aux besoins du jour. On peut dire que, dans l'ensemble, il s'est parfaitement acquitté de sa mission. La nouvelle loi tchécoslovaque est détaillée et précise : elle ne compte pas moins de soixante-dix articles dont quelques-uns sont fort longs. Une première section, intitulée : « Dispositions générales », groupe les règles qui ne se rapportent ni à l'étendue, ni à la durée, ni aux sanctions du droit d'auteur. Nous y trouvons par conséquent les articles relatifs aux œuvres protégées, à la collaboration, à la saisie et au transfert du droit d'auteur.

Les *œuvres protégées* sont, d'une part, les œuvres littéraires et artistiques, savoir : toutes les créations du domaine des belles-lettres, de la littérature scientifique, de la musique et des arts figuratifs, sans égard à leur étendue, à leur but ou au degré de leur mérite; et, d'autre part, les œuvres photographiques, savoir : tous les produits et créations dans lesquels le procédé de la photographie ou tout autre semblable a été employé (art. 4). Ces deux définitions sont très larges; la première englobe certainement les *ouvrages d'art appliqué* qui sont du reste mentionnés, conjointement avec les œuvres d'architecture des jardins et de l'industrie artistique, dans une énumération énonciative des œuvres littéraires et artistiques (art. 4, n° 2, chiffre 7). Les projets d'ouvrages figuratifs de nature technique, ce que la loi italienne appelle les projets de travaux d'ingénieurs sont-ils protégés? C'est une question. J'inclinerais à la résoudre affirmativement, puisque le législateur tchécoslovaque n'a pas dressé la liste de *toutes* les œuvres protégées. Mais il est certain que les créations de la littérature scientifique ne couvrent pas, à première vue, les plans et croquis relatifs aux sciences pures ou techniques. Les *œuvres cinématographiques* sont assimilées aux pièces de théâtre, lorsqu'elles comportent une action psychologique ou une intrigue quelconque qui leur donne véritablement le caractère d'une comédie muette; mais

1. La loi tchécoslovaque a suscité déjà plusieurs études, sans parler du remarquable commentaire de M. Jean Lowenbach, que nous avons signalé à nos lecteurs (v. *Droit d'Auteur*, 1927, p. 64, 3e col.). M. Otto Gellner, docteur en droit et avocat à Prague, a publié chez Heinr. Mercy Sohn, à Prague, la traduction allemande de la loi avec d'excellentes notes explicatives. Mentionnons aussi les articles de MM. Paul Abel et Willy Hoffmann dans les *Juristische Blätter*, de Vienne, du 29 janvier 1927, et dans le *Bœrsenblatt für den deutschen Buchhandel* du 22 juillet 1927.

elles peuvent aussi reproduire de simples scènes de la nature ou de la vie réelle et bénéficier cependant de la protection accordée aux œuvres littéraires, si ces scènes constituent par leur arrangement une création originale : je songe en particulier à certains films documentaires comme ceux du *Voyage au Congo* d'André Gide ou du raid africain de l'aviateur suisse Walter Mittelholzer. De simples vues animées, par exemple les actualités que les cinémas projettent volontiers sur la toile avant les morceaux de résistance, ne sont pas des œuvres cinématographiques : elles recevront la protection accordée aux photographies. A côté des œuvres originales, la loi distingue les *ouvrages de seconde main*, parmi lesquels je relève les adaptations d'œuvres littéraires et musicales à des instruments mécaniques. Ces adaptations seront réalisées tantôt par l'intervention d'un ou de plusieurs artistes exécutants (virtuoses), tantôt par des procédés techniques (estampage, perforage, etc.). Dans le premier cas, l'auteur de l'œuvre de seconde main sera l'exécutant; dans le second cas, ce sera celui dont l'activité détermine la reproduction, étant entendu que celle-ci doit présenter un caractère personnel (art. 7). Le remaniement d'un ouvrage de l'esprit donne naissance à un droit dépendant au profit du remanieur, sans préjudice du droit indépendant de l'auteur initial (art. 7 et 9). Toutefois, si le remaniement atteint une telle ampleur qu'il en résulte une nouvelle œuvre originale, il n'y a plus qu'un seul droit devenu indépendant : celui du créateur de l'ouvrage nouveau. Cela découle de l'interprétation combinée des articles 7, 22, chiffre 2; et 23, chiffre 1, de la loi. A la vérité, le législateur parle de remaniement même pour désigner l'œuvre nouvelle originale, issue en quelque sorte par spécification de l'œuvre antérieure, ce qui implique une certaine contradiction dans les termes.

Les *personnes protégées* sont les auteurs physiques, créateurs des œuvres (art. 9). Il n'y a donc pas de protection originaire des personnes juridiques : celles-ci ne peuvent être investies que d'un droit d'auteur à titre dérivé. Les progrès de l'industrie cinématographique n'imposeront-ils pas un jour une autre solution? Je n'en serais pas surpris. Les grands films supposent tant de collaborateurs qu'on risque de se heurter à des difficultés toujours plus nombreuses, si l'on croit devoir traiter en auteurs ces agents multiples, tous subordonnés en fait, je l'ai dit plus haut, à la société anonyme éditrice. La loi tchèque paraît du reste ne retenir que deux activités dans la production d'une œuvre cinématographique : elle dispose que, pour la mise à l'écran, le régisseur sera considéré comme remanieur, d'où la conclusion qu'il existe à côté de ce dernier un auteur original. Cette réglementation est un peu sommaire; l'avant-projet égyptien est plus explicite.

Après les remanieurs, la loi passe aux *coauteurs*, c'est-à-dire aux personnes qui ont créé en commun une œuvre formant un tout indivisible, même s'il est possible de discerner l'apport de chaque collaborateur (art. 10). Définition ingénieuse et qui s'applique à merveille, semble-t-il au compositeur et au librettiste d'un opéra. Erreur : l'opéra, l'opérette sont aux yeux du législateur tchécoslovaque des œuvres composées, essentiellement divisibles (art. 11, chiffre 3). Le librettiste peut exploiter séparément son texte, et le compositeur sa musique, sans partager ses bénéfices avec l'autre partie. Quant à la représentation intégrale d'une œuvre dramatico-musicale, elle *ne* pourra *pas* se faire au profit d'un seul des collaborateurs, mais l'autorisation de représenter donnée par le compositeur suffit pour légitimer les tiers exploitants. On rencontre la même disposition en droit allemand [1]. *Quid* du cas d'un ballet, d'une pantomime ou d'un film pour lesquels une partition a été spécialement écrite? Ici la loi est muette, c'est à la jurisprudence qu'il appartiendra de décider lequel des collaborateurs est en droit d'autoriser seul l'exécution de l'œuvre totale. En définitive, les œuvres formant un tout indivisible au sens de la loi tchécoslovaque seront plutôt rares : je vois, d'un côté, les ouvrages qui mêlent intimement les apports des collaborateurs, au point de rendre impossible toute discrimination (œuvres des Goncourt, ou des Tharaud), de l'autre les œuvres relevant d'une seule et même forme d'art mais dont les diverses parties, organiquement liées bien que distinctes, ont pour auteurs des personnes différentes : par exemple, *le Roman des quatre* de Paul Bourget, Gérard d'Houville, Henri Duvernois et Pierre Benoît.

Le législateur tchécoslovaque accorde à l'auteur un *double* droit : *moral* et *pécuniaire*.

Le *droit moral* est sauvegardé par un certain nombre de textes épars dans la loi. L'article 16, alinéa 1er, prévoit que, même après transfert de son droit, l'auteur conserve la faculté de défendre ses intérêts immatériels. Le cessionnaire (art. 16, al. 2) ne peut altérer ni l'œuvre elle-même, ni le titre de celle-ci, ni le nom de l'auteur; sont seules admissibles les modifications pour lesquelles l'auteur ne saurait, suivant l'honnêteté et la bonne foi, refuser son consentement. L'atteinte à l'intégrité de l'œuvre est réprimée par les articles 44 et 46. L'article 44 pose le principe de la responsabilité, tant d'après les règles générales en vigueur que d'après les prescriptions spéciales de la loi sur le droit d'auteur; l'article 46 prévoit certains délits spéciaux (fausse appellation d'une œuvre, etc.). La loi tchécoslovaque connaît-elle le droit moral *positif* qui consiste, pour l'auteur, à reprendre l'entière domination de son œuvre, alors qu'il a cédé le droit de l'exploiter par tel ou tel moyen? L'article 19 répond, mais imparfaitement, à cette idée. Le propriétaire de l'œuvre est tenu de souffrir que l'auteur, d'une manière convenable et tout en ménageant les intérêts du propriétaire, notamment ceux de caractère immatériel, fasse valoir ses intérêts d'auteur en tant qu'ils seront trouvés plus importants que ceux du propriétaire; mais il n'est tenu dans ce but ni de livrer l'œuvre à l'auteur, ni de la conserver sans modification, ni de la protéger contre les dommages ou le dépérissement. Un écrivain qui entendrait empêcher un éditeur avec lequel il a traité de publier son manuscrit, pourrait-il invoquer cette disposition? A première vue, elle me paraît surtout viser les œuvres artistiques vendues en original à des particuliers et que l'auteur désirerait, par exemple, copier ou photographier [2]. — En revanche, le droit moral positif apparaît dans l'article 17 : tout contrat par lequel une personne transfère son droit sur ses œuvres futures peut être dénoncé, à quelque époque que ce soit, moyennant un avertissement préalable d'un an, sauf délai plus court stipulé par contrat. — Après la mort de l'auteur, le droit moral passe aux héritiers et légataires. Ceux-ci l'exerceront principalement sous sa forme *négative*. Toutefois, ils bénéficieront aussi de certaines prérogatives d'ordre *positif* : ils auront la faculté de déclarer le

1. Cf. loi allemande concernant le droit d'auteur sur les œuvres littéraires et musicales de 1901-1910, article 28, alinéa 2.

2. C'est aussi l'opinion de M. le professeur Hermann Otawsky. Voir le rapport qu'il a présenté aux délégués de l'Association lors de leur venue à Prague en octobre 1926.

véritable nom de l'auteur d'une œuvre anonyme ou pseudonyme, si le *de cujus* n'a pas manifesté de volonté contraire (art. 39, chiffre 2); ils décideront de la publication des ouvrages posthumes. S'il n'y a pas d'ayants cause (c'est-à-dire évidemment d'héritiers ou de légataires), ou que ceux-ci n'agissent pas, le législateur tchécoslovaque investit les corporations qui défendent les intérêts littéraires et artistiques du droit d'ouvrir une action civile contre quiconque disposerait abusivement de l'œuvre en la remaniant ou la modifiant d'une manière malencontreuse [1]. Cependant, ce droit (négatif), accordé sans limitation de durée à une catégorie déterminée de personnes morales, ne peut s'exercer qu'au profit d'une œuvre ayant une importance générale pour l'art, l'éducation ou la culture nationale (art. 16, al. 3). En Italie, une action du même genre compète au ministère public (loi de 1925, art. 24). — Il faut enfin rattacher au droit moral l'article 14 de la loi tchécoslovaque qui déclare le droit d'auteur insaisissable tant que celui-ci appartient à l'auteur, à ses héritiers ou légataires.

Le droit *patrimonial* se décompose en plusieurs prérogatives qui sont énumérées séparément pour quatre catégories d'œuvres : les œuvres littéraires, les compositions de musique, les œuvres des arts figuratifs et les photographies. Le législateur tchécoslovaque a-t-il voulu conférer à l'auteur un monopole général et complet d'utilisation, ou bien une série de droits particuliers (droit de publier, de mettre en vente, d'adapter, d'exécuter, d'exposer, etc.)? M. Hermann Otawsky, professeur à l'Université de Prague, n'hésite pas; à son avis, la loi pose le principe de ce qu'il appelle : l'unité intrinsèque du droit de l'auteur. Puisque M. Hermann Otawsky le dit, je le crois; mais j'avoue que je ne l'eusse pas deviné tout seul : la loi n'emploie nulle part des termes assez larges pour embrasser tous les procédés présents et futurs d'exploitation. Elle se borne (art. 21, 27, 31, 36) à indiquer les diverses facultés attribuées à l'auteur, parmi lesquelles je relève le droit de radiodiffuser les œuvres littéraires et musicales [2] et celui de les adapter aux instruments mécaniques de reproduction. Ce dernier droit n'est soumis à aucune licence obligatoire.

En revanche, de nombreuses autres *restrictions* affectent le droit de l'auteur. — Les emprunts pédagogiques et scientifiques sont autorisés d'une façon très libérale. — Les œuvres *littéraires* publiées ne sont pas protégées contre la récitation publique et la radiodiffusion; l'œuvre dramatique ou cinématographique publiée peut être librement représentée en public (art. 21). En outre, il est licite de faire usage pour une représentation publique des appareils destinés à la reproduction mécanique et mis en circulation avec l'assentiment de l'auteur (art. 23, chiffre 7). Autrement dit : si l'auteur d'une œuvre littéraire consent à ce que celle-ci soit adaptée aux instruments mécaniques et à ce que les réalisations matérielles de l'adaptation soient vendues, il renonce en même temps à son droit de contrôler les exécutions publiques qui seront faites à l'aide

1. Pourquoi faut-il que la modification soit malencontreuse, c'est-à-dire, pour reprendre les termes mêmes de la loi, qu'elle se fasse manifestement aux dépens de l'importance ou de la valeur de l'œuvre? Après la mort de l'auteur, toute modification est condamnable, à moins que le *de cujus* n'ait laissé des instructions en sens contraire, ou qu'il ne s'agisse d'un ouvrage scientifique à mettre au courant des faits survenus depuis sa première publication.

2. La radiodiffusion des œuvres artistiques n'est pas prévue, mais, d'après la théorie de M. Hermann Otawsky, elle est dès maintenant réservée à l'auteur.

de ces réalisations matérielles. Nous retrouvons aussi dans la loi tchécoslovaque (art. 23, chiffre 5) la disposition des droits allemand et autrichien selon laquelle les poèmes peuvent être librement mis en musique. Il est licite de reproduire le texte d'une composition musicale, soit conjointement avec cette composition, soit séparément, pourvu, dans ce dernier cas, que ce soit en vue de l'exécution de l'œuvre musicale et que ce but apparaisse nettement sur les exemplaires de l'œuvre littéraire ainsi reproduite. L'auteur du texte est d'ailleurs en mesure d'interdire, par une mention de réserve, un pareil usage de son œuvre. Et, de toute façon, la reproduction des poèmes destinés, par leur nature, à être mis en musique est illicite. A teneur de l'article 24, chiffre 1, les articles et études publiés dans les *journaux* peuvent être reproduits par *d'autres journaux*, sauf interdiction figurant en tête de l'étude ou, ce qui est suffisant, en tête du journal. Le chiffre 2 du même article énumère ensuite certaines œuvres qui sont inconditionnellement protégées, même en l'absence d'une mention de réserve. C'est fort bien. Mais la formule choisie est malheureuse, parce que lesdites œuvres (romans-feuilletons, contes, poésies, variétés) sont envisagées, non pas seulement en tant qu'articles de journaux, mais aussi en tant que travaux *de revues*. Or, le chiffre 1 ne parle pas des revues : c'est donc qu'il protège inconditionnellement tout ce qu'elles publient. Le chiffre 2, au contraire, ne protège inconditionnellement que *certains* articles de revues : il y a contradiction. — Les œuvres *musicales* déjà parues peuvent être partiellement reproduites dans une autre composition de musique; mais, si cette dernière est éditée, il est nécessaire d'indiquer le nom de l'auteur *ou* la source utilisée (art. 29, chiffre 2). (L'indication de la source est-elle donc correcte sans celle de l'auteur?) — Les œuvres *des arts figuratifs* peuvent être reproduites par une autre forme d'art : un tableau par la sculpture, une gravure par la plastique (art. 33, chiffre 2). Le propriétaire d'une œuvre figurative est libre de l'exposer en public, s'il ne le fait pas dans un but commercial ou d'une façon attentatoire à la renommée de l'artiste (rappel heureux du droit moral, v. art. 33, chiffre 7). — Au total, les limitations du droit d'auteur sanctionnées par la loi tchécoslovaque sont très étendues et il est permis de regretter que le législateur ait dû se résoudre à tant de concessions probablement passées dans les mœurs sous le régime antérieur. La situation en Tchécoslovaquie offre bien des analogies avec celle de la Pologne. Mais, tandis que dans ce dernier pays on a délibérément exclu de la loi sur le droit d'auteur toute disposition concernant le *droit de suite*, les Tchèques ont été plus hardis : ils ont conféré ce droit aux artistes, par opposition aux écrivains et aux musiciens[1]. L'auteur d'une œuvre des arts figuratifs (les ouvrages d'architecture exceptés) peut revendiquer une part du gain net et disproportionné que le propriétaire obtient en vendant l'œuvre originale ou des reproductions d'un caractère personnel effectuées par l'auteur (art. 35). Ce droit n'est pas déclenché automatiquement : l'intéressé doit introduire une demande devant le tribunal compétent qui prononce en tenant compte des conditions de fortune des deux parties ; le maximum que puisse recevoir le demandeur est le 20 p. 100 du bénéfice encaissé. On voit que le droit de suite tchécoslovaque est très différent de celui qui fonctionne en France ou en Belgique, où seules les ventes publiques sont frappées, mais suivant un tarif arrêté par la loi. En Tché-

1. Si le mode de vendre les manuscrits autographes se maintient, il faudra élargir le cercle des bénéficiaires du droit de suite.

coslovaquie, il faut recourir au juge : c'est lui qui fixe, dans certaines limites, le montant de la redevance. Celle-ci est due sur le profit réalisé et non sur le prix global de la vente. La solution donnée par le législateur tchécoslovaque au problème du droit de suite est, en théorie, la meilleure; en pratique, le contrôle des ventes privées est bien difficile. — La *durée* du droit d'auteur comprend normalement la vie de l'écrivain ou de l'artiste et cinquante ans après sa mort (art. 38). — Les photographies ne sont protégées que pendant dix ans après l'édition ; mais si l'œuvre est inédite lors du décès du photographe, le droit se prolonge pendant dix ans *post mortem* (art. 41). — Les œuvres anonymes ou pseudonymes (art. 39) tombent dans le domaine public cinquante ans après leur apparition, ce terme désignant tout mode quelconque de publication (art. 8, chiffre 2). Toutefois, l'auteur peut déclarer son nom véritable et le faire inscrire au registre public des droits d'auteur. Cette formalité enlève à l'œuvre son caractère de création anonyme ou pseudonyme et la met au bénéfice du délai ordinaire de protection. Nous avons vu que, sauf volonté contraire du *de cujus*, les héritiers avaient également le droit de révéler l'auteur d'une œuvre anonyme ou pseudonyme (art. 39, chiffre 2). — Aucun délai spécial n'est applicable en principe aux œuvres posthumes ; toutefois, si elles paraissent dans les dix dernières années de la protection, elles restent protégées pendant dix ans à dater de l'apparition (art. 38, chiffre 2). Une œuvre publiée plus de cinquante ans après la mort de l'auteur est immédiatement acquise au domaine public ; en revanche, si la publication a lieu dans la quarante-neuvième année qui suit le décès, le droit privatif subsiste jusqu'à la cinquante-neuvième année. — Tous les délais tchécoslovaques partent du 1er janvier de l'année civile consécutive à l'événement qui sert de base au calcul (art. 43).

Mon sujet, Messieurs, n'est pas épuisé. Je devrais vous parler encore de l'arrêté *russe* sur les droits d'auteur du 11 octobre 1926, très peu satisfaisant du reste ; de la grande lutte pour le délai de cinquante ans qui agite et passionne actuellement l'Allemagne ; des propositions de loi françaises sur la majoration du droit de suite, le domaine d'État, le droit exclusif de l'auteur de donner ses œuvres en location. Le temps presse et ces questions sont traitées dans *le Droit d'Auteur* du 15 avril et du 15 mai 1927 ; je n'y reviens donc pas. — D'un mot seulement je voudrais vous signaler la loi *suédoise* du 31 mars 1926, modifiant celle du 30 mai 1919 relative aux œuvres des arts plastiques. La loi du 31 mars 1926 innove sur un point capital : elle assimile les œuvres des arts appliqués aux œuvres des arts plastiques. Mais ce progrès, en lui-même très réjouissant, est empreint de quelque timidité : les œuvres nouvellement accueillies dans la grande famille des créations littéraires et artistiques ne seront protégées que pendant dix ans à partir de la première publication, ou de la mort de l'artiste si l'œuvre n'a pas été publiée de son vivant.

Je note enfin que le 12 août 1926 l'assemblée législative de la zone marocaine de *Tanger* a adopté une loi très libérale sur la protection des œuvres littéraires et artistiques (v. *Droit d'Auteur*, 1927, p. 53). Il semblerait même, à lire l'article 18 de ce document, que la zone ait adhéré à la Convention de Berne revisée, ce qui n'a jamais été notifié au Bureau international. Cependant, comme la loi de Tanger a pour objet la protection des droits des auteurs, quelle que soit leur nationalité (art. 1er), et qu'elle s'applique à toutes les œuvres qui, au moment de son entrée en vigueur ne sont pas tombées dans le domaine public de leur pays d'origine par l'échéance du délai de protection (art. 31), les auteurs unionistes sont de toute façon protégés à Tanger. La question de savoir si cette ville fait partie de l'Union n'a par conséquent d'importance pratique que pour les auteurs de la zone, qui, vraisemblablement, ne sont pas nombreux. Néanmoins, une adhésion communiquée au Conseil fédéral suisse n'offrirait que des avantages.

Et maintenant j'ai hâte de conclure. On répète volontiers que le droit d'auteur est jeune. Il ne l'est peut-être pas par son âge, puisque les Romains flétrissaient déjà les plagiaires, ces impudents larrons de gloire. Mais il l'est assurément par je ne sais quelle ardeur subtile qu'il infuse à ceux qui s'occupent de lui. De toutes parts, aujourd'hui, les champions des droits intellectuels se lèvent, se groupent, s'organisent. C'est une course brillante à l'obstacle, où je me plais à penser qu'il y aura plus d'un vainqueur. Allons, tant mieux ! L'Association littéraire et artistique internationale, qui, ne l'oublions pas, a montré le but et frayé le chemin aux ouvriers de l'heure présente, voit ses idées se répandre de plus en plus. Telle une mère, elle sourit aux succès de ses enfants. Je voudrais que cette comparaison rendît hommage à sa vaillance et témoignât de sa séduction.

ANNEXE II

Observations présentées

PAR LE GROUPE NATIONAL AUTRICHIEN DE L'ASSOCIATION LITTÉRAIRE ET ARTISTIQUE INTERNATIONALE

RÉSOLUTIONS DE LA RÉUNION DU 2 MAI 1927

CONCERNANT LA CONFÉRENCE DE ROME

POUR LA REVISION DE LA CONVENTION D'UNION DE BERNE

1° Le groupe national autrichien considère comme essentiel et urgent que le système des réserves disparaisse. Par suite des réserves qui ont été faites par toute une série d'États, l'Union Internationale pour le Droit d'Auteur n'atteint plus son but, elle perd sa force d'unification des législations dans les États de l'Union. Il convient d'ajouter que les réserves ont eu, presque sans exception, pour résultat un effet régressif sur les législations.

Tout au plus, pourrait-on constituer des Unions restreintes, mais seulement sur des points bien déterminés.

2° Il apparaît désirable que les produits de l'art industriel rentrent dans le domaine de la Convention, sans restrictions, et que, pour cela, ils figurent dans l'énumération de l'article 2, alinéa 1, de la Convention.

Il paraît en outre désirable de faire figurer également dans cette énumération les créations de la danse.

3° Pour éviter toute espèce de doute, il paraît désirable de poser expressément le principe qui répond déjà aux règles du droit international que la protection dans chaque pays de l'Union doit être déterminée par le droit qui est en vigueur dans ce pays (*lex fori*), sans qu'il y ait à rechercher si la protection est aussi étendue dans le pays d'origine que dans le pays où la protection est réclamée.

4° Au point de vue des nombreuses questions litigieuses qui ont été soulevées dans une série d'États pour déterminer si un droit de veto appartient à l'auteur contre la diffusion radiophonique de son œuvre, il paraît urgent de préciser ce droit dans la Convention, non seulement pour les œuvres de littérature et de musique, mais aussi pour les œuvres de l'art décoratif.

En outre, il serait bon de régler aussi la question du droit d'auteur en ce qui concerne les haut-parleurs (*Lautsprecher*).

La protection devrait être instituée indépendamment de la question de savoir si la durée du droit de représentation dans un pays est plus courte que la durée du droit d'auteur en général.

5° La question de la protection du droit de l'exécutant, soit seulement contre la diffusion radiophonique et la reproduction au moyen d'instruments de musique mécaniques, soit en général, ne paraît pas être encore suffisamment mûre pour que le groupe national autrichien puisse prendre parti.

6° Il est à recommander, pour déterminer la protection des créations cinématographiques, de supprimer, dans l'article 14 de la Convention, le mot personnel.

7° Au point de vue de la durée de la protection, on n'a pas pu réunir l'unanimité du groupe national autrichien. Les avis pour la durée étaient partagés. Une partie des membres de la réunion s'est prononcée pour la durée de cinquante ans, une autre partie pour le maintien de trente ans.

ANNEXE III

Observations présentées

PAR LE GROUPE POLONAIS DE L'ASSOCIATION LITTÉRAIRE ET ARTISTIQUE INTERNATIONALE VIS-A-VIS DES PROPOSITIONS DU GOUVERNEMENT ITALIEN ET DU BUREAU DE BERNE

TENDANT A

LA REVISION DE LA CONVENTION DE BERNE

Le président du groupe polonais de l'Association littéraire et artistique internationale, M. Przesmycki, a réuni, dans une séance du 16 mai, à Varsovie, les membres fondateurs (la liste du groupe sera enregistrée prochainement et, par conséquent, la société sera formellement constituée). Dans cette séance, on a accepté à l'unanimité presque toutes les propositions et observations de M. Zoll, rapporteur, sauf celles concernant l'article 9, adoptées à la majorité.

Voici la teneur de ces propositions et observations :

Art. 2. — *Ad alinéa* 1. — Nous (le groupe polonais) trouvons que le texte actuel : « *quel qu'en soit le mode ou la forme de production* » est préférable au texte proposé : *qu'elle soit écrite, plastique, graphique ou orale*, parce que la dernière énumération n'est pas complète : il y manque notamment le mode musical (le son), les arts mimique et rythmique, si l'œuvre n'était pas fixée par écrit. Nous proposons donc soit de compléter dans ce sens l'énumération, soit de maintenir le texte originaire.

Nous exprimons en plus un vœu en faveur d'une rédaction conforme à l'article premier de la loi polonaise, lequel, après avoir donné une définition générale des œuvres protégées, énumère ensuite celles-ci, à titre d'exemple, d'une manière beaucoup plus complète que ne le fait la Convention.

Ad alinéa 2. — Pour marquer que la Convention de Berne n'envisage que la production créatrice, nous proposons d'ajouter à la fin de cet alinéa la restriction suivante : « Sous réserve, toutefois, que ces œuvres (adaptations, transformations, etc.) à leur tour présentent des traits d'originalité. »

Selon notre opinion, la Convention de Berne n'a pour but que de protéger (dans les rapports internationaux) la production *créatrice*. Ce principe fut exprimé dans diverses dispositions, par exemple : dans l'article 9 excluant de la protection en vertu de cette Convention les simples informations, comme les nouvelles du jour et les faits divers, et cela à raison de ce qu'il y manque le caractère d'œuvres originales; dans l'article 14, qui protège les productions cinématographiques sous la condition que l'auteur ait donné à l'œuvre un caractère « personnel et original », etc.

A défaut d'originalité, une œuvre ne peut être protégée contre une reproduction répréhensible que s'il y a concurrence déloyale, par exemple la reproduction des faits-divers d'un journal dans un autre.

Alors nous ne sommes plus dans le domaine de la Convention de Berne, mais dans celui de la Convention de Paris.

Nous pensons que la même remarque peut s'appliquer à la photographie (art. 3) : Les œuvres photographiques ne doivent être considérées comme objet de la Convention de Berne que si elles dénotent une remarque personnelle, une façon propre au photographe donné.

Ad alinéa 3. — Pour l'alinéa 3, nous trouvons que le projet d'ériger les dispositions de la Convention en une loi interne pour tous les pays de l'Union est un grand progrès que nous saluons avec joie et satisfaction, bien que nous nous rendions compte que la Convention gagne ainsi une force dérogatoire par rapport aux lois intérieures, ce qui peut avoir de graves conséquences.

Art. 3. — Nous accédons à la proposition du Bureau, mais, pour exprimer que la Convention de Berne n'embrasse que la production créatrice, nous proposons d'ajouter la phrase suivante : « Sous réserve toutefois de répondre à la condition d'originalité. »

En outre, pour pouvoir maintenir en Pologne dans toute sa vigueur la disposition de la loi polonaise (art. 3), nous proposons un alinéa 2 contenant la disposition suivante : « La protection de ces œuvres peut être assujettie dans la législation intérieure de chaque pays à la condition que réserve expresse du droit d'auteur soit faite dans les reproductions. »

Art. 4. — Nous accédons à la proposition du Bureau de Berne.

Art. 7. — Nous sommes d'accord avec toutes les propositions du Bureau de Berne.

Nous proposons d'ajouter à l'alinéa 1 la disposition suivante : « Si le droit d'auteur appartient dès l'origine à une personne morale, il expire cinquante ans après l'édition de l'ouvrage ou sa publication de quelque autre façon. »

Dans l'alinéa 3, nous proposons d'ajouter aux œuvres pour lesquelles la durée de protection est réglée par la loi du pays de la protection : « *les ouvrages cinématographiques, les arrangements de compositions musicales destinés aux instruments mécaniques.* »

Nous proposons d'ajouter dans l'alinéa 5 une disposition analogue à celle de l'article 33 de la loi polonaise : « La durée du droit d'auteur est comptée par années, à partir du 1er janvier de l'année qui suit le décès de l'auteur, l'édition légale ou tout autre événement prévu comme commencement du délai. »

Art. 9. — *Ad alinéa* 2. — Nous acceptons en général les propositions du Bureau de Berne; mais nous proposons de remplacer les mots « du même genre », qui ne sont pas assez clairs, par l'expression : « qui présentent un intérêt durable » ou « qui ne présentent pas l'intérêt éphémère d'un article politique ».

Dans notre séance, il ne s'est trouvé qu'une minorité en faveur du maintien du texte actuel.

Accord avec les propositions concernant les articles 10, 11 *bis*, 13.

Art. 14. — *Ad alinéa* 2. — Nous acceptons la proposition de biffer le mot *personnel*, mais nous nous prononçons contre la proposition d'y ajouter la disposition suivante : « Si ce caractère fait défaut... etc. » Si ce caractère fait défaut, il n'y a aucune production créatrice : les abus ne tombent alors plus sous la répression basée sur la Convention de Berne, mais sous la répression de la concurrence déloyale, basée sur la Convention de Paris.

Art. 18. — Nous proposons la rédaction plus courte :

« La présente Convention s'applique, même si la durée de protection antérieurement reconnue est « déjà expirée, au moment de son entrée en vigueur. Toutefois... »

Il va sans dire que la Convention revisée ne peut s'appliquer aux œuvres pour lesquelles la durée de protection établie conformément à l'article 7 revisé était déjà expirée au moment de son entrée en vigueur. Il faut donc supprimer une disposition qui, quoique rédigée négativement, est superflue.

ANNEXE IV

Remarques

SUR LES PROPOSITIONS DE L'ADMINISTRATION ITALIENNE
ET DU BUREAU INTERNATIONAL DE BERNE

PRÉSENTÉES

PAR LE GROUPE TCHÉCOSLOVAQUE
DE L'ASSOCIATION LITTÉRAIRE ET ARTISTIQUE INTERNATIONALE

Ad Art. 2, *alinéa* 1. — Le groupe propose de remplacer dans l'*alinéa* 1 *de l'article* 2 de la Convention le mot « reproduction » par le mot *manifestation*. Le groupe estime la proposition officielle comme n'épuisant pas tous les cas possibles au point de vue de la pratique.

Ad Art. 2, *alinéa* 3. — Le groupe accepte la proposition à l'alinéa 3, toutefois avec la modification que les mots « le mérite » soient remplacés par : *le degré de leur mérite*. (Voir le paragraphe 4, alinéa 1, de la loi tchécoslovaque.)

Ad Art. 3. — La même modification à la proposition officielle est proposée quant à l'article 3 (« le degré de leur mérite »).

Ad Art. 4. — Le groupe énonce quelques doutes quant au supplément proposé à l'article 4 : Le sens de la phrase « si la loi de ce pays admet la simultanéité » n'est pas assez clair ; s'il s'agit de l'admission de la simultanéité sur le modèle du droit britannique, il faudrait dire mieux « cette simultanéité ». (Voir le paragraphe 8, alinéa 1 *in fine*, de la loi tchécoslovaque, où se trouve aussi la clause sur la simultanéité, mais différente de celle de la loi anglaise.) Le groupe propose d'éliminer la dernière phrase de la proposition officielle, en considérant que la présomption légale proposée pourrait impliquer contradiction aux principes relatifs à la procédure civile et criminelle.

Ad Art. 10. — Le groupe propose d'insérer, dans l'alinéa 3 de la proposition officielle concernant l'article 10, après les mots « conformes au texte original », les mots : *sans altération de leur sens apparent*. (Voir le paragraphe 23, n° 2, de la loi tchécoslovaque.) Cette disposition a pour but d'interdire les citations qui, quoique conformes au texte original, seraient volontairement présentées de manière à en altérer le sens.

Ad Art. 11 *bis*. — Si l'on attache au terme « communication » (dans l'alinéa 1 de l'article 11 *bis* proposé) un sens différent de celui de « diffusion » employé dans l'alinéa 2, il faudrait préciser cette différence. Sinon, le même terme serait à employer dans les deux alinéas.

Ad Art. 13. — L'alinéa 1 *bis*, proposé pour l'article 13, n'est pas assez clair en ce qui concerne les mots « profite *aussi* à ces derniers ». Le groupe trouverait un texte analogue à l'article 11 *bis*, alinéa 2, plus approprié.

ANNEXE V

Mémoire de l'Association anglaise des éditeurs de musique et de la Performing Right Society Limited[1]

Nous avons examiné les propositions contenues dans le Mémoire préparé par les autorités officielles italiennes et l'Office international de Berne, en vue de la Conférence de Rome, et nous vous soumettons les observations suivantes :

Nous avons plus particulièrement porté notre attention, sur les matières dans lesquelles nous sommes spécialement intéressés, mais nous nous associons, en général, à l'ensemble des « observations préliminaires » telles qu'elles sont exposées dans le Mémoire.

Réserves. — Nous soutenons fermement que les membres de la Convention de Berne devront accepter sans réserves les termes de cette Convention. Comme il a été dit dans le Mémoire examiné, ces réserves sont la source de nombreuses difficultés et anomalies, elles tendent sérieusement à affaiblir, voire même dans certains cas à annuler l'idée maîtresse de la Convention.

Publication simultanée. — Nous nous prononçons pour la modification proposée à l'article 4, paragraphe 3, dont la première partie est déjà prévue, en ce qui concerne la Grande-Bretagne, par la section 35, sous-section 3 de la loi anglaise de 1911. Nous pensons qu'il est très souhaitable que l'on définisse plus clairement ce que l'on entend par « publication ». Dans la loi précitée, publication signifie : « distribution de copies de l'œuvre au public » (section 1) (3) et « une œuvre est réputée publiée d'abord, dans les Dominions dans lesquels cette loi s'applique, même si elle a été publiée simultanément dans un autre endroit, à moins que la publication dans ces Dominions soit seulement spécieuse et ne se propose pas de satisfaire aux exigences raisonnables du public (section 35 (3)). » La question se pose constamment de savoir ce qu'est une « publication » et ce qu'est une publication seulement « spécieuse ». En Grande-Bretagne, en France et dans d'autres pays de l'Union, l'exposition d'exemplaires pour la vente, même imprimés dans un pays non ressortissant de l'Union, est jugée suffisante; mais d'autres pays, particulièrement la Hollande et l'Espagne, exigent que les éditions soient imprimées dans leur pays respectif. Le paragraphe suivant pourrait être ajouté à l'amendement de l'article 4 : « *La mise en vente d'exemplaires capables de satisfaire les exigences raisonnables du public sera considérée comme une publication suffisante, et il sera inutile d'imprimer autre chose que l'édition originale*

1. Traduction de M. Marcel Boutet.

pour se protéger contre la publication simultanée. » L'impression d'éditions distinctes est peu pratique, et, d'ailleurs, ruineuse.

Pour résumer la matière, on propose que lorsqu'un pays non ressortissant de l'Union met en vente des exemplaires de sa publication, dans un pays quelconque de l'Union, dans un délai maximum de quatorze jours à compter de sa publication, et si cette mise en vente est faite à un nombre d'exemplaires suffisants pour satisfaire les exigences raisonnables du public, l'œuvre sera réputée avoir été publiée d'abord dans un pays unioniste, et sera automatiquement protégée dans tous les pays de l'Union.

Durée de la protection. — Nous appuyons fortement la proposition d'unifier la durée de la protection dans tous les pays contractants. Nous estimons que ce serait une très grande amélioration sur la situation actuelle, et nous sommes d'accord pour qu'elle prenne la forme d'une adoption *sans réserves* des cinquante ans après la mort de l'auteur, en accord avec l'article 7 de la Convention de Berne revisée. Naturellement, nous savons que le gouvernement britannique est parmi ceux qui ont fait des réserves sur ce point, mais nous souhaitons que le résultat de la Conférence de Rome aboutisse à faire auprès du gouvernement britannique des démarches qui l'amèneront à modifier, sur ce point, la loi anglaise de 1911.

Instruments mécaniques. — Le Mémoire affirme que « la suppression de la licence obligatoire, quoique très désirable, ne sera pas acceptée par les États de l'Union ». Malgré cette opinion, nous pensons que la « licence obligatoire » doit prendre place parmi les sujets qui seront examinés par la Conférence de Rome, dans un esprit de ferme protestation contre les pays qui l'ont adoptée.

Nous saisissons cette occasion pour appeler votre attention sur la situation peu satisfaisante faite aux droits mécaniques par les lois belges.

Il apparaîtrait à notre étude que la Belgique n'a fait aucune loi *nouvelle* apportant un remède à la *situation* actuelle de ces droits, et qu'une protection à exiger pourrait s'exercer seulement dans le cadre très large de la propriété littéraire.

Durant les vingt dernières années, de nombreux procès se sont engagés devant les tribunaux belges entre les propriétaires de droits d'auteur et les constructeurs d'instruments mécaniques ; les plaignants étaient le plus souvent des éditeurs français. Aucun solution définitive n'est intervenue. Le résultat s'est traduit sous la forme d'un compromis entre les titulaires des droits d'auteur et les constructeurs d'instruments mécaniques, sous la forme d'une redevance de 25 centimes français (un peu moins qu'un demi-penny). La raison en fut dans le refus légitime des éditeurs français de fournir aux constructeurs des timbres de droits d'auteur en France ou dans d'autres territoires, tant qu'un payement ne serait pas fait pour le territoire belge.

La situation est telle que si des disques, enregistrant une œuvre d'origine belge, étaient fabriqués et vendus en Grande-Bretagne, une redevance en accord avec les dispositions de la loi sur le droit d'auteur devrait être payée, tandis que des instruments mécaniques reproduisant une œuvre d'origine anglaise pourraient être fabriqués en Belgique sans le payement d'aucune redevance au profit du propriétaire du droit d'auteur : une telle situation serait impossible dans un traité entre pays désireux d'offrir une protection mutuelle à chaque pays adhérent.

En ce qui concerne les amendements à l'article 10, nous désirons attirer votre attention sur l'oubli d'une disposition visant les extraits d'œuvres musicales. Nous suggérons que cette omission soit réparée.

Émissions radiophoniques. — Nous avons considéré avec soin les observations faites à ce sujet, et nous faisons les observations suivantes :

A notre avis, l'émission radiophonique n'est pas de même nature que la reproduction par un instrument mécanique. En ce qui concerne la Grande-Bretagne, on se souvient que le droit d'auteur, sous l'empire de la législation antérieure à 1911, ne comprenait pas le droit de reproduction par les instruments mécaniques. L'émission radiophonique est d'une catégorie entièrement différente. Elle constitue, sans aucun doute, une représentation publique, et est, à cause de cela, entièrement protégée.

Nous craignons que les propositions de l'article 11 *bis*, donnant aux auteurs des droits absolus à l'égard de l'émission radiophonique, puissent être interprétées comme admettant tacitement qu'ils n'avaient pas encore de droits.

Nous appelons votre attention sur cette question.

Enregistrement. — Dans un récent jugement d'un tribunal de première instance canadien, il a été décidé que, en application de la section 39 de la loi canadienne de 1921, le titulaire par transfert de droits d'auteur sur une œuvre non enregistrée ne pouvait introduire avec succès une instance contre un contrefacteur.

Si cette décision est maintenue, l'enregistrement sous tous les rapports deviendra obligatoire pour tout titulaire de droits d'auteur autres que l'auteur original. Une telle situation nous apparaît comme contraire à l'esprit et à la lettre de la Convention de Berne revisée.

On a proposé à certains Congrès que l'enregistrement ne soit jamais une condition à laquelle soit soumis l'exercice d'aucun droit. Nous proposons que dans les pays où la loi interne prévoit l'enregistrement, soit volontaire, soit obligatoire, cette formalité ne soit jamais considérée que comme une méthode facile pour prouver la propriété des droits, et non comme constituant la base à l'aide de laquelle ils pourront être revendiqués. Nous aimerions voir ajouter à la nouvelle Convention une disposition quelconque qui aurait pour effet de déclarer que l'enregistrement ne sera en aucun cas exigé comme une condition de l'existence du droit de propriété du droit d'auteur, ou même comme une condition de l'exercice d'aucun droit accordé par la Convention.

Enfin, nous en profitons pour exprimer notre satisfaction pour la façon excellente dont les autorités italiennes et le Bureau de Berne ont compris les propositions qui devaient être examinées à la Conférence de Rome.

Signé : Pour l'*Association des Éditeurs de musique* :
Charles J. Dixey, *Secrétaire.*

Pour la *Performing Right Society Ltd* :
C. F. James, *Secrétaire.*

ANNEXE VI

Mémoire présenté par la Société générale internationale de l'édition phonographique et cinématographique

Sur l'article 13 de la Convention de Berne revisée

Alinéa 1

La Convention de 1886, après un jugement sommaire, frappait d'ostracisme les droits musico-mécaniques. Diverses considérations de fait l'emportèrent alors — peut-être avec raison — sur la légitimité du principe.

« Il est entendu que la fabrication et la vente des instruments
« servant à reproduire mécaniquement des airs de musique
« empruntés au domaine privé, ne sont pas considérées comme
« constituant le fait de contrefaçons musicales. »

Mais en 1908, d'autres considérations de fait, notamment l'essor prodigieux du phonographe, avaient mis en relief l'erreur de ce premier jugement. Les droits musico-mécaniques furent réhabilités.

« Les auteurs d'œuvres musicales ont le droit exclusif d'autoriser :
« 1° l'adaptation de ces œuvres à tous les instruments servant à les
« reproduire mécaniquement; 2° l'exécution publique des mêmes
« œuvres, au moyen de ces instruments. »

Dans son exposé des motifs, la Commission chargée du rapport à la Conférence de Berlin avait dégagé l'idée qu'il fallait distinguer, parmi les instruments de musique mécaniques, ceux du type ancien « portant en eux-mêmes leurs notations » de ceux du type nouveau (phonographes) chez lesquels il n'y a plus « fusion entre l'instrument et la notation » et qui donnent lieu à une « édition d'une forme particulière ».

Cette idée, nouvelle encore en 1908, est devenue aujourd'hui une évidence : il ne viendrait plus à l'idée de personne d'assimiler l'antique boîte à musique au phonographe moderne. Alors que la première n'est plus qu'un souvenir, déjà recherché par les collectionneurs, d'aucuns veulent voir dans le second la formule de l'édition de l'avenir. Le contraste de leurs destinées tient à leur essence même, au mode de reproduction qui leur est propre : négligeant les genres intermédiaires entre ces deux extrêmes, disons que l'instrument primitif est principalement une *adaptation*, que l'instrument moderne est principalement une *édition*. Sans doute, l'adaptation et l'édition existent bien, si l'on veut, chez l'un et l'autre, mais pour le premier, l'édition est insignifiante (elle se chiffre exactement par le nombre d'instruments fabriqués); pour le second, au contraire, l'édition seule compte : d'une adaptation unique, on tire des milliers de reproductions.

La Commission de 1908 avait parfaitement saisi et marqué la distinction entre les deux catégories d'instruments. Elle en tira fort heureusement les conséquences, mais elle laissa subsister dans les textes l'ancienne confusion qu'elle venait de dissiper :

« Les auteurs d'œuvres musicales ont le droit exclusif d'autoriser « l'adaptation de ces œuvres à tous instruments servant à les « reproduire mécaniquement. »

Sans doute peut-on soutenir que l'adaptation, au sens large, embrasse toutes les formes et tous les stades de la reproduction, et que l'autorisation d'adapter, au sens strict, entraîne nécessairement celle d'éditer. Mais d'abord, la précision ne nuit jamais à un texte. Ensuite et surtout, l'adaptation et l'édition ne constituent pas seulement deux étapes successives d'une même industrie, mais très souvent deux industries distinctes, exercées par des maisons *juridiquement*, sinon toujours réellement indépendantes entre elles, et il importe de protéger l'auteur séparément contre l'adaptation et contre l'édition.

Il conviendrait donc de modifier l'article 13 (alinéa 1) comme suit :

« Les auteurs d'œuvres musicales ont le droit exclusif d'autoriser : « 1° l'adaptation de ces œuvres à tous instruments servant à les « reproduire mécaniquement *ainsi que l'édition consécutive à cette « adaptation*; 2° l'exécution publique des mêmes œuvres, au moyen « de ces instruments. »

Dans son rapport pour la prochaine Conférence de Rome, l'administration italienne propose d'ajouter à l'article 13 un alinéa 1 *bis* disant :

« Lorsqu'une œuvre musicale est adaptée à des instruments « mécaniques à l'aide d'artistes exécutants, la protection dont jouit « cette adaptation profite aussi à ces derniers. »

Nous approuvons cette proposition.

Alinéa 2

En thèse générale, il n'y a évidemment aucune raison de traiter les droits musico-mécaniques autrement que les autres droits d'auteur et de les restreindre soit dans leur contenu, soit dans leur étendue, soit dans leur durée.

Les réserves prévues par l'alinéa 2 n'ont pas de fondement rationnel : elles s'expliquent *historiquement*. Les droits musico-mécaniques, en effet, ne sont nés, ou plutôt n'ont été sanctionnés que tardivement, alors que l'industrie avait déjà atteint son plein développement.

En 1908, on fut frappé, inégalement d'ailleurs, par l'antagonisme qui semblait devoir surgir entre le droit nouveau et la situation d' « occupant » prise par l'industrie. On crut alors nécessaire de trouver un compromis, on posa le principe des « réserves », et la sagesse conseilla de laisser chaque pays formuler librement les siennes.

Texte de l'alinéa 2

« Des réserves et conditions relatives à l'application de cet article « pourront être déterminées par la législation intérieure de chaque « pays, en ce qui le concerne, mais toutes réserves et conditions de « cette nature n'auront qu'un effet strictement limité au pays qui « les aurait établies. »

En somme, nous le voyons, ces « réserves » sont filles du hasard, puisque nées de contingences. Elles doivent donc porter la marque de leur origine : que disparaissent les circonstances qui les ont fait naître, et elles aussi doivent disparaître; en tout cas, le point de vue restrictif, au profit des auteurs, s'imposera toujours, qu'il s'agisse de les déterminer ou de les apprécier.

Parmi ces réserves, la plus importante, on l'a répété, est la licence obligatoire. C'est elle qui, sans conteste, illustre le mieux l'atteinte portée aux droits de l'auteur, au nom et au bénéfice de l'industrie. Le rapport de l'administration italienne pour la Conférence de Rome en parle brièvement, trop brièvement à notre sens.

Tout d'abord, le principe utilitaire de la licence obligatoire est attaquable. Ainsi que l'a fort justement remarqué M. le docteur Bock, dans un rapport récent au nom du « Deutscher Verein für den Schutz des Gewerblichen Eigentums », les pays qui ont reconnu à l'auteur un droit absolu en matière musico-mécanique n'ont nullement souffert des monopoles industriels. C'est là une vérité d'expérience qui réduit à néant les craintes jadis éprouvées par certains législateurs, et cette vérité s'appuie sur des motifs de bon sens, car, pour l'auteur recherchant normalement son intérêt, le rendement maximum suppose le jeu de la libre concurrence industrielle. Si ces mêmes législateurs avaient su que, contrairement à leurs prévisions, c'est l'auteur lui-même qui se montrerait généralement adversaire des monopoles industriels, jamais la licence obligatoire n'aurait vu le jour.

En outre, quelles que soient les raisons qui militent en faveur du maintien de la licence obligatoire, il est indispensable de souligner ici que, dans la pratique, elle a servi à bien d'autres fins que celle à laquelle on la destinait.

La licence obligatoire, qui dépouille en fait définitivement l'auteur du droit de refuser, même pour des raisons péremptoires, l'autorisation de reproduire ses œuvres, confère du même coup aux fabricants une sécurité et presque une immunité absolue. C'est à sa faveur que certains d'entre eux, forts des impedimenta de la procédure et de l'insuffisance des sanctions, peuvent indéfiniment fabriquer et exporter au mépris des droits de l'auteur. Si donc, comme l'estime l'Administration italienne, la licence obligatoire doit être maintenue, il faut au moins lui enlever tout effet abusif, et nous nous rallions ici aux propositions du « Deutscher Verein », tendant à exclure du bénéfice de cette licence tout fabricant convaincu de fraude. Nous ajouterions à l'alinéa 2 actuel un alinéa ainsi conçu :

> « Tout fabricant convaincu de fraude pourra être exclu par « décision de justice du bénéfice de la licence obligatoire. »

Si la licence obligatoire est la principale des réserves, elle n'est pas la seule. Dans son rapport précité, l'Administration italienne a proposé la suppression, à la fin de l'article 19, des mots « en faveur des étrangers en général ». De cette façon, les étrangers unionistes seront appelés, par application de l'article 4, à profiter, à l'égal des nationaux, des législations intérieures plus généreuses que la Convention, et, en principe, aucun pays unioniste ne devra pouvoir édicter ou maintenir des dispositions positives qui contrarieraient le jeu combiné des articles 4 et 19 modifiés.

Mais *quid* si un pays unioniste prend de telles dispositions, en usant d'un droit (par exemple, celui de faire des réserves sur tel point déterminé) qui lui est expressément reconnu par la Convention?

L'alinéa 2 de l'article 13 pose précisément le problème. En vertu de cet alinéa, l'ordonnance anglaise du 24 juin 1912 (art. 3), par exemple, refuse aux unionistes, quant aux droits musico-mécaniques, le bénéfice de la rétroactivité admise par le Copyright Act de 1911, consacrant ainsi une différence de traitement entre les nationaux et les unionistes. Cette disposition est sans doute régulière dans l'état actuel des textes; mais même la modification de l'article 19, tout en entraînant l'application quasi automatique de l'égalité de traitement, n'en laissera pas moins intacte la question de savoir quelle est la portée limite du « droit aux réserves » et si ce droit peut faire échec au principe de l'article 4. A notre sens, la réponse n'est point douteuse. Le principe de l'article 4 est l'assise même de la Convention, on pourrait dire son principe de vie, car c'est lui qui l'a inspirée à l'origine et qui la vivifie dans ses textes. On ne saurait logiquement lui porter atteinte sans contredire l'essence même et la raison d'être de la Convention. Il faut reconnaître dans la Convention une sorte de hiérarchie des principes. A plus forte raison, ne peut-on admettre qu'une restriction à l'un quelconque d'entre eux ait le pas sur le premier d'entre tous.

Supposant l'article 19 modifié, nous proposerions donc d'ajouter au deuxième alinéa de l'article 13 l'alinéa suivant :

> « Toutefois, ces réserves et conditions ne pourront en aucun cas « faire échec aux principes des articles 4 et 19 de la présente Con- « vention. »

Alinéa 3

Le texte nouveau proposé par l'Administration italienne pour l'alinéa 3 parle d' « adaptations ». Que faut-il entendre par là? Dans le langage littéraire et musical, le mot adaptation signifie assez couramment une création dérivée, distincte, détachée, comme l'œuvre originale, de son expression matérielle. On parle dans ce sens d'une adaptation d'un roman au théâtre. Devons-nous comprendre ici qu'il s'agit au contraire des reproductions matérielles de l'œuvre? La réponse à cette question a son importance, car c'est elle qui délimitera le domaine d'application de la rétroactivité.

A lire le texte proposé par l'Administration italienne, il semble tout d'abord qu'aucune hésitation ne soit permise : le terme « adaptations » y figure au pluriel et il n'est question que d'adaptations qui « ont été faites ». Malgré ces fortes apparences, et l'argument de texte qui en découle, il est néanmoins certain que les rédacteurs du projet ont *voulu* parler d'adaptations au sens de « créations dérivées ». L'article 13 actuel exclut de toute protection et sans ambiguïté les *œuvres* adaptées antérieurement à la mise en vigueur de la Convention. L'Administration italienne a suivi la tradition en réduisant seulement le nombre des bénéficiaires de la non-rétroactivité. Dans son exposé des motifs, elle trouve juste de « permettre au fabricant qui, sous l'ancienne Convention, a déjà adapté licitement, mais sans autorisation de l'auteur, de *continuer sous l'empire de la nouvelle Convention à adapter des instruments du même genre* ». L'intention est nette : l'alinéa 3 actuel de l'article 13 est maintenu, avec seulement une restriction au profit de certains fabricants. Le mot œuvres », en somme, se retrouve dans le mot « adaptations ».

La restriction apportée suffit, ajoute l'Administration italienne, pour

« sauvegarder les droits que le fabricant a acquis par une première adaptation licite ». C'est ce point qu'il nous faut examiner.

Comme le remarque fort justement l'Administration italienne, sous le chapitre de la rétroactivité, « le seul principe à observer pour décider si une loi nouvelle est applicable à des faits existants est celui du respect des droits acquis ».

Mais il faut se garder ici d'une assimilation dangereuse. On compare volontiers une œuvre du domaine public à un bien vacant dont le premier venu peut s'emparer. Si la comparaison est juste, il ne faut pas la pousser trop loin ; celui qui s'empare d'un bien vacant en devient propriétaire à l'exclusion de tous autres ; celui qui s'empare d'une œuvre du domaine public n'acquiert qu'un droit d'exploitation gratuit, sans exclure qui que ce soit. Par droits acquis, en matière de propriété intellectuelle et plus spécialement de droits musico-mécaniques, on ne peut entendre que les droits acquis par *un fabricant déterminé sur une exploitation déterminée*. Un fabricant qui a exploité une œuvre du domaine public peut bien invoquer qu'il a tenu compte, pour ce faire, de la situation juridique de l'œuvre, et il est normal de lui reconnaître le droit de poursuivre librement et indéfiniment l'exploitation qu'il a ainsi entreprise. Ses droits acquis, cependant, ne se fondent que sur le risque commercial qu'il a couru ; ils ne sauraient donc exister au delà de ce risque et le même fabricant ne peut se prétendre lésé d'être soumis à l'avenir à un droit nouveau pour toute nouvelle exploitation de la même œuvre.

Dans ses propositions, l'Administration italienne s'est arrêtée à mi-chemin, par un souci trop généreux de respecter les droits acquis.

En toute équité, on peut aller plus loin qu'elle : le bénéfice de la non-rétroactivité ne doit profiter qu'*aux mêmes adaptations* (matérielles), ou plutôt, selon la distinction faite au début du présent rapport, *aux mêmes adaptations et aux éditions qui en dérivent*. Et ainsi il n'est nullement porté atteinte aux droits acquis.

Pour prendre un exemple concret : voici une œuvre du domaine public. Un fabricant l'enregistre (l'adapte mécaniquement). Il doit être entendu que ce fabricant a définitivement acquis le droit d'exploiter librement son enregistrement, c'est-à-dire d'en tirer tous les exemplaires qu'il voudra, sans limitation de durée. Si, à un moment donné, la même œuvre est déclarée légalement protégée, et que le même fabricant veuille l'enregistrer à nouveau (soit que la matrice ancienne soit usée, soit qu'il ait découvert un artiste de renom, soit que les procédés d'enregistrement se soient perfectionnés), l'œuvre alors, pour ce nouvel enregistrement, est protégée contre le fabricant.

Nous proposons, en conséquence, pour l'alinéa 3 la rédaction suivante :

> « La disposition de l'alinéa 1er n'a pas d'effet rétroactif et, par « suite, n'est pas applicable, dans un pays de l'Union, aux adapta- « tions et *aux éditions consécutives* qui, dans ce pays, ont été « licitement faites avant et existent au moment de la mise en « vigueur de la présente Convention. »

Alinéa 4

« Les adaptations faites en vertu des alinéas 2 et 3 du présent « article et importées sans autorisation des parties intéressées,

« dans un pays où elles ne seraient pas licites, pourront y être « saisies. »

L'Administration italienne ne propose aucun changement. Remarquons que le sens concret du mot « adaptations » ne fait ici aucun doute, puisque le texte parle d'adaptations *importées*. La divergence, dans le rapport de l'Administration italienne, entre l'esprit de l'exposé des motifs et la lettre du texte adopté ressort cette fois très nettement. Bornons-nous à le rappeler.

Dans la pratique, la disposition de l'alinéa 4 relève principalement des lois et de la procédure propres à chaque pays et la Convention ne peut ici que poser un principe.

Nous ne proposerions qu'une légère modification du texte, destinée à enlever au mot « adaptations » toute ambiguïté, et l'alinéa 4 pourrait être ainsi conçu :

« Les adaptations et *éditions consécutives* faites en vertu des « alinéas 2 et 3 du présent article et importées sans autorisation des « parties intéressées, dans un pays où elles ne seraient pas licites, « pourront y être saisies. »

ARTICLE 13

TEXTE ACTUEL	TEXTE PROPOSÉ
1. — Les auteurs d'œuvres musicales ont le droit exclusif d'autoriser : 1° l'adaptation de ces œuvres à des instruments servant à les reproduire mécaniquement; 2° l'exécution publique des mêmes œuvres au moyen de ces instruments.	1. — Les auteurs d'œuvres musicales ont le droit exclusif d'autoriser : 1° l'adaptation de ces œuvres à des instruments servant à les reproduire mécaniquement, *ainsi que l'édition consécutive à cette adaptation* ; 2° l'exécution publique des mêmes œuvres, au moyen de ces instruments. *Lorsqu'une œuvre musicale est adaptée à des instruments mécaniques à l'aide d'artistes exécutants, la protection dont jouit cette adaptation profite aussi à ces derniers.*
2. — Des réserves et conditions relatives à l'application de cet article pourront être déterminées par la législation intérieure de chaque pays, en ce qui le concerne ; mais toutes réserves et conditions de cette nature n'auront qu'un effet strictement limité au pays qui les aurait établies.	2. — Des réserves et conditions relatives à l'application de cet article pourront être déterminées par la législation intérieure de chaque pays, en ce qui le concerne ; mais toutes réserves et conditions de cette nature n'auront qu'un effet strictement limité au pays qui les aurait établies. *Toutefois, ces réserves et conditions ne pourront en aucun cas faire échec aux principes des articles 4 et 19 de la présente Convention.*

Tout fabricant convaincu de fraude pourra être exclu, par décision de justice, du bénéfice de la licence obligatoire.

3. — La disposition de l'alinéa 1 n'a pas d'effet rétroactif et, par suite, n'est pas applicable, dans un pays de l'Union, aux œuvres qui, dans ce pays, auront été adaptées licitement aux instruments mécaniques avant la mise en vigueur de la présente Convention.

4. — Les adaptations faites en vertu des alinéas 2 et 3 du présent article et importées, sans autorisation des parties intéressées, dans un pays où elles ne seraient pas licites, pourront y être saisies.

3. — La disposition de l'alinéa 1 n'a pas d'effet rétroactif, et, par suite, n'est pas applicable, dans un pays de l'Union, *aux adaptations et aux éditions consécutives qui, dans ce pays, ont été licitement faites avant et existent au moment de la mise en vigueur de la présente Convention.*

4. — Les adaptations *et éditions consécutives* faites en vertu des alinéas 2 et 3 du présent article et importées, sans autorisation des parties intéressées, dans un pays où elles ne seraient pas licites, pourront y être saisies.

ANNEXE VII

Mémoire présenté au nom de la Chambre syndicale de l'industrie et du commerce français des machines parlantes

AU SUJET DES PROPOSITIONS DE REVISION DE LA CONVENTION DE BERNE QUI DOIVENT ÊTRE DISCUTÉES A LA CONFÉRENCE DE ROME EN OCTOBRE 1927

La Chambre syndicale de l'industrie et du commerce français des machines parlantes qui représente l'unanimité des fabricants et négociants s'occupant de l'industrie et du commerce français des machines parlantes, a l'honneur de présenter à la bienveillante attention du gouvernement français les observations suivantes au sujet des propositions qui vont être discutées en octobre 1927 à la Conférence de Rome, en vue d'une revision nouvelle de la Convention de Berne revisée, pour la protection des œuvres littéraires et artistiques.

Elle a tenu à se limiter provisoirement aux questions qui présentent pour elle un intérêt essentiel et particulier. Elle a pris comme base le seul document officiel actuellement connu d'elle, à savoir, le texte des propositions, avec exposé des motifs, préparés par l'Administration italienne et le Bureau international de Berne, se réservant de formuler ultérieurement toutes observations éventuelles, notamment si des documents nouveaux étaient publiés et si d'autres propositions venaient à surgir.

Les modifications qu'elle a spécialement remarquées concernent les articles 11 *bis*, 13 et 18.

Article 11 *bis*, al. 2 et Article 13, alinéa 1

On propose d'intercaler dans la Convention l'article 11 *bis*, dont le premier alinéa serait ainsi conçu : « Les auteurs d'œuvres littéraires ou « artistiques jouissent d'un droit exclusif d'autoriser la communication « de leurs œuvres au public par la télégraphie ou la téléphonie avec ou « sans fil, ou par tout autre moyen analogue servant à transmettre les « sons ou les images. »

Des questions fort complexes et délicates peuvent s'élever à cet égard et la Chambre syndicale n'est pas actuellement en mesure de les traiter à fond.

Mais son attention a été retenue par l'alinéa 2 qui serait ajouté à l'article 11 *bis* : « Les artistes qui exécutent des œuvres littéraires ou artis-

« tiques jouissent du droit exclusif d'autoriser la diffusion de leur exécu-« tion par l'un des moyens prévus à l'alinéa précédent. »

Ce texte fait l'application du principe posé également par l'alinéa 1 *bis* qui serait ajouté à l'article 13 : « Lorsqu'une œuvre musicale est adaptée « à des instruments mécaniques à l'aide d'artistes exécutants, la protection « dont jouit cette adaptation profite aussi à ces derniers ».

En définitive, ces deux nouvelles dispositions aboutiraient à reconnaître aux artistes exécutants, en vertu de la Convention internationale, un droit qu'il n'ont jamais eu jusqu'à présent, une sorte de copropriété, portant sinon sur l'œuvre elle-même, au moins sur son adaptation.

La Chambre syndicale ne croit pas que cette réforme soit justifiée et pense qu'elle entraînerait dans la pratique des complications inextricables.

Assurément, l'artiste exécutant collabore à l'adaptation et apporte un élément personnel qui peut avoir une grande valeur et dont il est légitime de tenir compte. Mais la Convention qui fait la loi des parties ne suffit-elle pas à cet égard à concilier tous les intérêts ? Est-il nécessaire d'y substituer une disposition impérative dérivant d'une Convention internationale, c'est-à-dire d'une intervention de la puissance publique ? On comprend que l'auteur de l'œuvre soit protégé par la loi contre les reproductions qu'il n'a pas autorisées, car il n'aurait aucun moyen de se protéger lui-même dès que son œuvre a vu le jour. Mais, par définition même, l'artiste exécutant a fourni volontairement sa collaboration à celui qui fait enregistrer sa voix ou son exécution par un instrument; il est le maître de discuter librement les conditions dans lesquelles cet enregistrement aura lieu, un contrat a nécessairement été conclu; l'intervention du législateur n'a plus de raison d'être.

Ce n'est pas la seule critique que soulève la proposition. La formule « artiste exécutant » est tellement générale qu'elle englobe tous ceux qui ont figuré dans un chœur ou dans un orchestre, moyennant des conditions qu'ils ont, d'ailleurs, eux aussi, librement stipulées. Est-il admissible que le fabricant et le vendeur de disques soient obligés de s'entendre au préalable avec chacun d'eux, sous peine d'être réputé contrefacteur, car la protection qu'on voudrait leur accorder aboutirait à cette conséquence ? Ce serait la suppression complète de l'industrie et du commerce des machines parlantes.

Et, si l'on voulait éviter cet inconvénient en réduisant le nombre des nouvelles personnes protégées, quel criterium adopterait-on pour distinguer nettement dans la pratique les exécutants qui auraient droit et ceux qui n'auraient pas droit à la protection ? S'en tiendrait-on seulement aux solistes (chanteurs ou instrumentistes) ? Et même, en ce qui les concerne, la disposition nouvelle, outre l'entrave considérable qu'elle apporterait à l'exercice de notre industrie et de notre commerce, n'est fondée sur aucune considération véritablement sérieuse, si l'on veut bien réfléchir que la liberté des conventions suffit pleinement à défendre les intérêts dont on se préoccupe.

Article 13, Alinéa 3

La modification proposée de ce fait affecterait encore plus gravement l'industrie et le commerce français des machines parlantes. La Chambre syndicale demande instamment le maintien du texte actuel, avec lequel, du reste, la loi française du 10 novembre 1917 est en harmonie.

Actuellement, le droit exclusif appartenant aux auteurs d'œuvres musicales d'autoriser l'adaptation de ces œuvres à des instruments servant à les reproduire mécaniquement ne s'applique pas aux œuvres qui « auront été adaptées licitement aux instruments mécaniques » avant la mise en vigueur de la Convention revisée.

A cette rédaction serait substituée celle-ci : « ... Ne s'applique pas... « aux adaptations d'œuvres qui, dans le pays, ont été faites licitement « par les mêmes fabricants à des instruments mécaniques du même genre « avant la mise en vigueur. »

A l'œuvre envisagée d'une façon abstraite serait substituée l'adaptation de l'œuvre par un même fabricant à un instrument du même genre.

Contrairement aux apparences, cette modification porterait en réalité une atteinte certaine aux droits acquis, que les auteurs de la proposition déclarent pourtant vouloir sauvegarder, et entraînerait d'autres inconvénients multiples.

Sous le régime actuel, de nombreux fabricants et commerçants, petits et moyens, ont créé et développé leur établissement, engagé des capitaux en bénéficiant du répertoire général de toutes les œuvres antérieurement adaptées et qu'ils peuvent reproduire librement. C'est grâce à cette circonstance seule qu'ils ont pu se maintenir. S'il leur fallait désormais se limiter aux œuvres de leur ancien répertoire personnel, nécessairement assez réduit, ou subir l'augmentation considérable de charges qu'entraînerait pour eux la reproduction des autres œuvres qui donnerait lieu au payement de redevances onéreuses, leur situation se trouverait entièrement bouleversée.

Il leur sera désormais impossible de soutenir la concurrence avec les maisons très importantes dont le répertoire d'œuvres anciennement adaptées est beaucoup plus étendu et qui, par suite, souffriraient moins de l'innovation proposée.

Cette conséquence serait d'autant plus fâcheuse que ces maisons se trouvent principalement à l'étranger, qu'elles profitent non seulement de circonstances économiques plus favorables, mais presque toujours d'une législation interne plus avantageuse que la législation française. L'industrie et le commerce français se trouveraient ainsi placés dans un état d'infériorité d'autant plus désastreux que leurs charges, fiscales et autres, se sont accrues énormément depuis la guerre, dans une proportion que n'a pu atteindre, et loin de là, la hausse du prix des machines parlantes et des disques.

Au coefficient 5, largement atteint par le prix de revient, correspond au plus le coefficient 3 environ pour le prix de vente.

Est-il opportun de placer dans des conditions aussi mauvaises un commerce et une industrie qui procurent du travail à d'innombrables ouvriers et employés à une époque où le chômage est encore trop répandu, où les difficultés économiques sont encore si préoccupantes? Ne serait-il pas au contraire de bonne politique de favoriser leur prospérité qui contribue d'ailleurs à la prospérité générale?

La Chambre syndicale n'a garde, du reste, de méconnaître les intérêts légitimes des auteurs. Elle est convaincue qu'ils peuvent et doivent se concilier très facilement avec ceux de ses adhérents. Sans parler des avantages moraux que procure aux auteurs la diffusion de leurs œuvres par le moyen des machines parlantes, la publicité qui en résulte leur donne aussi des avantages pécuniaires en augmentant la vente des exemplaires reproduits par les autres modes. De plus, si les fabricants étaient obligés de réduire leur production de disques, l'exécution publique de ceux-ci se trouverait diminuée d'autant et les auteurs perdraient de ce chef des perceptions importantes.

Il n'est pas interdit enfin de rappeler que la machine parlante est un instrument puissant d'éducation et de vulgarisation artistiques, qu'elle procure aux populations laborieuses une distraction intelligente et saine : sa diffusion doit être encouragée. Or, la modification proposée à l'article 13 serait, au contraire, de nature à la restreindre dans une large mesure et risquerait d'entraîner la disparition de nombreuses maisons consacrées à l'industrie et au commerce des machines parlantes. Le *statu quo* doit, en conséquence, être maintenu.

Article 18

L'article 18 a un caractère général et ne s'applique pas spécialement à la reproduction des œuvres par les instruments mécaniques.

La Chambre syndicale des machines parlantes croit néanmoins signaler qu'à son avis la modification de cet article 18 ne paraît pas s'imposer. La modification projetée aurait pour conséquence d'assurer une protection à certaines œuvres qui, sous l'empire de la convention actuelle, sont considérées comme étant dans le domaine public. Elle ferait ainsi revivre une protection disparue. Il est toujours critiquable d'assurer à une convention internationale, comme du reste à une loi, un effet rétroactif.

Sans doute, l'on prétend, sur ce point encore, respecter les droits acquis. Mais, outre la difficulté de définir exactement ce que l'on entend par là, et la crainte de voir de ce chef surgir des conflits, on ne respecterait certainement pas les situations acquises, dont, en matière industrielle et commerciale principalement, il est indispensable pourtant de tenir compte.

D'autre part, à lire l'exposé des motifs, il semble que la modification dont il s'agit puisse avoir pour conséquence de restreindre dans certains cas le droit reconnu aux États contractants de faire des réserves à raison de leur législation interne. Les auteurs de cet exposé ont cependant reconnu eux-mêmes, en commentant ce même article 18 et aussi l'article 13, que l'abolition des réserves ne serait pas acceptée.

En définitive, n'est-il pas plus sage, dans la négociation d'une convention internationale, de ne pas soulever de questions à l'égard desquelles une opposition sérieuse, *a fortiori* péremptoire, doit être prévue ? La Chambre syndicale le pense.

Et, bien entendu, si, contrairement aux prévisions actuelles, la question de la suppression des réserves et restrictions se trouvait soulevée d'une façon générale, soit avant la Conférence, soit au cours de sa réunion, la Chambre syndicale aurait à présenter à cet égard de nouvelles observations.

ANNEXE VIII

Mémorandum présenté par l'Union internationale de Radiophonie au sujet du Congrès de Rome pour la revision de la Convention internationale de Berne

AYANT POUR OBJET LA PROTECTION DE LA PROPRIÉTÉ INTELLECTUELLE ET ARTISTIQUE

L'Union internationale de radiophonie dont les membres se sont réunis en assemblée générale à Lausanne le 10 mai 1927, tient, au moment où va se réunir à Rome un Congrès qui a pour but la révision de la Convention internationale de Berne pour la protection de la propriété intellectuelle et artistique, à affirmer que ses membres n'entendent pas s'opposer à la reconnaissance, en matière de radiodiffusion, du droit de propriété intellectuelle et artistique.

Mais se basant, au contraire :

a) Sur ce qu'elle a dès 1925 invité ses membres à poursuivre leur œuvre de développement de la radiophonie dans un esprit de cordiale collaboration avec les représentants des auteurs, artistes, etc. ;

b) Sur ce que tous ses adhérents ont, en fait, reconnu les droits de propriété intellectuelle et artistique avant même qu'ils ne soient sanctionnés à l'égard de l'émission radiophonique ;

c) Sur ce que la radiophonie a apporté aux productions de l'esprit, de l'art et de la science un remarquable instrument de diffusion et de propagande universelle ;

d) Sur ce qu'elle doit remplir vis-à-vis des écouteurs un devoir d'éducation et d'enseignement et pour le remplir pouvoir user le plus largement possible de la matière intellectuelle et artistique ;

Elle est autorisée à prétendre que, dans l'intérêt commun du développement de la radiodiffusion et de la culture mondiales, une collaboration efficace ne peut être envisagée sans qu'il soit tenu compte de l'interdépendance réciproque, d'une part, des droits des auteurs et artistes, d'autre part, des nécessités de l'exploitation radiophonique; service public d'intérêt général, dont l'importance est capitale pour le développement de la civilisation humaine.

L'Union internationale de radiophonie demande à cet égard que le

Congrès réuni à Rome s'inspire, pour la rédaction des modifications proposées à la Convention de Berne en ce qui concerne la radiodiffusion, des considérations exposées ci-dessus et que, par suite, l'article 11 *bis* soit complété par les dispositions suivantes :

1. En ce qui concerne le droit d'auteur
(1er alinéa de l'article 11 *bis*)

1. L'autorisation préalable de l'auteur pour la communication de ses œuvres au public par la radiodiffusion n'est nécessaire qu'en ce qui concerne les œuvres inédites.

2. En ce qui concerne les œuvres déjà éditées et protégées par la Convention et les législations internes, l'auteur ne pourra, sauf pour des raisons spéciales homologuées par l'autorité compétente, s'opposer à leur radiodiffusion. Mais les modalités de ce droit d'usage, notamment la faculté pour les exploitants d'émissions radiophoniques d'adapter une œuvre aux besoins de la radiodiffusion, seront fixées par les législations nationales qui indiqueront également la rémunération qui devra être allouée par l'exploitant de l'émission radiophonique aux auteurs et qui sera basée sur les revenus tirés directement ou indirectement des écouteurs de l'émission.

3. Les dispositions de l'article 9 (alinéa 2 modifié) s'appliqueront à la radiodiffusion; par suite, les articles de discussion économique, religieuse et autres du même genre pourront être radiodiffusées librement, sous la seule réserve que la reproduction n'en ait pas été expressément interdite.

2. En ce qui concerne le droit des artistes
(2e alinéa de l'article 11 *bis*)

L'Union internationale de radiophonie, dont les membres ont satisfait, dans la plus large mesure permise par les nécessités radiophoniques, aux revendications des artistes en matière de radiodiffusion, sont, par suite, en droit de s'étonner de la proposition d'insertion de l'alinéa 2 de l'article 11 *bis* dans la Convention de Berne qui ne vise « que les œuvres littéraires et artistiques ».

Si les représentants de la radiodiffusion ne contestent pas la valeur du concours que leur apportent les artistes, il ne leur semble pas que la seule exécution par un artiste d'une œuvre rentre dans le cadre de la Convention de Berne, qui précise à son article 2 que : la Convention a pour but de protéger « toute production du domaine littéraire, scientifique ou « artistique, qu'elle soit écrite, plastique, graphique ou orale, telle que « les livres, brochures et autres écrits; les œuvres dramatiques ou drama- « tico-musicales, les œuvres chorégraphiques et les pantomimes, dont la « mise en scène est fixée par écrit ou autrement; les compositions musi- « cales avec ou sans paroles; les œuvres de dessin, de peinture, d'archi- « tecture, de sculpture, de gravure et de lithographie; les illustrations, les « cartes géographiques; les plans, croquis et ouvrages plastiques relatifs « à la géographie, à la topographie, à l'architecture ou aux sciences ».

Que si la Convention de Berne devait être modifiée par une novation aussi importante que celle de la reconnaissance du droit des artistes sur le même plan que celui des droits de l'auteur, on ne comprendrait pas pourquoi cette reconnaissance ne serait insérée dans la Convention qu'en matière de radiodiffusion et alors surtout que d'autres intérêts parfaitement respectables sont en jeu : ceux des directeurs de théâtre, impresarii, etc., qui sont réglés par contrats individuels avec les exploitants d'émissions au même titre que continueront à l'être, même en l'absence de tout texte de la Convention, les intérêts des artistes.

L'Union internationale de radiophonie conclut en conséquence à la suppression de l'alinéa 2 de l'article 11 *bis*.

ANNEXE IX

Conférence faite à l'Assemblée de l' « Allgemeiner Deutscher Musik Verein », à Crefeld

LE 13 JUIN 1927

PAR

M. GEORGES MAILLARD,

Président de l'Association littéraire et artistique internationale

On m'a prié de venir au nom de l'Association littéraire et artistique internationale, que j'ai l'honneur de présider depuis vingt-quatre ans, exprimer les vœux unanimes des écrivains, des artistes, des juristes et du public qui la composent, pour la fixation de la durée du droit d'auteur. J'ai répondu oui avec joie.

Notre Association était fondée en 1878, sous le patronage de VICTOR HUGO, pour grouper des écrivains de tous les pays afin de leur apprendre à se connaître. Au Congrès de Rome, en 1882, on recherchait les moyens d'assurer la protection internationale des droits des auteurs; Paul SCHMIDT, avocat à Leipzig, suggérait, au nom des éditeurs de Leipzig, la constitution d'une Union pour atteindre ce but, au moment où se préparait la Convention d'Union de Paris de 1883, concernant la propriété industrielle. C'est à cette instigation que l'Association saisissait la Confédération helvétique d'un avant-projet que le gouvernement suisse soumit à une Conférence entre les États et qui devint la Convention d'Union de Berne de 1886.

Elle avait pour but non seulement d'assurer aux ressortissants de l'Union le traitement des nationaux, mais aussi, conformément à son titre, de réaliser un minimum d'unification en imposant aux pays de l'Union le devoir de reconnaître aux auteurs unionistes certains droits déterminés, même si cela n'est pas conforme à la législation intérieure.

Et il est écrit dans le texte originaire que la Convention devra être révisée au moins tous les dix ans; c'était bien, dans l'esprit des rédacteurs, pour perfectionner la protection du droit des auteurs et non pour la restreindre. La Convention de Berne est essentiellement un instrument d'unification du droit d'auteur, car, chaque fois qu'elle accorde aux ressortissants de l'Union quelque chose de plus qu'aux nationaux, cette situation singulière détermine vite le remaniement de la loi intérieure.

Aux revisions de 1896 à Paris et 1908 à Berlin, on fixe de nouveaux points d'unification : aucune formalité ne peut être exigée pour la jouissance et l'exercice du droit de l'auteur; le droit de traduction, d'abord restreint, s'étend, d'étape en étape, jusqu'à être assimilé au droit de reproduction ; on étend le domaine des œuvres à protéger, l'architecte reçoit pleine protection ; la nécessité d'une mention de réserve pour assurer le droit d'exécution des œuvres musicales disparaît ; la défense contre la reproduction dans les journaux s'améliore de révision en révision.

Mais, à la révision de Berlin en 1908, on crut devoir, pour obtenir sur le papier des résultats importants, permettre aux États de faire des réserves en adhérant au texte de Berlin et de n'accepter de tous ces progrès que ceux qu'ils voudront bien. Et beaucoup de pays qui auraient accepté le texte tel quel, pour profiter des améliorations dont ils avaient besoin, ont fait des réserves sous la pression d'intérêts particuliers. C'est enlever à la Convention sa force d'unification. Aussi, unanimement, on réclame de la prochaine Conférence de révision, qui aura lieu à Rome en octobre, la suppression de la faculté de réserves.

En tout cas, le premier point sur lequel devrait porter l'unification, c'est la durée du droit d'auteur. Il est foncièrement choquant que les auteurs d'un des pays de l'Union aient une protection moins longue que les auteurs des autres pays. La nature du droit de l'auteur est partout la même, les raisons d'en fixer la durée sont identiques, les considérations d'ordre économique ou social, qui conduisent à la limiter, ne sont pas différentes. L'esprit d'équité n'admet pas que dans une Union les héritiers et cessionnaires d'un auteur aient une moindre protection que ceux d'un autre, suivant le pays de sa naissance ou le pays de la première publication de l'œuvre. Les pays à durée plus courte deviennent, par rapport aux autres, des pays de contrefaçon, car le droit privatif subsistant au pays d'origine y est méconnu, l'œuvre y est reproduite librement, les exemplaires exempts de redevance vont faire concurrence aux autres hors de l'Union, et il est toujours à craindre qu'ils soient recherchés par les lecteurs mêmes du pays où l'œuvre est encore protégée et y pénètrent subrepticement.

Dans tous les pays de l'Union, il est maintenant admis que le droit privatif de l'auteur doit durer au moins pendant toute sa vie et se prolonger, au profit de ses héritiers ou cessionnaires, pendant un certain nombre d'années après sa mort. La Grande-Bretagne et l'Italie se sont finalement ralliées à ce système. Quelle doit être la durée de la prolongation ? Sera-ce 30 ans, 50 ans, 70 ans ? Ce sera toujours un chiffre arbitraire. Ce qui importe avant tout, nous venons de le montrer, c'est que ce soit la même durée dans tous les pays, au moins dans tous les pays de l'Union.

Or, c'est un fait incontesté que ce délai de 50 ans *post mortem auctoris* est le délai adopté par la majorité des pays de l'Union. C'est le délai de la Belgique, du Danemark, de la France, de la Grèce, du Maroc, de Monaco, de la Norvège, des Pays-Bas, du Portugal, et dans aucun de ces pays on n'admettrait un recul, aucun éditeur ne s'en plaint et ne le considère comme portant atteinte aux intérêts légitimes de sa corporation ; la protection est même de 60 ans au Brésil, de 80 ans en Espagne. La Grande-Bretagne, en 1911, lorsqu'elle a pris pour base de la durée la vie de l'auteur, a prolongé le droit, en principe, jusqu'à 50 ans après la mort, tout en organisant un système de licence obligatoire pour la reproduction après 25 ans (30 ans pour les œuvres encore protégées à la date de la promulgation de la loi). Mais ce n'est point encore là l'unification souhaitée, ce n'est pas l'uniformité de la durée du droit privatif.

La plupart des législations récentes de l'Union ont choisi le délai de

50 ans : c'est la Hongrie, c'est la Pologne, c'est la Tchécoslovaquie, et pourtant certains territoires qui font aujourd'hui partie intégrante de ces pays avaient connu des durées moindres. Le gouvernement italien, à la veille de la Conférence de révision de la Convention de Berne qui doit avoir lieu à Rome en octobre prochain, a donné, par le décret-loi du 7 novembre 1925 entré en vigueur le 1er septembre 1925, l'éclatant exemple du ralliement au délai de 50 ans, pour assurer à la Conférence de Rome l'unification de la durée du droit d'auteur. Il n'y a sous le régime de la durée de 30 ans après la mort de l'auteur que l'Allemagne, l'Autriche, la Bulgarie, le Japon, la Roumanie, la Suède, la Suisse; les Républiques de Haïti et de Libéria en sont à la durée de 20 ans.

On a essayé de faire de cette question une question de nationalités, de qualifier le délai de 50 ans de délai d'influence française et de lui opposer le délai de 30 ans, comme le délai allemand. Ne pensez-vous pas qu'il serait fâcheux de faire ainsi de l'Allemagne le pays ingrat pour ses gloires littéraires et artistiques, le pays qui entend protéger le moins longtemps possible ses auteurs en la personne de leurs héritiers ou cessionnaires et donne cet exemple aux pays amis, tandis que la France serait le prototype du pays reconnaissant envers ses écrivains, ses musiciens et ses artistes et qui se montre le plus généreux pour faire respecter leurs droits le plus longtemps au delà de leur vie ?

Si l'Autriche et la Suisse ont adopté le délai de 30 ans, ce n'est point par enthousiasme pour la durée idéale allemande du droit d'auteur, c'est à raison de nécessités économiques, c'est parce que, dans ces pays où la langue allemande est prédominante, la concurrence des éditions allemandes eût été particulièrement préjudiciable si la durée de protection n'avait pas été uniforme. Si la Suède est revenue en 1920 du délai de 50 ans au délai de 30 ans, c'est bien plus pour des raisons économiques analogues que pour des motifs d'ordre politique. La Bulgarie n'a pas encore une littérature bien développée au dehors; l'exemple de l'Allemagne n'était qu'un prétexte pour restreindre la durée de la protection, dans l'obligation où elle était d'adhérer à la Convention de Berne. Pourtant, la Hongrie, qui pouvait être tentée de suivre l'exemple de l'Autriche, est bien allée jusqu'au délai de 50 ans. Quant au Japon, il s'intéresse évidemment peu au droit d'auteur dans le domaine international, et a adhéré à la Convention de Berne surtout pour ne pas rester en dehors des grandes unions qui groupent les principaux pays d'Europe.

L'Allemagne aurait mauvaise grâce à critiquer le délai de 50 ans *post mortem*, car c'est à la Conférence de 1908, qui se tint à Berlin, sur le programme élaboré par l'Allemagne et le Bureau international de Berne pour la protection des œuvres littéraires et artistiques et sous l'influence de l'Allemagne, que fut inscrit l'alinéa 1 de l'article 7 :

« La durée de la protection accordée par la présente Convention com-
« prend la vie de l'auteur et 50 ans après sa mort. »

C'était bien marquer la durée de 50 ans après la mort comme la durée modèle, comme celle sur laquelle doit se faire l'unification.

Si on a, dans un deuxième alinéa, prévu le cas où cette durée ne serait pas uniformément adoptée par tous les pays de l'Union, c'était comme une exception provisoire, une réserve destinée à disparaître, car les inconvénients de ce régime d'inégalité dans l'Union sont manifestes : les œuvres n'ont pas une durée de protection plus longue que dans leur pays d'origine, pays de la nationalité de l'auteur pour les œuvres inédites, pays de la première publication pour les autres. Ainsi les œuvres de Wagner sont tombées dans le domaine public en France comme en Allemagne, alors que françaises elles auraient été protégées 20 ans de plus; elles sont jouées sans profit ni pour les héritiers de Wagner, ni même pour le public français, car on ne baisse pas le prix des places au théâtre quand on joue une œuvre du domaine public. C'est la Société des auteurs et compositeurs de France qui en profite en vertu de ses contrats avec les directeurs de théâtre, sinon ce serait le directeur de théâtre qui profiterait de la liberté de représentation et dans les autres pays c'est lui qui en profite.

Les auteurs allemands, soucieux des intérêts de leurs familles, n'auraient qu'à publier leurs œuvres pour la première fois dans un pays à longue durée de protection; ces œuvres, en vertu de la Convention d'Union révisée à Berlin, prendraient une autre nationalité que celle de leur auteur. Pour les musiciens, ce serait chose facile; pour les écrivains, ce ne serait qu'une question de mode et de mise en train d'une maison d'édition. Déjà, si je suis bien informé, votre président d'honneur a fait éditer son *Rosenkavalier* pour la première fois en France; il est devenu ainsi œuvre française.

Jamais on n'a pu considérer une telle situation comme normale. On n'a pu considérer le deuxième alinéa de l'article 7 du texte de Berlin que comme un palier pour faciliter l'adhésion des pays qui ne s'habituaient que peu à peu à une protection réelle du droit d'auteur et les amener vers l'unification.

Voilà bientôt vingt ans que cette réserve a été écrite. Elle doit disparaître. Pour tous ceux qui rêvent de l'unification des lois sur le droit d'auteur et travaillent à la protection internationale des écrivains et des artistes, ce serait une déception amère, une vraie et profonde douleur, de voir l'Allemagne rester en arrière et ne pas faire le geste que tous attendent pour qu'on atteigne enfin à Rome le but qu'à Berlin elle offrait à nos efforts.

Si l'Allemagne donne le signal, tous les pays qui limitent la durée du droit d'auteur à 30 ans après la mort de l'auteur suivront. L'Autriche et la Suisse n'auront aucun motif pour ne pas imiter l'exemple. Les raisons que pouvait avoir la Roumanie de rester dans ce groupe de législation disparaîtront. Et le Japon aura le juste orgueil de ne pas rester en arrière. Pour la Bulgarie, que la durée du droit soit de 50 ans au lieu de 30 ans après la mort de l'auteur, cela ne modifiera pas la situation économique. La protection du droit d'auteur n'a jamais entravé la culture intellectuelle d'un pays, au contraire elle la développe et encourage les écrivains et les artistes à la production; pour que l'encouragement soit efficace, il faut qu'elle ait aussi dans les pays le moins avancés la durée qu'elle doit avoir dans tous les pays de haute culture.

Pour Haïti et Libéria, l'adhésion à la Convention d'Union de Berne a été un luxe; elles n'y renonceront pas pour 30 ans de protection de plus, Haïti a adhéré dès l'origine et a accepté le texte de Berlin, sans même s'être fait représenter à la Conférence. Libéria a adhéré, au cours de la Conférence de 1908, et a chargé la délégation allemande de signer l'acte additionnel de Berlin.

Il faut que l'unification de la durée du droit d'auteur se réalise à la Conférence de Rome.

Il ne s'agit pas de peser si la durée de 30 ans ou de 80 ans ne vaudrait pas mieux que celle de 50 ans en bonne législation, ni d'envisager des intérêts particuliers ou des considérations d'ordre théorique ou politique.

C'est une question de moralité qui domine tout. Logiquement, équitablement, la durée de protection doit être la même dans tous les pays.

C'est au point de vue de l'intérêt général que l'Association littéraire et artistique internationale s'est toujours placée. Elle n'entend pas que la voix des producteurs intellectuels, elle ne se préoccupe pas seulement d'intérêts particuliers, elle tient compte des besoins du public, des nécessités de l'enseignement, des vœux des lecteurs. Jamais la durée de cinquante ans n'a fait l'objet de récriminations de la part de l'opinion publique dans les pays où elle est admise. Voilà pourquoi l'Association l'a toujours préconisée comme un minimum en vue de l'unification des lois et c'est la thèse que soutient l'exposé des motifs des propositions du Bureau de Berne et du gouvernement italien pour la Conférence de Rome.

Elle est du reste équitable et pratique en elle-même.

Que l'on considère le droit de l'auteur comme un droit de propriété ou comme un droit personnel ou comme un mélange de ces deux espèces, il est certain qu'il doit durer tant que l'auteur vit, et se prolonger pendant un certain nombre d'années après sa mort, pendant l'espace de temps que sa volonté peut normalement embrasser, pendant le temps où vivent encore les êtres qui lui ont été chers et en qui il avait mis sa confiance. 30 ans, c'est à coup sûr trop peu. Trente ans après la mort de Richard Wagner, sa veuve et son fils sont encore vivants. Que d'auteurs, cinquante ans après leur mort, ont encore sur terre des enfants ou des petits-enfants, des êtres qu'ils ont connus et aimés! Ce serait une statistique facile à établir.

L'avocat docteur Wenzel Golbaum, qui, au nom de la Société des Auteurs et Compositeurs dramatiques allemands, a fait une admirable campagne et une ardente polémique pour les 50 ans, et son confrère Rozenberger, votre conseil juridique et votre porte-parole, ont dit, ce me semble, tout ce qu'il y avait à dire au point de vue national allemand. Il ne m'appartient pas d'y revenir.

Il est frappant que non seulement les littérateurs, les auteurs dramatiques et les artistes allemands soient partisans de l'augmentation de la durée du droit, mais qu'il en soit de même de la presque unanimité des éditeurs de musique et d'un groupe important d'éditeurs de livres, ceux qui éditent des ouvrages originaux. De l'autre côté sont les éditeurs qui se consacrent à la reproduction des œuvres du domaine public et les directeurs de théâtre, groupes qui sont matériellement intéressés à ce que les œuvres tombent dans le domaine public le plus tôt possible et qu'ils puissent en tirer profit sans avoir à solliciter aucune autorisation.

Or, c'est pour les créateurs et pour ceux qui contribuent à répandre leurs créations que les lois sur le droit d'auteur doivent être faites, ce n'est pas contre eux. Évidemment les éditeurs qui n'aiment à éditer que quand il n'y a pas de redevance à payer préféreraient qu'il n'y eût pas du tout de droit d'auteur, ils seraient plus libres, et ils ont hâte que les œuvres importantes deviennent de libre reproduction. Mais c'est là un intérêt particulier qui ne peut être mis dans la balance en opposition à l'intérêt des auteurs.

En France, les éditeurs de livres, comme les éditeurs de musique, ne sont pas divisés en deux groupes. Unanimement ils approuvent la durée de 50 ans, nul n'a jamais protesté.

Quant au public, il ne réclame pas davantage la réduction de la durée du droit, il n'en a pas besoin. Le droit privatif de l'auteur et de ses héritiers ou cessionnaires n'entrave pas la diffusion de l'œuvre; ceux à qui elle est destinée ne la liront ni plus ni moins; qu'elle soit ou non dans le domaine public.

En fait, de nombreux exemples ont montré que l'expiration du droit privatif ne diminue pas sensiblement le prix des livres. En effet l'éditeur, qui a la concession du droit privatif de l'auteur sur une œuvre susceptible de plaire au public et qui est assuré du monopole, peut tirer les éditions à un très grand nombre d'exemplaires et parvenir à un prix de revient, par suite à un prix de vente, réduit, que la concurrence n'abaissera guère.

La chute dans le domaine public en France de toute une série de grands chefs-d'œuvre vient de donner des résultats très caractéristiques. Par exemple les poèmes de Baudelaire sont tombés dans le domaine public, ce sont les éditions de luxe qui se sont multipliés, plutôt que les éditions à bon marché. Pour les ouvrages d'enseignement qui se tirent aussi à de grands nombres d'exemplaires et qu'il faut perpétuellement remanier, la réduction de la durée du droit ne donnera pas une amélioration sensible du prix.

Du reste, disons-le franchement, ce n'est pas une légère différence de prix qui amènera de nouveaux lecteurs aux œuvres dont la lecture développera le goût et l'instruction du public. Ce qui est nécessaire, c'est de donner au peuple le désir et l'habitude de lire; les moyens de lire ne lui manqueront pas, les bibliothèques publiques, les bibliothèques circulantes sont là, et quand le travailleur voudra garder un livre, il le paiera ce qu'il faudra, il est juste que lui aussi rémunère l'auteur et ses héritiers.

On ne saurait oublier que ce n'est pas l'auteur qui doit se montrer reconnaissant au public; c'est le public qui est redevable aux écrivains et aux artistes des jouissances qu'il reçoit, ce n'est pas trop que de payer tribut à l'auteur pendant sa vie et à ses successeurs pendant 50 ans.

Un grand écrivain, un grand musicien, dont l'œuvre lui survivra 50 ans, c'est une précieuse merveille que rien ne remplace et à qui justice doit être rendue moralement et matériellement. Et comme la loi ne peut pas distinguer entre les œuvres bienfaisantes et les autres, il faut toutes les protéger et sans parcimonie dans la durée. La protection des auteurs dans leurs œuvres, ce n'est qu'un juste hommage à l'activité créatrice, c'est un gain pour la culture humaine, ce n'est pas l'aumône du législateur, c'est la reconnaissance d'un droit naturel.

Ce n'est pas un droit assimilable au droit de propriété d'une maison, c'est un droit qui est au-dessus de la propriété matérielle et qui devrait lui survivre. Dans l'évolution des lois, on ne comprend pas comment certaines personnes peuvent réclamer, au nom de théories sociales, la restriction du droit de l'auteur. L'imagination créatrice peut être le lot des hommes dans la situation la plus modeste, et plus que les autres ils ont besoin de trouver dans le fruit de leur imagination les moyens d'existence pour eux et leur famille.

Ce sont là des sentiments qui doivent régner dans tous les pays sans distinction de frontières, et c'est pourquoi il importe que la Conférence de revision de la Convention d'Union de Berne, à Rome, proclame la nécessité de protéger partout uniformément le droit d'auteur et par-dessus tout d'assurer l'unification de la durée, à la vie de l'auteur et cinquante ans après sa mort.

Et ce qui doit ainsi se prolonger, c'est le droit de faire interdire toute utilisation de l'œuvre. Ensuite, qu'on organise une licence obligatoire pour permettre de reproduire l'œuvre, même sans le consentement de l'auteur, en payant une redevance fixée par la loi ou qu'on organise une perception sur la reproduction, la représentation ou l'exécution d'une œuvre du domaine public, soit, mais il faut d'abord que soit unifiée la durée du droit privatif de l'auteur.

C'est le vœu qu'a formé l'Association littéraire et artistique internationale dans sa réunion de Lugano et qu'elle vous demande d'approuver.

(Cette conférence a été prononcée en allemand, sur l'invitation du Comité directeur de l'Union générale allemande de la musique (Allgemeiner deutscher Musik Verein), dont le professeur Siegmund von Hausegger, président de l'Académie officielle de l'art musical (Staatliche Akademie der Tonkunst), à Munich, est le président, et M. Hermann Bischoff, compositeur de musique, le secrétaire. Le texte allemand, qui a été publié par l'Allgemeiner deutscher Musik Verein (secrétariat à Munich, Haydnstrasse, 6), dans une brochure intitulée « Der Schutz des künstlerischen Schaffens » (la protection de la création artistique), discours tenus à Krefeld, le 13 juin 1927, à la fête de l'art musical, est la traduction en langue allemande, avec l'aimable concours de M. Kopsch, directeur de la Genossenschaft deutscher Tonsetzer (association des compositeurs de musique allemands), et allégée de certaines précisions juridiques, du projet primitif en langue française, que nous reproduisons ci-dessus.

L'Allgemeiner deutscher Musik Verein a été fondé sous la direction de Franz Liszt, à Weimar, le 7 août 1861. Elle a pour but : 1° la culture et le progrès de la vie musicale en Allemagne ; 2° la défense et l'amélioration de la situation sociale et professionnelle des artistes musiciens ; 3° la protection des artistes dans le besoin et leurs héritiers.

Au festival de Krefeld, outre les concerts consacrés à des œuvres nouvelles de jeunes musiciens ou à de belles œuvres anciennes rarement exécutées, il y avait une séance réservée à l'étude des intérêts professionnels ; le programme était : la protection de la création artistique.

Après les allocutions du président et des représentants du gouvernement, le conseiller ministériel Klauer, pour le ministre de la Justice, M. Marcus, pour le Conseil économique du Reich, on a entendu : le célèbre compositeur Hans Pfitzner, qui a parlé pour la prolongation du droit d'auteur à cinquante ans après la mort de l'auteur et s'est expliqué spirituellement sur le droit qu'on propose de reconnaître aux exécutants ; puis l'avocat Rosenberger, qui a traité de nombreuses questions d'actualité intéressant les musiciens, notamment l'interprétation restrictive et même la limitation de la cession, par un compositeur, de ses droits à un éditeur, le prétendu droits des exécutants, ce qu'il faut entendre par arrangements de musique susceptible de constituer un droit, la prolongation de la durée du droit d'auteur à cinquante ans après la mort, les questions concernant les machines parlantes et la radiophonie. Ensuite, la communication de M. Georges Maillard, sur l'unification de la durée, puis les observations de M. Cahn-Speyer pour justifier le droit des exécutants.

La séance s'est terminée par l'adoption d'un vœu unanime, tendant, en première ligne, à l'unification de la durée du droit d'auteur à la vie de l'auteur et cinquante ans après sa mort et à la protection de l'œuvre, après l'expiration du droit privatif, contre toute défiguration et mutilation.

Il a été émis, dans les mêmes conditions, le vœu qu'on assure à l'artiste exécutant une protection légale contre l'exploitation abusive de ses productions.)

ANNEXE X

Proposition de suppression de l'article 6 de la Convention de Berne revisée

PAR

M. E. HALPÉRINE-KAMINSKY
Homme de Lettres

Commençons par rappeler les termes de l'article 6 de la Convention de Berne en vigueur :

« Les auteurs ne ressortissant pas à l'un des pays de l'Union, qui publient pour la première fois leurs œuvres littéraires ou artistiques dans l'un de ces pays, jouissent, dans ces pays, des mêmes droits que les auteurs nationaux ainsi que des droits accordés par la présente Convention. »

L'article étant transcrit, je demande aux juristes, à ceux particulièrement qualifiés qui se sont dévoués à la cause du droit d'auteur, de bien vouloir indiquer en vertu de quel principe de *droit*, j'insiste sur le terme *droit*, est justifié cet article d'une Convention internationale qui a pour base le principe de *réciprocité*. J'ai vainement cherché l'explication de ce non-sens juridique dans les comptes rendus des Congrès tenus depuis plus de quarante ans par l'Association littéraire et artistique internationale, avant et après l'établissement de l'Union de Berne en 1886.

Bien mieux : cet article 6 (ancien 3 de la Convention de 1886) est à l'opposé de la raison d'être même de l'Union de Berne, qui s'était formée dans le but d'universaliser la protection des droits des écrivains et artistes et qui poursuit d'année en année une âpre lutte en vue d'obtenir l'adhésion de nouvelles recrues. Car, quel intérêt — il s'agit bien *d'intérêt* dans le cas présent, et non de droit, de morale internationale — auraient les pays récalcitrants d'adhérer à l'Union de Berne, alors que, par l'application de l'article 6, leurs auteurs peuvent acquérir du coup tous les droits d'auteurs à l'étranger, ceux que les ressortissants de vingt-cinq pays les plus civilisés formant l'Union eurent tant de peine et mirent un si long temps à obtenir, tandis que les récalcitrants conservent toute liberté de piller en masse les écrivains et artistes étrangers, et ils ne s'en privent pas, on ne le sait que trop.

Fait singulier : les Congrès littéraires et les Conférences diplomatiques successive s'évertuent à provoquer la revision de la législation intérieure sur le droit d'auteur, dans chaque État de l'Union, dans le sens de l'unification des droits des auteurs unionistes; c'est à grand'peine et fort lentement qu'on avance vers cet idéal, en admettant, pour maintenir l'Union, des réserves sur tel ou tel article de la Convention, qui s'imposent à certains de ses membres, précisément en raison des différences des législations intérieures des pays de l'Union. Et voici que, par la magie de l'article 6, les pays n'appartenant pas à l'Union, et parmi eux ceux qui se livrent le plus souvent à la piraterie, acquièrent du coup, en guise de récompense, la protection la plus étendue à l'étranger, en publiant simplement pour la première fois les œuvres de leurs ressortissants sur le territoire du pays de l'Union qui accorde le maximum de droits aux auteurs. C'est ainsi que, par un paradoxe aussi absurde que néfaste pour l'œuvre même de l'Union, non seulement on encourage les pirates à continuer leurs méfaits, mais encore on leur crée une situation privilégiée parmi tous les pays honnêtes qui s'efforcent de protéger de plus en plus le droit sacré du créateur !

Encore un coup, pour quel motif? Je n'ai découvert à cet égard nul exposé de motifs de cet article numéroté 3 dans la Convention de 1886, ni de celui devenu numéro 6 dans la Convention revisée de 1908. Autre singularité et plus significative encore : le long de tous nos Congrès et des conférences diplomatiques au cours desquels l'on passait au crible tous les autres articles, les congressistes et les diplomates passaient obstinément sous silence l'article en question, semblant détourner pudiquement les yeux d'une vérité trop crue, tout en la laissant planer haut au-dessus du puits.

Les motifs inavoués étaient, en effet, inavouables, parce qu'ils n'avaient rien de commun ni avec le droit international, ni avec l'honnêteté, ni avec l'intérêt des écrivains et artistes de l'Union et même hors l'Union. C'est la rédaction de l'article 3 de la Convention de 1886 qui nous donne le *mot* de l'énigme, c'est bien le cas de le dire. Le voici :

« Art. 3. — Les stipulations de la présente Convention s'appliquent aux *éditeurs* d'œuvres littéraires ou artistiques publiées dans un des pays de l'Union et dont l'auteur appartient à l'un des pays qui n'en fait pas partie. »

Cette clause a donc été introduite en faveur des éditeurs qui prêtent leurs services aux auteurs dont les pays d'origine refusent obstinément d'adhérer à l'Union de Berne, afin de leur permettre de continuer à se livrer librement à leurs coupables pratiques au détriment des auteurs du reste du monde civilisé, tout en profitant de la protection de la propriété intellectuelle de leurs auteurs à l'étranger, par la complicité intéressée des éditeurs des pays de l'Union. Quel rapport ont ces manœuvres obliques, pour ne pas employer un terme plus direct, avec le droit d'auteur, l'équité, l'intérêt honnête, la logique, le simple bon sens, qui ont inspiré la création de l'Union de Berne? On conçoit leur attitude pudique en face de la clause néfaste; mais l'on ne s'explique pas leur inertie prolongée à réagir contre elle dans le sens du droit et de la morale.

On a bien modifié l'article 3, en lui attribuant le numéro 6 de la Convention revisée, en substituant au terme « éditeur », cyniquement étalé au seuil même de la Convention de 1886, celui d' « auteur », simplement parce que c'est bien l'auteur qui est à l'origine de son droit. Mais cela ne change rien à l'effet énoncé de l'article : il subsiste entièrement.

Cependant, il y eut çà et là, au cours de nos Congrès, de timides protestations contre les effets de cet article. La plus caractéristique était celle de la Suède, parce que ce sont ses *éditeurs* qui ont demandé la suppression pure et simple de l'article, alors 3. C'était au Congrès de Mayence, tenu en octobre 1908, où l'on examinait les articles de la « Proposition présentée par le gouvernement allemand à la Conférence de Berlin de 1908 ». Nous arrivons à l'article 3, et voici ce que nous lisons à la page 47 du compte rendu :

« Monsieur le président (Georges Maillard) donne lecture de l'article 3 du projet allemand, qui ne fait que préciser par un changement de rédaction la portée de l'article actuel. Les éditeurs suédois ont demandé la suppression absolue de l'article 3 qui, suivant eux, désintéresse les écrivains russes et américains d'insister pour l'adhésion de leurs pays à la Convention d'Union, puisqu'ils en ont tous les avantages en faisant éditer leurs œuvres d'abord dans un pays de l'Union.

« Mais la question n'est pas au programme de Berlin, et, sans doute, les *éditeurs allemands*, à qui les Russes et les Autrichiens s'adressent pour tirer profit de l'article 3 de la Convention, n'en accepteraient pas la suppression. »

(L'article 3 est adopté *sans discussion.*)

C'est donc, sans doute possible, au profit purement commercial des éditeurs et particulièrement d'un seul pays unioniste, de l'Allemagne, que l'article 3 est maintenu. Les congressistes de Mayence, en hôtes de l'Allemagne, étaient certes quelque peu gênés de préciser ce fait évident, dans les termes qu'il méritait. Mais cela ne justifie toujours pas le vote du maintien du fameux article, et « sans discussion » !

Mais voici qui est plus explicite encore. Au cours de mes recherches opiniâtres, j'ai découvert enfin, dans les comptes rendus du Congrès de Scheveningen-La Haye, tenu en juillet 1913, une « discussion », bien qu'encore rapide et écourtée, cette fois, sur l'article 6 de la Convention de Berne revisée. Cet échange d'idées révèle des graves inconvénients de l'article 6 quant aux rapports normaux entre les États unionistes eux-mêmes. Le président, M. Georges Maillard, « résume l'état de la question », lit-on à la page 27, « indique qu'elle vise spécialement les États-Unis et la Grande-Bretagne ». Le président lit l'article 6 et ajoute :

« Cette formule permet, par exemple, aux ressortissants des États-Unis, de faire protéger leurs œuvres littéraires au Canada en s'arrangeant pour publier pour la première fois ces œuvres en Angleterre; tandis qu'inversement les œuvres canadiennes ne reçoivent aux États-Unis qu'une protection vraiment insuffisante. Le Bureau de la protection intellectuelle, à Berne, a fait procéder à une enquête, dont il semble résulter *que l'abrogation de cet article ne rencontrerait pas de difficultés insurmontables.* M. Rœthlisberger, dans son rapport, s'y est montré *favorable.* »

« En France, les Sociétés compétentes ont admis la possibilité de supprimer l'article 6. »

Après d'autres interventions, M. Osterrieth, délégué allemand, fait remarquer que l'article 6 « constitue la protection de *l'éditeur*, abstraction faite de la personne de l'auteur », et qu'il y a « *des intérêts économiques* qui doivent être respectés », car l'abrogation de l'article 6 « préjudicierait aux éditeurs ». Le délégué allemand ajoute, enfin : « Quels ont été maintenant les résultats pratiques de cette disposition ? Ils n'ont peut-être pas été ce que l'on attendait. On pensait que les œuvres des pays non-unionistes afflueraient pour se faire publier dans les pays de l'Union et on se heurtait à ce fait que l'auteur a toujours plus d'avantages à publier l'œuvre dans son propre pays. Cependant, les Russes ont beaucoup publié en Allemagne, et les Autrichiens aussi. Les Autrichiens constatent que le centre d'édition se déplace en Europe et tend à se fixer au profit de

Leipzig et de Paris. Au moment où cette politique *large* et *généreuse* (ah ! la vertu des mots !) commence à porter des fruits, il serait inopportun d'y renoncer. »

On ne dit pas par quel subterfuge compliqué cette politique « généreuse » porte des fruits. Le certain est que l'article 6 est toujours maintenu au seul profit de la librairie allemande, et au détriment aussi certain de la protection des droits de l'ensemble des auteurs unionistes, formant obstacle à l'extension même de l'Union de Berne.

Enfin, une question de droit se pose, la seule qui doit se poser en l'occurrence. Un auteur peut-il céder un droit qu'il ne possède pas lui-même ? Ces cas se présentent plus souvent qu'on ne se l'imagine. Je vais citer un cas personnel, parce qu'on ne connaît bien que ce qu'on éprouve par soi-même et que, sans la réponse naturellement négative des tribunaux français, j'ai failli être la première victime de l'application de l'article 6 par des éditeurs russes.

On sait qu'avant 1911, année de la promulgation de la nouvelle loi russe sur la propriété intellectuelle, les auteurs nationaux mêmes ne possédaient en Russie que des droits fort limités sur leurs œuvres et, notamment, nul droit à la traduction de celles-ci. Or, les éditeurs allemands de Maxime Gorki ont cherché, par application de l'article 3 de la Convention de Berne (c'était en 1903), à obtenir sur la pièce de Gorki, *Dans les bas-fonds*, le droit exclusif à la traduction dans le territoire de l'Union de Berne. A cette fin, voulant évidemment créer un précédent par leur manœuvre oblique, ils m'ont tendu un véritable guet-apens, en publiant deux éditions concurrentes du texte russe des *Bas fonds*, l'une à Saint-Pétersbourg, l'autre à Munich, sans mentionner sur l'édition de Saint-Pétersbourg la réserve de la première publication de l'œuvre sur le territoire de l'Union de Berne. J'ai dit « guet-apens », car, suivant mes habitudes, j'avais demandé à deux reprises à Gorki l'autorisation, bien que n'y étant pas tenu juridiquement, de traduire et de publier sa pièce en français ; je n'ai reçu aucune réponse, m'avertissant tout au moins de l'application de l'article 3 à son œuvre. J'ai appris, par la suite, de Gorki lui-même et par des pièces documentaires, que ses éditeurs allemands l'avaient prié de ne me rien répondre et de les laisser agir.

Mais la question n'est pas là : je rappelle ces faits uniquement pour montrer à quels procédés perfides peut pousser l'existence même de l'article 6, non fondé sur le droit pur. Bref, après deux ans de procédure devant les tribunaux français, j'ai réussi à prouver l'antériorité de la publication de Saint-Pétersbourg sur celle de Munich et, par suite, la non-application des termes de l'article évoqué.

Mais c'était là du superflu. Ce qui importe ici, c'est le principe du droit sur lequel est fondée la sentence de la Cour de Paris et par laquelle elle a débouté mes adversaires de leur action. La Convention de Berne, comme d'ailleurs le décret français du 28 mars 1852, également visé par les poursuivants, a jugé la Cour de Paris, ne fait que *protéger* les droits de tout auteur qu'il *possède* réellement dans son pays d'origine ; ni l'un ni l'autre acte juridique ne sauraient lui *créer des droits nouveaux*. C'est la logique même, car quel que soit le domaine dans lequel s'exerce le droit à la propriété, nul ne peut céder ni transmettre de droits qu'il ne possède pas lui-même. L'auteur russe, ne possédant pas dans son pays le droit à la traduction exclusive, n'était pas qualifié à le céder aux éditeurs allemands ou de tout autre pays.

Et voici qu'il se présente à l'heure actuelle un cas plus démonstratif encore, toujours fourni par la Russie. L'article 6 a séduit jusqu'au gouvernement des Soviets, qui pourtant ne reconnaît pas la propriété privée et a « socialisé » jusqu'à celle des auteurs et artistes, propriété qui doit être pour lui aussi, et même surtout, la plus sacrée, puisqu'elle n'est et ne saurait être le produit de l'exploitation du travail d'autrui.

Or, par ses « arrêtés » du 30 janvier 1925 et du 11 octobre 1926, — car Leurs Majestés les Soviets procèdent de même à coups d'arrêtés ou de décrets, à l'exemple de cet autre « fait du prince » qu'est le décret de 1852, dû à la lubie du fauteur du coup d'État de la même année, et non à la délibération refléchie d'une assemblée compétente, — le gouvernement soviétique limite à tel point les droits des auteurs et artistes russes et étrangers que, à proprement parler, ils sont inexistants. Notamment le paragraphe *a*) de l'article 4, celui concernant la traduction et qui doit être visé plus particulièrement ici, déclare :

« N'est pas considéré comme violation du droit d'auteur : *a*) la traduction, en une autre langue, d'une œuvre appartenant à une autre personne. »

Au reste, à quoi bon spécifier, puisque le droit qui règne dans le reste du monde civilisé est méconnu par la « dictature du prolétariat » et que ses arrêts ou décrets sont révocables à tout instant par son bon plaisir. Il n'empêche qu'elle nous a dit en paraphrasant la fameuse formule : « En vertu de vos principes, nous exigeons la protection des droits de nos écrivains et artistes chez vous ; en vertu de nos principes, nous vous la refusons chez nous. »

En effet, voici que, par application de l'article 6, le gouvernement soviétique a cédé à des éditeurs allemands (toujours) le droit à la publication et à la traduction des œuvres demeurées inédites de Dostoïevsky, dont il avait dépossédé les héritiers ; de cette façon, gouvernement et éditeurs sont seuls à en tirer les bénéfices, les véritables ayants droit étant spoliés au mépris de l'esprit même de la Convention de Berne servant de base au contrat.

Voilà à quelle farce odieuse aboutit le maintien de l'article 6 de la Convention de Berne revisée. Il doit bien sembler à tous les juristes conséquents avec eux-mêmes, à tous les honnêtes gens, que cet outrage au droit, à l'équité, à la logique, à l'intérêt véritable de tous les auteurs et de leurs ayants droit, a assez duré. Et si, pour des raisons de diplomatie qui m'échappent, la suppression pure et simple du malencontreux article paraissait encore prématurée, — voici quarante ans qu'elle continue à le paraître, — du moins conviendrait-il de neutraliser ses effets néfastes par l'adjonction de la clause de réciprocité, base de tout accord. Une convention est, en effet, bilatérale par fonction, déterminant les droits et les devoirs *réciproques* convenus entre deux ou plusieurs parties contractantes.

Je crois donc utile de proposer à cet effet la formule suivante se plaçant en fin d'article :

« Bénéficieront des termes du présent article seuls les auteurs qui dans leurs pays d'origine jouissent eux-mêmes des droits d'auteurs équivalents à ceux accordés par la présente Convention aux auteurs des pays de l'Union de Berne et dans le cas où la réciprocité de ces droits y est assurée aux auteurs étrangers. »

Je sens l'imperfection de ma rédaction de la formule à adjoindre, et je laisse le soin d'en établir une définitive à ceux mieux qualifiés dans le choix des termes juridiques appropriés.

Je regrette, enfin, de ne pouvoir, pour raison de force majeure, aller à Lugano défendre mes suggestions, s'il en était besoin. Mais il me semble qu'elles sont amplement et nettement exposées pour des esprits préoccupés uniquement de faire prévaloir le droit et la vérité, tels que le sont les membres avertis de notre Association. Ils s'y emploieront avec plus d'efficacité que moi.

COMPTE RENDU DES RÉCEPTIONS

Les Congressistes sont arrivés à Lugano le jeudi 2 juin à midi. Ils ont été reçus à la gare : par M. Ostertag, directeur du Bureau international pour la protection des œuvres littéraires et artistiques à Berne; par M. Bénigne Mentha, secrétaire dudit Bureau, et par des membres du Comité exécutif de l'Association, qui les avaient précédés à Lugano.

Grâce au concours de M. Petrolini, président de la Société Pro-Lugano, et de M. Isella, secrétaire de cette Société, les Congressistes avaient eu leurs logements préparés dans divers hôtels de la ville.

Le vendredi 3 juin, un déjeuner champêtre a été offert aux Congressistes à Caprino, petit village délicieusement situé sur les bords du lac, en face de Lugano. La municipalité de Lugano, qui avait bien voulu convier les Congressistes à ce déjeuner, était représentée par le Syndic de la Ville, M. Aldo Veladini, qui, en termes excellents, salua l'œuvre de l'Association littéraire et artistique internationale, si féconde dans le passé, si importante pour l'avenir.

Une promenade dans des canots automobiles permit ensuite aux Congressistes d'admirer les rives si belles du lac.

Ont pris part à l'excursion : Mmes Barone, Baum, Bede, Boutet, Demousseaux, Dommange, Fernand Jacq, Foà, Kopsche, Lelièvre, Servin, Taillefer, Tarlet, Raymond Weiss; Mlles Gautschi, Izouard, Leclerc.

Le samedi 4 juin, un banquet fut offert dans les salons du Lloyd Hotel par le Conseil d'État du Tessin; M. le président Francesco Chiesa, recteur du Lycée cantonal, salua les délégués en un discours plein de poésie et d'éloquence et rappela l'importance de l'Association littéraire et artistique internationale dans le développement des relations internationales. M. Georges Maillard remercia au nom de tous et tous, en évoquant le souvenir de M. Comtesse, qui, après avoir, comme conseiller d'État du canton de Neuchâtel, souhaité la bienvenue dans son canton à l'Association, devint directeur du Bureau international de Berne, un des prédécesseurs de M. Ostertag.

Le dimanche 5 juin, grâce à la parfaite organisation due à l'initiative de MM. Petrolini et Isella, les Congressistes purent, par bateau et train spécial, monter au Monte Generoso. Le temps était superbe, le panorama sur les Alpes et les lacs, magnifique.

En quittant Lugano, le soir même, les délégués emportaient de ce séjour un souvenir durable. L'accueil qu'ils avaient reçu leur avait montré, une fois de plus, avec quelle intensité était comprise l'œuvre de l'Association littéraire et artistique internationale.

RÉSOLUTIONS DE LA RÉUNION DE LUGANO

L'Association littéraire et artistique internationale, réunie à Lugano les 2, 3 et 4 juin 1927 pour étudier la revision de la Convention d'Union de Berne, applaudit au programme préparé par l'Administration italienne et le Bureau de Berne.

Elle se réjouit unanimement d'y trouver : 1° le vœu de la suppression de cette faculté de réserve qui, introduite par l'article 25 du texte de Berlin, permet aux pays adhérents de choisir dans les trois versions successives de la Convention (1886, 1896, 1908) les articles qui leur conviennent et enlève ainsi à la Convention sa force d'unification; 2° l'unification effective de la durée du droit d'auteur à la vie de l'auteur et à cinquante ans après sa mort, et pour les œuvres en collaboration à cinquante ans après la mort du dernier survivant des collaborateurs; 3° la protection des œuvres quels qu'en soient le mérite et la destination, notamment la protection des arts appliqués à l'industrie; 4° la protection du droit des auteurs à l'égard des communications radiophoniques.

Elle repousse toutefois les propositions qui tendent à insérer dans la Convention d'Union de Berne des dispositions concernant le droit des exécutants, car elle estime que ces dispositions ne rentrent pas dans le cadre de ladite Convention.

Elle estime qu'il y a lieu : 1° de compléter la protection des œuvres photographiques; 2° de supprimer l'article 6 de la Convention revisée à Berlin, qui assure aux auteurs n'appartenant pas à l'un des pays de l'Union le bénéfice de la Convention s'ils ont publié leurs œuvres pour la première fois dans un des pays de l'Union, ou, tout au moins, d'insérer dans la Convention le protocole additionnel du 20 mars 1914, qui donne aux États la faculté de restreindre la protection des œuvres dont les auteurs, au moment de la première publication, ne sont pas domiciliés effectivement dans l'un des pays de l'Union et sont sujets ou citoyens d'un pays qui ne protège pas d'une manière suffisante les œuvres des auteurs ressortissant à l'Union; 3° de remanier l'article 9 concernant les articles de journaux; 4° de régler d'une manière uniforme les conditions dans lesquelles, d'une part les citations, d'autre part les emprunts pour les ouvrages d'enseignement sont autorisés; 5° de remanier l'article 14 concernant la cinématographie; 6° de préciser que, dans les pays où la durée du droit d'auteur sera prolongée, cette prolongation profitera aux héritiers de l'auteur même si la durée fixée précédemment était expirée, sous réserve des droits acquis pendant la période où l'œuvre était dans le domaine public, et de déterminer ce qu'il faut entendre exactement dans ce cas par droits acquis; 7° de supprimer expressément dans l'article 25 la faculté de réserve.

Les nouveaux textes de la Convention d'Union seraient à rédiger en ces termes :

Art. 2. — (1) *Les* œuvres littéraires et artistiques comprennent toutes *les* productions du domaine littéraire, scientifique *et* artistique, quel qu'en soit le mode ou la forme *d'expression*, telles que : les livres, brochures et autres écrits; les œuvres dramatiques ou dramatico-musicales, les œuvres *photographiques, cinématographiques, radiophoniques*, chorégraphiques et les pantomimes dont la mise en scène est fixée par écrit ou autrement; les compositions musicales, avec ou sans paroles; les œuvres de dessin, de peinture, d'architecture, de sculpture, de gravure, de lithographie *et des arts appliqués à l'industrie*; les illustrations, les cartes géographiques; les plans, croquis et ouvrages plastiques relatifs à la géographie, à la topographie, à l'architecture ou aux sciences.

(2) Sont *également* protégés, sans préjudice des droits de l'auteur de l'œuvre originale, les traductions, adaptations, arrangements de musique et toutes autres reproductions transformées *des œuvres visées au numéro 1 du présent article*, ainsi que les recueils de différentes œuvres.

(3) *Les* œuvres mentionnées ci-dessus, *quels qu'en soient le mérite ou la destination, jouissent de la protection dans tous les pays de l'Union.*

Art 3. — (1) La présente Convention s'applique aux œuvres photographiques et aux œuvres obtenues par un procédé analogue à la photographie. *Ces œuvres jouissent de la protection dans tous les pays de l'Union.*

(2) *La durée de la protection sera au minimum de vingt ans à compter de la création de l'œuvre, date qui sera inscrite sur l'œuvre, ainsi que le nom ou la marque de l'auteur.*

(3) *Dans le cas où l'œuvre ne porte pas les indications exigées à l'alinéa 2, et si cette œuvre a été reproduite, la reproduction ne sera pas considérée comme délictueuse, sauf à l'auteur ou à ses ayants droit à faire la preuve de la mauvaise foi.*

Art. 4. — (1) Les auteurs ressortissant à l'un des pays de l'Union jouissent, dans les pays autres que le pays d'origine de l'œuvre, pour leurs œuvres, soit non publiées, soit publiées pour la première fois dans un pays de l'Union, des droits que les lois respectives accordent actuellement ou accorderont par la suite aux nationaux, ainsi que des droits spécialement accordés par la présente Convention.

(2) La jouissance et l'exercice de ces droits ne sont subordonnés à

aucune formalité; cette jouissance et cet exercice sont indépendants de l'existence de la protection dans le pays d'origine de l'œuvre. Par suite, en dehors des stipulations de la présente Convention, l'étendue de la protection ainsi que les moyens de recours garantis à l'auteur pour sauvegarder ses droits se règlent exclusivement d'après la législation du pays où la protection est réclamée.

(3) Est considéré comme pays d'origine de l'œuvre : pour les œuvres non publiées, celui auquel appartient l'auteur; pour les œuvres publiées, celui de la première publication, *sauf le cas où l'œuvre a été publiée la même année* dans plusieurs pays de l'Union; *dans ce dernier cas*, celui de *ces pays* dont la législation accorde la durée de protection la plus *longue*. Pour les œuvres publiées *la même année* dans un pays étranger à l'Union et dans un pays de l'Union, c'est ce dernier pays qui est exclusivement considéré comme pays d'origine.

(4) Par œuvres publiées, il faut, dans le sens de la présente Convention, entendre les œuvres éditées. *Par exemple*, la représentation d'une œuvre dramatique ou dramatico-musicale, l'exposition d'une œuvre d'art, la construction d'une œuvre d'architecture ne constituent pas une publication.

Art. 7. — (1) La durée de la protection accordée par la présente Convention comprend la vie de l'auteur et cinquante ans après sa mort.

(2) *Si le droit d'auteur appartient dès l'origine à une personne morale, il expire cinquante ans après la date de la première publication de l'œuvre.*

(3) Pour les œuvres posthumes *et* pour les œuvres anonymes[1], la durée de la protection est réglée par la loi du pays où la protection est réclamée, sans que cette durée puisse excéder la durée fixée dans le pays d'origine de l'œuvre.

(4) *Les droits des ayants cause d'un collaborateur prédécédé subsistent jusqu'à l'expiration des droits du dernier survivant des collaborateurs.*

Art. 9. — (1) Les romans-feuilletons, les nouvelles et toutes autres œuvres soit littéraires, soit scientifiques, soit artistiques, quel qu'en soit l'objet, publiés dans les journaux ou recueils périodiques d'un des pays de l'Union ne peuvent être reproduits dans les autres pays sans le consentement des auteurs.

(2) *Les articles de discussion politique, économique ou religieuse pourront* être reproduits *de journal à journal*, si la reproduction n'en est pas expressément interdite. Toutefois la source (*nom, date, numéro du journal et nom de l'auteur, s'il est connu*) doit *toujours* être indiquée; la sanction de cette obligation est déterminée par la législation du pays où la protection est réclamée.

(3) La protection de la présente Convention ne s'applique pas

1. Suppression des mots *ou pseudonymes*.

aux nouvelles du jour ou aux faits divers qui ont le caractère de simples informations de presse.

Art. 10. — (1) *Dans toute œuvre ayant un caractère de critique, de polémique ou d'enseignement, il est licite d'inclure des analyses ou de courtes citations textuelles de toute production littéraire, scientifique ou artistique, sous la condition toutefois que la production analysée ou citée ait été déjà publiée.*

(2) Pour les chrestomathies, *anthologies et tous ouvrages d'enseignement, il est licite de faire des emprunts aux œuvres littéraires, artistiques ou scientifiques déjà publiées, à condition que la totalité des emprunts faits à une seule œuvre n'excède pas trois pages de l'édition originale de cette œuvre, ou, en tout cas : la moitié au plus de cette œuvre, s'il s'agit d'une œuvre scientifique ou littéraire ; une page ou le quart au plus de l'œuvre, s'il s'agit d'une œuvre musicale ; dans ce dernier cas l'œuvre ne peut jamais être insérée dans une autre composition musicale.*

Tous les emprunts reconnus licites doivent être entièrement conformes au texte original et accompagnés de l'indication exacte de la source (titre de l'œuvre, nom de l'auteur et de l'éditeur s'ils sont connus).

(3) *La reproduction totale ou partielle des œuvres des arts graphiques et plastiques n'est licite que si elle a lieu, par les procédés des arts graphiques, dans les publications ayant un caractère critique ou scientifique ou d'enseignement, et si ces œuvres ont été déjà livrées au public.*

(4) *Les États contractants pourront subordonner au payement d'une redevance l'exercice du droit d'emprunt défini aux numéros 2 et 3 du présent article.*

Art. 11 *bis.* — (1) *Les auteurs d'une production du domaine artistique, littéraire, cinématographique ou scientifique jouissent du droit exclusif d'en autoriser la communication au public ou la diffusion par la télégraphie ou la téléphonie avec ou sans fil ou par tout autre moyen analogue servant à transmettre les sons ou les images.*

(2) *Toute émission et toute diffusion, directe ou indirecte, constituent la communication au public prévue à l'alinéa qui précède.*

Art. 13. — (1) Les auteurs d'œuvres musicales ont le droit exclusif d'autoriser : *a*) l'adaptation de ces œuvres à *tous* instruments servant à les reproduire mécaniquement ; *b*) l'exécution publique des mêmes œuvres au moyen de ces instruments.

(2-3) La disposition de l'alinéa 1 n'a pas d'effet rétroactif et, par suite, n'est pas applicable dans un pays de l'Union aux *réalisations matérielles d'adaptations licites, faites antérieurement à la mise en vigueur de la présente Convention ou en cours d'exécution lors de cette mise en vigueur* [1].

(4) Les adaptations faites en vertu *du numéro* 2 du présent article

1. L'alinéa 2 disparaît. Nous avons désigné par 2-3 l'alinéa suivant pour ne pas modifier le numérotage.

et importées sans autorisation des parties intéressées, dans un pays où elles ne seraient pas licites, pourront y être saisies.

Art. 14. — (1) *Les œuvres cinématographiques sont protégées au même titre que les œuvres littéraires, artistiques ou scientifiques.*

(2) *Les auteurs d'œuvres littéraires, artistiques ou scientifiques ont le droit exclusif d'autoriser la reproduction, l'adaptation et la présentation publique de leurs œuvres par la cinématographie.*

(3) *L'œuvre cinématographique est constituée d'une façon intangible par le positif de montage définitif du film.*

(4) *Le droit d'auteur sur l'œuvre cinématographique appartient aux créateurs intellectuels du film. Seul l'auteur initial conservera la propriété exclusive de son sujet pour toutes autres formes d'utilisation.*

(5) *L'œuvre cinématographique ne pourra être présentée et affichée qu'accompagnée du nom de ses créateurs intellectuels* [1].

Art. 18. — (1) *Le nouveau délai de protection établi par l'article 7 de* la présente Convention s'applique *même aux* œuvres qui, au moment de l'entrée en vigueur *de ladite Convention dans un pays de l'Union, étaient déjà* tombées dans le domaine public, *en raison de* l'expiration de la durée de protection *accordée sous le régime antérieur.*

(2) *Toutefois, seront considérées comme licites les éditions et reproductions antérieures à la mise en vigueur de la présente Convention ou en cours d'exécution lors de ladite mise en vigueur.*

(3) *Des modalités relatives à l'application de l'alinéa 1 peuvent être prévues par les arrangements particuliers existants ou à conclure entre pays de l'Union ou par la législation de chaque pays pour ce qui le concerne.*

(4) Les dispositions qui précèdent s'appliquent également *au* cas de nouvelles accessions à l'Union.

Art. 19. — Les dispositions de la présente Convention n'empêchent pas *les ressortissants de l'Union* de revendiquer l'application de dispositions plus larges qui seraient édictées par la législation d'un pays de l'Union [1].

Art. 29. — (1) La présente Convention sera mise à exécution trois mois après l'échange des ratifications et demeurera en vigueur pendant un temps indéterminé jusqu'à l'expiration d'une année à partir du jour où la dénonciation en aura été faite.

(2) Cette dénonciation sera adressée au gouvernement de la Confédération suisse. Elle ne produira son effet qu'à l'égard du pays qui l'aura faite, la Convention restant exécutoire pour les autres pays de l'Union.

(3) *A la suite de cette dénonciation, les œuvres étrangères protégées par la Convention dénoncée bénéficieront à l'avenir de la protection accordée aux œuvres nationales.*

1. Suppression des mots *en faveur des étrangers en général.*

***

Vœu à faire émettre par la Conférence de Rome

La Conférence émet le vœu que tous les pays signataires de la Convention de Berne inscrivent le plus tôt possible dans leurs législations respectives des dispositions formelles ayant pour objet de consacrer le droit moral des auteurs sur leurs œuvres.

Il apparaît désirable que ce droit soit déclaré *inaliénable* et que les modalités en soient fixées dans chaque pays d'une manière identique.

***

La Réunion de Lugano, en examinant la situation dans les divers pays, est heureuse de constater la formation de groupes nationaux en Roumanie, aux Pays-Bas, en Allemagne, en Pologne, en Autriche et en Tchécoslovaquie.

Mais elle constate avec peine les difficultés que l'on rencontre en certains pays pour faire respecter les droits reconnus par la Convention, notamment dans les cas qui ont été signalés pour l'Afrique du Sud et le Canada par le Congrès de la Confédération internationale des sociétés d'auteurs et compositeurs dramatiques à Rome, en mai 1927. Elle déplore que la section 2 (§ 3) de la loi anglaise de 1911 sur le *copyright* soit rédigée de telle sorte qu'un auteur dramatique ressortissant de l'Union, dont l'œuvre a été représentée sans son autorisation sur une scène anglaise, risque de ne pouvoir faire reconnaître son droit parce qu'il suffira au directeur du théâtre, pour éviter toute poursuite, d'objecter qu'il ignorait ou n'avait aucune raison plausible de supposer que les représentations en question étaient une transgression du *copyright*.

L'Association littéraire et artistique internationale émet le vœu que les législations nationales soient mises en harmonie avec la Convention de Berne et que les tribunaux de chacun des pays unionistes appliquent strictement la Convention dans sa lettre et dans son esprit.

***

La Réunion de Lugano donne mission au Comité exécutif de répandre le plus promptement possible les résolutions ci-dessus, de les communiquer aux gouvernements, d'agir par les groupes nationaux ou les adhérents des divers pays pour obtenir que les pays qui ont profité de la faculté de réserve renoncent à leurs réserves, et que les amendements souhaités par l'Association soient repris en temps utile par l'un ou l'autre des gouvernements pour être soumis à la Conférence de Rome. Il est à désirer aussi que les gouvernements puissent s'entendre par voie diplomatique sur les points essentiels, afin que les instructions des délégués permettent de rechercher sur ces points un accord définitif.

TABLE ANALYTIQUE

Afrique du Sud. — Proc.-verb., p. 36 et s., 39. Conférence à Krefeld, p. 125.
Allemagne. — Proc.-verb., p. 36.
Articles de presse. — Rap. *Darras*, p. 54. — Proc.-verb., p. 21 et s. — Roumanie, *rap. Mentha*, p. 86 et s.
Arts appliqués à l'industrie. — Rap. *Fernand-Jacq*, p. 40. — Proc.-verb., p. 15. — Suède, *rap. Mentha*, p. 100.
Autriche. — Observations du groupe autrichien, p. 102. — Proc.-verb., p. 36.
Bulgarie. — Proc.-verb., p. 38.
Canada. — Observations de l'Association anglaise des éditeurs de musique et de la « Performing Right Soc. Ltd », p. 109. — Proc.-verb., p. 17, 36 et s.
Chrestomathies. — Voir Citations.
Cinématographie. — Rap. *Dumoret*, p. 58. — Proc.-verb., p. 20, 21, 32 et s.
Citations et emprunts licites. — Rap. *Dommange*, p. 60. — Proc.-verb., p. 23 et s., 29 et s.
Collaboration. — Durée du droit [1]. — Proc.-verb., p. 21. — Cinématographie : *Rap. Dumoret*, p. 59 ; Proc.-verb., p. 33 et s.
Convention d'Union de Berne. — Travaux pour la revision à Rome: Rapports au nom des commissions constituées par le Comité exécutif, p. 40 ; rapports des groupes nationaux, p. 102 et s. ; procès-verbaux de la réunion de Lugano, p. 11 et s. (Voir article de presse, arts appliqués, cinématographe, citation et emprunts licites, collaboration, durée du droit d'auteur, exécution des œuvres musicales, instruments de musique mécaniques, photographie, représentation des œuvres dramatiques et dramatico-musicales, rétroactivité).
Conditions de protection (art. 4). — Rap. *Joubert*, p. 50. — Proc.-verb., p. 16.
Nationalité de l'œuvre (art. 6). — Mémoire de *Halpérine Kaminsky*, p. 132.
Portée de la Convention (art. 19). — Rap. *Beurdeley*, p. 82. — Proc.-verb., 135.
Dénonciation (art. 29). — Rap. *Beurdeley*, p. 85. — Proc.-verb., p. 35 et s.
Interprétation de la Convention. — Proc.-verb., p. 38.
(Voir Afrique du Sud, Canada, Roumanie.)
Conventions bilatérales. — Rap. *Mentha*, p. 94.
Droit de l'artiste sur son exécution. — Propositions du Bureau de Berne et du Gouvernement italien, pour la radiophonie (art. 11 *bis*, al. 2), proc.-verb., p. 27, et pour les instruments de musique mécaniques

1. Voir compte-rendu de Varsovie, p. 105 et 233.

(art. 13, al. 1 *bis*), proc.-verb., p. 28. — Rap. *Marcel Boutet*, p. 74 et 77[1].

Droit moral. — Proc.-verb., p. 36, 39.

Droit de suite. — Rap. *Mentha*, p. 99 et 100.

Durée du droit d'auteur. — Rap. *Joubert*, p. 52. — Proc.-verb., p. 19 et s. — Mémoire de l'Association anglaise des éditeurs de musique et de la « Performing Right Ltd », p. 109. — Conférence de M. Georges Maillard à l' « Allgemeiner Deutscher Musik Verein », p. 125.

Égypte. — Analyse du projet de loi égyptien, rap. *Mentha*, p. 90.

Emprunts licites. — Voir Citations.

Esthonie. — Rap. *Habasque*, 83, en note, et *rap. Mentha*, p. 93, en note.

États-Unis. — Rap. *Mentha*, p. 93. — Proc.-verb., p. 38, note 3.

Exécution des œuvres musicales. — Rap. *Alpi Jean-Bernard*, p. 68.

Grande-Bretagne et Dominions. — Proc.-verb., p. 37. — Mémoire de l'Association anglaise des éditeurs de musique et de la « Performing Right Soc. Ltd », p. 108 et s.

Grèce. — Réserve sur l'article 11 de la Convention d'Union, rap. *Alpi Jean-Bernard*, p. 69.

Instruments de musique mécaniques. — Rap. *Marcel Boutet*, p. 76. — Mémoire de l'Association anglaise des éditeurs de musique et « Performing Right Soc. Ltd », p. 109. — Mémoire de la Société générale internationale de l'édition phonographique, p. 111. — Mémoire de la Chambre syndicale de l'industrie et du commerce français des machines parlantes, p. 118.

Italie[2]. — Réserve sur l'article 11 de la Convention d'Union, rap. *Alpi Jean-Bernard*, p. 71. — Proc.-verb., p. 37.

Japon. — Réserve sur l'article 11 de la Convention d'Union, rap. *Alpi Jean-Bernard*, p. 71.

Lichtenstein (Principauté de). — Rap. *Mentha*, p. 94.

Œuvres littéraires, scientifiques et artistiques. — Définition, proc.-verb., p. 12 et s.

Œuvres pseudonymes. — Proc.-verb., p. 21.

Œuvres publiées pour la première fois en dehors de l'Union. — Note de M. *Halpérine-Kaminski*, p. 132. — Proc.-verb., p. 18. — (Voir Simultanéité.)

Pays-Bas. — Réserve sur l'article 11 de la Convention d'Union, rap. *Alpi Jean-Bernard*, p. 72. — Proc.-verb., p. 37.

Personnes morales. — Proc.-verb., p. 20, 21.

Photographie. — Rap. *Taillefer*, p. 45. — Proc.-verb., p. 15 et s.

Pologne. — Observations du groupe polonais, p. 105. — Proc.-verb., p. 37.

Radiophonie. — Rap. *Marcel Boutet*, p. 73. — Proc.-verb., p. 23, 25 et s. — Mémoire de l'Association anglaise des éditeurs de musique et

1. Voir opinion du professeur Hans Pfitzner, analysée dans *le Droit d'auteur*, n° du 15 septembre 1927, p. 108, et observations de la rédaction.

2. Voir dans *le Droit d'Auteur* du 16 septembre 1927 le décret-loi du 1er juillet 1926 (p. 101), qui prévoit au budget un chapitre spécial pour l'encouragement des auteurs et l'exécution des œuvres de valeur, et l'interprétation du décret-loi du 13 janvier 1927 (p. 112), qui prescrit que toute prolongation ultérieure éventuelle de la durée du droit d'auteur profitera exclusivement aux auteurs, à leurs héritiers et à leurs légataires.

« Performing Right Soc. Ltd », p. 108. — Mémorandum de l'Union internationale de radiophonie, p. 122.
Représentation des œuvres dramatiques et dramatico-musicales. — Rap. *Alpi Jean-Bernard*, p. 68.
Réserves. — Mention de réserve (art. 4 de la Convention de Berne revisée à Berlin en 1908), p. 54 et 21 (art. 9 du texte de 1886), p. 68. — Réserves prévues par les législations intérieures (art. 13 du texte de 1908), p. 20, 27, 68. — Réserves formulées par les pays dans leur adhésion (art. 25 et 27 du texte de 1908) ; rap. *Habasque*, p. 83 ; rap. *Alpi Jean-Bernard*, p. 69, proc.-verb., p. 35 ; Mémoires de l'Association anglaise des éditeurs de musique et de la « Performing Right Soc. Ltd », p. 108.
Rétroactivité. — Rap. *Pfeiffer-Beurdeley*, p. 79. — Proc.-verb., p. 34 et s.
Roumanie. — Adhésion à la Convention de Berne, rap. *Mentha*, p. 86. — Loi roumaine, rap. *Mentha*, p. 88. — Proc.-verb., p. 37.
Russie. — Rap. *Mentha*, p. 100.
Serbes, Croates et Slovènes (Royaume des). — Voir *Yougoslavie.*
Simultanéité de publications. — Proc.-verb., p. 17. — Mémoire de l'Association anglaise des éditeurs de musique et de la « Performing Right Soc. Ltd », p. 108.
Suède. — Rap. *Mentha*, p. 100.
Tanger. — Rap. *Mentha*, p. 100.
Tchécoslovaquie. — Analyse de la loi, rap. *Mentha*, p. 95. — Proc.-verb., p. 37 et s. — Observations du groupe tchécoslovaque, p. 107.
T. S. F. — Voir *Radiophonie.*
Turquie. — Rap. *Mentha*, p. 90.
Yougoslavie. — Rap. *Mentha*, p. 90.

TABLE DES MATIÈRES

Réunion de Lugano. — Programme 5
Liste de présence 7

Procès-verbaux des séances

Première séance. — Jeudi, 2 juin (après-midi). — Revision de la Convention d'Union de Berne (art. 1-3). 11
Deuxième séance. — Vendredi, 3 juin (matin) (art. 4 à 7) 16
Troisième séance. — Vendredi, 3 juin (après-midi) (art. 7 à 13) . . 20
Quatrième séance. — Samedi, 4 juin (matin) (art. 10-14 à 29). . . . 29
Droit moral. 36
Situation dans les divers pays 36
Cinquième séance. — Samedi, 4 juin (après-midi). — Séance de clôture. 38

Rapports des commissions

La protection des œuvres des arts appliqués à l'industrie (art. 2 de la Convention d'Union), par M. Fernand Jacq. 40
Protection des œuvres photographiques, par M. André Taillefer. . 45
Conditions de protection et durée de protection, par M. Joubert. . 50
Les articles de presse, par M. Maurice Darras 54
Les œuvres cinématographiques, par M. J.-J. Dumoret 58
Citations et emprunts, par M. René Dommange 61
Droit de représentation et d'exécution des œuvres musicales, par M. Alpi Jean-Bernard 68
Radiophonie, par M. Marcel Boutet 73
Instruments de musique mécaniques, par M. Marcel Boutet 76
Rétroactivité, par MM. Marcel Beurdeley et Jacques Peiffer 79
Combinaison de la Convention avec les législations nationales, par M. Marcel Beurdeley. 82
Faculté de réserve, par M. Robert Habasque. 83
Dénonciation de la Convention, par M. Marcel Beurdeley 85

Annexes aux procès-verbaux

Annexe I

Sur les principaux événements relatifs au droit d'auteur. Rapport de M. Mentha 86

Annexe II

Observations présentées par le groupe national autrichien 102

Annexe III

Observations présentées par le groupe national polonais 104

Annexe VI

Remarques présentées par le groupe tchécoslovaque. 107

Annexe V

Mémoires de l'Association anglaise des Éditeurs de musique et de la « Performing Right Limited » 108

Annexe VI

Mémoire présenté par la Société générale internationale de l'Édition phonographique et cinématographique. 111

Annexe VII

Mémoire présenté au nom de la Chambre syndicale de l'industrie et du commerce français des machines parlantes. 118

Annexe VIII

Mémorandum présenté par l'Union internationale de radiophonie . 122

Annexe IX

Conférence faite à l'Assemblée de l' « Allgemeiner Deutscher Musik Verein » à Krefeld, par M. Georges Maillard 125

Annexe X

Proposition de suppression de l'article 6 de la Convention de Berne revisée, par M. E. Halpérine-Kaminsky 132

Compte rendu des réceptions. 138

Résolutions de la réunion de Lugano 139

Table analytique 145

Imprimerie J. Dumoulin, à Paris. — 379.10.27.

Association Littéraire & Artistique

INTERNATIONALE

Fondée en 1878 sous le patronage de Victor Hugo

Anciens présidents :

Louis ULBACH

Louis RATISBONNE

Eugène POUILLET

1878-1929

Fondateur :

Jules LERMINA

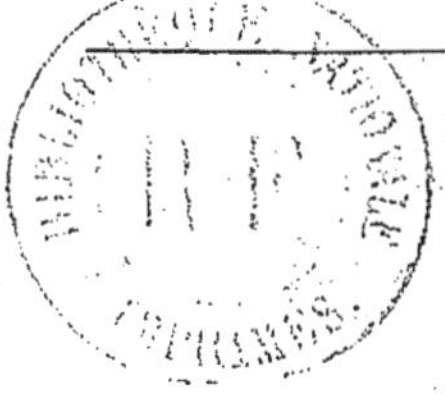

37e CONGRÈS

LE CAIRE

(23-28 DÉCEMBRE 1929)

Études pour l'élaboration d'une loi égyptienne sur le droit d'auteur

Conférence de M. Linant de Bellefonds 5

Projet de loi sur le droit d'auteur préparé par une Commission de juristes désignée par le ministre de la Justice 33

SIÈGE DE L'ASSOCIATION

HOTEL DU CERCLE DE LA LIBRAIRIE

117, Boulevard Saint-Germain, Paris, VIe

Études pour l'élaboration d'une loi égyptienne sur le droit d'auteur

Au Congrès de l'Association littéraire et artistique internationale en 1925, M. Ernest Eeman, ancien président de la Cour d'appel mixte d'Alexandrie, déposait une très intéressante note sur la situation en Égypte, au point de vue du droit d'auteur, sur la jurisprudence de la Cour d'appel mixte d'Alexandrie, et il concluait qu'il serait aisé de codifier cette jurisprudence, équitable et généreuse pour les auteurs, par l'accord du gouvernement égyptien et d'une assemblée législative composée, suivant la loi numéro 17 de 1911, de tous les conseillers de la Cour, du procureur général et d'un juge appartenant à une nationalité dont le gouvernement a adhéré à la réforme judiciaire et qui n'est pas représentée à la Cour. Et quand il publiait cette note en brochure, il avait la délicate attention d'y joindre le projet de loi-type de notre Association.

Mais, depuis, les événements ont évolué. Le 3 mars 1927, M. Maurice Linant de Bellefonds, conseiller royal au ministère de la Justice, donnait, à la section juridique de la Société royale d'économie politique, de statistique et de législation, une conférence qui est le meilleur des préambules à l'élaboration d'une loi sur le droit d'auteur.

En même temps, le ministre de la Justice chargeait une commission de juristes de préparer un projet de loi sur le droit d'auteur.

Nous publions ici le texte intégral de ce projet, en le faisant précéder des extraits de la conférence de M. Linant de Bellefonds, qui se composait de trois parties : 1° utilité d'une législation sur le droit d'auteur; 2° les accords internationaux; 3° quelques questions d'un intérêt particulier pour l'Égypte.

La première partie contient la dernière jurisprudence de la Cour d'appel mixte et les motifs pour l'élaboration d'une loi en Égypte; la seconde un historique et une analyse de la Convention d'Union de Berne et de l'œuvre de l'Association littéraire et artistique internationale; la troisième est une étude sur le droit de traduction, sur la reproduction des articles de journaux et sur la portée rétroactive de la loi qui interviendrait.

CONFÉRENCE

DE M. LINANT DE BELLEFONDS[1]

PREMIÈRE PARTIE

De l'utilité d'une législation sur le droit d'auteur

I. — Introduction

Je ne me propose pas de faire un exposé général des notions qui composent cette création toute moderne du droit qu'on appelait récemment encore « la propriété littéraire et artistique » et qu'on nomme aujourd'hui de préférence « le droit d'auteur ».

Mon intention n'est pas non plus d'étudier l'un ou l'autre des problèmes qui se posent à chaque instant dans cette matière si féconde.

J'essayerai seulement de déterminer comment se présente la question pour l'Egypte et suivant quelles formules elle pourrait être résolue.

Ce n'est pas la première fois qu'il est question du droit d'auteur à la Société d'Economie politique. Déjà en 1909, alors que notre Société était encore à ses débuts, Me Julien Schaar avait, dans une conférence très documentée, indiqué que, malgré l'absence de toute législation égyptienne aussi bien sur la propriété littéraire et artistique que sur la propriété industrielle, la jurisprudence des tribunaux mixtes était parvenue à déterminer quelques règles fondamentales assurant un certain degré de protection tant aux œuvres littéraires et artistiques qu'aux brevets d'invention et aux marques de fabrique [2]. Par contre il déplorait que la jurisprudence des tribu-

1. Conférence prononcée le 3 mars 1927 à la section juridique de la Société royale d'économie politique, de statistique et de législation.

2. Julien Schaar, *la Propriété littéraire, artistique et industrielle en Égypte*, dans *l'Égypte contemporaine*, t. I, p. 87 à 122.

naux indigènes se soit montrée plus timorée et n'ait pas cru pouvoir suppléer par son intervention à l'insuffisance des textes de la loi positive. A la décharge de cette dernière jurisprudence, il convient de noter que la Cour d'appel indigène était appelée à statuer en matière de cassation pénale et que, dans le domaine du droit pénal, il est de principe que l'on ne peut pas appliquer de peine sans un texte formel de la loi. La conférence de Me Julien Schaar était consacrée principalement à la propriété industrielle, il se préoccupait surtout de l'absence de protection où se trouvait cette dernière et il concluait en formant le vœu que le gouvernement, d'accord avec les Puissances Capitulaires, mît un terme à cet état de choses en élaborant une législation sur la matière, qui fût applicable à tous dans ce pays.

Deux années plus tard, en 1911, notre ancien président M. Piola Caselli, dans une conférence qu'il donnait ici sur le programme immédiat de la nouvelle assemblée législative, exprimait l'avis que la protection de la jurisprudence en ce qui concerne les droits intellectuels était tout à fait insuffisante et qu'une réglementation législative devait être considérée comme s'imposant à l'attention des pouvoirs publics [1]. Il revenait encore sur cette question dans une communication faite à l'Institut égyptien en 1916 [2]. Après avoir émis un doute sur la nécessité immédiate de légiférer relativement à la propriété littéraire et artistique, il insistait pour que, tout au moins en ce qui concerne les brevets d'invention et les marques de fabrique et de commerce, une législation fût préparée protégeant efficacement l'industrie et le commerce contre les trafiquants malhonnêtes qui vivent de la contrefaçon des marques de fabrique, et de la falsification du nom commercial et des indications de provenance.

Je ne me propose pas aujourd'hui d'aborder le sujet de la propriété industrielle, non pas que je diffère d'avis avec M. Piola Caselli et Me Schaar sur l'opportunité d'une réglementation législative de cette matière. La question a été posée par eux avec toute l'autorité désirable. Le développement du commerce et surtout de l'industrie en Egypte au cours de ces dernières années la maintiennent pour ainsi dire à l'ordre du jour, et il n'est pas douteux qu'elle reçoive sans trop de retard une solution appropriée. Mais l'objet de ma communication est restreint au droit d'auteur proprement dit, ou si l'on veut désigner ce droit d'une expression plus familière, quoique peut-être moins exacte, à la propriété littéraire et artistique.

Je voudrais montrer que, contrairement à ce qu'ont paru penser mes éminents devanciers, le temps est venu pour l'Egypte de suivre

1. Piola Caselli, *Aperçu sur le programme immédiat de la nouvelle Assemblée Législative*, dans l'*Égypte contemporaine*, t. III, p. 43 à 64.

2. Piola Caselli, *les Droits intellectuels et leur protection en Égypte*, *Bulletin de l'Institut égyptien*, série V, t. X, année 1916.

l'exemple des autres Etats en assurant aux créations de l'intelligence dans le domaine des belles-lettres, des sciences et des arts, une protection légale répondant d'une manière adéquate aux conceptions juridiques modernes et aux besoins de la vie intellectuelle d'aujourd'hui.

Déjà en 1916, au lendemain de la communication de M. Piola Caselli à l'Institut égyptien, la presse égyptienne, surtout, bien entendu, la presse arabe (mieux renseignée sur ce point et plus directement intéressée), avait été presque unanime à soutenir qu'une loi sur le droit d'auteur était urgente et nécessaire, en affirmant que les cas de contrefaçon et de pillage audacieux des œuvres étrangères et égyptiennes étaient très fréquents.

II. — Dernière jurisprudence de la Cour d'appel mixte

Depuis, la situation ne s'est pas modifiée. A l'occasion des quelques litiges qui lui ont été soumis au cours de ces dernières années, la Cour d'appel mixte a, bien entendu, affirmé de nouveau le principe qu'elle avait déjà admis, à savoir que, bien qu'il n'existe pas en Egypte de loi positive, les droits de l'auteur sur son œuvre ne doivent pas être méconnus, parce qu'ils ont leur fondement dans le droit naturel. Et s'appuyant sur la disposition de l'article 34 du règlement d'organisation judiciaire, titre premier, qui porte qu' « en cas de silence, d'insuffisance ou d'obscurité de la loi, le juge se conformera aux principes du droit naturel et aux règles de l'équité », elle a fait application, dans ces sortes de procès, des règles qui sont généralement admises par les lois ou les jurisprudences étrangères et qui lui ont paru justes et équitables.

Des divers arrêts rendus au cours de ces dernières années, j'en retiens deux qui sont particulièrement intéressants, tant à cause du caractère particulier des faits qui avaient donné naissance à l'action judiciaire qu'à cause de l'argumentation juridique développée par la Cour dans ses considérants.

Le premier a été rendu le 1er mai 1918 dans une affaire intentée par la Gramophone Co Ltd. contre les sieurs Boutros et Goubran Baida [1]. Il s'agissait de savoir si la Société demanderesse était en droit d'interdire aux défendeurs de reproduire par le moyen de disques phonographiques une série de chants arabes dont elle prétendait avoir acquis la jouissance exclusive en vertu de cessions à elle consenties par les compositeurs ou leurs héritiers. Dans cette affaire la Cour a estimé que le droit qui appartient incontestablement à l'auteur d'une œuvre d'en interdire toute reproduction ne peut prendre naissance qu'à condition que l'auteur ait l'intention de se réserver cette faculté exclusive de reproduction. Cette volonté à laquelle la Cour subordonne l'existence même du droit, il n'est pas

1. *Bulletin de Législation et de Jurisprudence*, XXXe année, p. 401.

nécessaire évidemment qu'elle soit expressément déclarée; il est certain même qu'elle doit être présumée, bien que la Cour ne le dise pas clairement. Mais lorsque les circonstances de fait indiquent que cette volonté n'a jamais existé, que l'auteur n'a jamais eu l'intention de se réserver la reproduction de son œuvre, alors il ne peut être question d'un droit privatif, et l'auteur ne peut pas céder à un tiers ce droit, qu'il était en son pouvoir de faire naître à son profit, mais qui n'existe pas néanmoins, puisqu'il n'a pas cru devoir lui donner naissance.

S'agissant de chants arabes, la Cour constate que ces compositions sont « des poésies mises en chant par des compositeurs de musique le plus souvent illettrés et qui ont été écrites par des littérateurs qui se faisaient un point d'honneur de ne pas tirer bénéfice de leurs œuvres »;

« Que les modalités du chant arabe étaient créées par des chanteurs en renom, avec parfois la collaboration d'autres chanteurs aussi connus qu'eux et souvent l'aide de musiciens et chanteurs de deuxième plan composant leur orchestre ou leur chœur (*takht*), qui, en remaniant avec leur chef ce chant, cherchaient en commun le ton, les notes, le refrain qui devaient satisfaire leurs auditeurs ». Cette musique est donc, en somme, le produit d'une création collective, ce qui rend bien difficile l'attribution de l'œuvre à un auteur déterminé.

La Cour, poursuivant son étude de la création des chants arabes, explique que ces chanteurs-compositeurs toléraient ensuite que leur chant fût chanté par d'autres chanteurs, car, pour faire accourir le public à leur audition, ils ne comptaient pas tant sur le charme de la forme musicale qu'ils avaient ainsi créée que sur leur réputation de maîtrise dans l'art de chanter. Elle en conclut donc que ni les auteurs des paroles, ni les compositeurs de la musique ne se sont jamais préoccupés « de garder la jouissance exclusive de leurs œuvres ».

Dans cet arrêt la Cour d'appel mixte a tout d'abord fait, par rapport au droit d'auteur, une application juste, il me semble, des notions fondamentales de l'acte juridique. L'acte juridique est, avant tout, un acte de volonté; l'effet de droit ne se produit que s'il y a une décision de la volonté dirigée vers l'objet prévu par la loi. Reste à savoir si le fait par les compositeurs en question de n'avoir pas eu cette volonté lorsqu'ils ont, en chantant leur composition en public, publié leur œuvre, leur interdit plus tard, lorsqu'on les aura avertis qu'ils possèdent la faculté de se réserver un droit privatif sur leur œuvre, de faire naître ce droit en manifestant alors leur volonté? La question pourrait être discutée, je crois; d'autant plus qu'il s'agissait de compositions musicales primitives créées par des chanteurs, et dont la forme n'était pas fixée par l'écriture musicale. On comprend donc que ces compositeurs n'aient pas cru devoir se réserver le droit de reproduction tant que la reproduction, que d'autres chanteurs auraient pu tenter, ne pouvait pas être fidèle et n'était pas susceptible de rapporter à ces imitateurs un profit pécuniaire appréciable. Mais la reproduction mécanique de leur propre voix par des disques phonographiques avait évidemment une autre valeur et pouvait représenter pour eux un intérêt économique véritable.

Quoi qu'il en soit, dans l'espèce qui lui était soumise, la Cour avait d'autres motifs d'écarter le droit privatif, entre autres, ainsi que nous l'avons vu, la difficulté d'identifier d'une manière précise les véritables auteurs des œuvres en question.

Le second arrêt est encore plus récent, il est daté du 30 novembre 1923 [1]. Il s'agissait ici de la reproduction dans le journal *La Vérité* de quatre-vingt-sept articles publiés par M. Georges Vayssié dans le *Journal du Caire*.

La Cour a commencé par retenir qu'un article de journal, à l'exception des simples échos relatifs aux nouvelles du jour, doit en principe faire l'objet au profit de son auteur des droits que l'on est convenu d'appeler la propriété littéraire, surtout si l'article est écrit sous une forme et contient des réflexions et des aperçus essentiellement personnels.

Elle en a déduit que la reproduction d'articles de cette nature n'est licite que moyennant l'autorisation du journal auquel ils sont empruntés. Mais, s'inspirant de la jurisprudence de la Cour de Paris, qui s'appuie elle-même sur les usages de la Presse, elle a admis que cette autorisation doit être présumée jusqu'au moment où une interdiction de reproduction vient faire cesser la tolérance antérieure.

Voici donc, dans cette importante question de la reproduction des articles de journaux, une décision judiciaire qui pose des règles précises, détaillées, tout à fait suffisantes pour fixer les intéressés sur leurs droits et sur les mesures qu'ils ont à prendre pour les sauvegarder.

Cette jurisprudence de la Cour d'appel mixte, malgré sa continuité, ne met cependant pas les justiciables à l'abri de décisions contraires des tribunaux qui peuvent toujours, en l'absence de dispositions légales impératives, refuser de suivre la voie tracée par les décisions antérieures.

Ainsi Mᵉ Pupikofer m'a très obligeamment signalé, il y a quelques jours, un jugement tout récent du tribunal sommaire mixte d'Alexandrie, il est daté du 8 février dernier, qui contraste d'une manière regrettable avec une jurisprudence que l'on pouvait croire désormais fixée.

Ce jugement n'a pas cru devoir admettre une réclamation judiciaire formulée par la Société des auteurs, éditeurs et compositeurs de musique en payement de droits sur des morceaux de danse exécutés au cours d'un bal organisé dans une salle d'hôtel, louée par une association et où l'on était admis sur invitations payantes.

1. *Bulletin de Législation et de Jurisprudence*, XXXVᵉ année, p. 477.

La décision du juge paraît avoir été dictée en partie par la difficulté où il se trouvait, dans l'affaire qui lui était soumise, de résoudre la question de savoir si l'exécution devait être considérée comme publique ou privée, ainsi que de déterminer qui de l'hôtelier, de l'association ou du chef d'orchestre devait être tenu responsable du payement des droits. .

Si le jugement ne contenait pas d'autres motifs, on pourrait regretter que des difficultés, qui ne semblent pas, à première vue, insurmontables, aient paralysé l'action judiciaire, mais aucun principe essentiel ne serait compromis.

Mais le jugement contient, malheureusement, des considérations d'ordre général d'une tout autre portée.

Les droits de l'auteur sur son œuvre sont eux-mêmes mis en question. Le jugement considère que l'intérêt des auteurs à recevoir un salaire pour les représentations ou les exécutions de leurs œuvres ne peut être considéré comme un *droit* tant que cet intérêt n'aura pas été transformé en un droit par une législation positive.

Et le jugement ajoute :

« Il y a cependant des intérêts qui ayant terminé leur voie évolutive s'imposent avec une telle force à la conscience que le juge doit les traiter à l'égal des droits, si cela est pratiquement possible.

« S'agit-il de tels intérêts en l'espèce?

« La jurisprudence mixte n'a pas reconnu pour tel l'intérêt des victimes d'accidents du travail, ayant refusé malgré l'article 34 du Règlement d'organisation judiciaire et l'article 11 du Code civil et la similitude des textes en vertu desquels a été fait l'effort couronné de succès de la jurisprudence française, toute action contre le patron à moins de faute de sa part.

« Il ne semble pas que dans une matière plus délicate et moins intéressante il y aurait lieu d'innover et de se montrer moins circonspect dans la façon de comprendre la puissance créatrice de la jurisprudence. »

Je me garderai certes bien de méconnaître la situation vraiment digne d'intérêt des ouvriers victimes d'accidents du travail. Mais pour condamner le maître s'il n'est pas en faute, il faudrait violenter les textes des articles 212 et suivants du Code civil mixte, tandis que pour donner raison à un auteur qui réclame son dû, il suffit de suppléer au silence de la loi.

Quoi qu'il en soit, on voit que ce jugement remet en question toute l'œuvre antérieure de la jurisprudence mixte, en contestant au juge le pouvoir de reconnaître, dans cette matière, un droit que la législation positive n'a pas encore consacré.

III. — Absence de toute jurisprudence des tribunaux indigènes

Quant aux tribunaux indigènes, il ne semble pas qu'ils aient eu l'occasion, pas plus au cours de ces dernières années qu'antérieurement, de trancher des conflits relatifs au droit d'auteur. Je n'ai trouvé dans les recueils de jurisprudence aucune décision judiciaire à ce sujet.

Cela tient certainement, en partie tout au moins, à ce que la production d'œuvres originales, soit littéraires soit artistiques, est peu abondante. Il faut reconnaître qu'on ne constate une certaine activité que dans le domaine du théâtre et du chant. Or, pour le théâtre, les droits que consentent à payer les directeurs de théâtres aux auteurs originaux sont si peu élevés que, même lorsqu'il arrive que l'on représente une pièce sans verser à l'auteur son dû, celui-ci néglige de le réclamer. D'autre part, les quelques auteurs dramatiques qui produisent des pièces originales sont entièrement entre les mains d'un ou deux directeurs de théâtres, leurs pièces ne pouvant être représentées que là. Ces théâtres s'alimentent principalement par des traductions d'œuvres étrangères, notamment des pièces françaises, que les directeurs de théâtres font exécuter pour leur usage moyennant un salaire de 10 ou 15 livres au traducteur. Une pièce ainsi traduite tient l'affiche pendant une semaine en moyenne. Le directeur y trouve son compte : il ne paye aucun droit à l'auteur original et la traduction ne lui coûte qu'une livre et demie à deux livres par représentation. Pour qu'il consente à monter et à jouer une œuvre originale, il faut donc que l'auteur se contente d'un gain sensiblement égal. Si l'on calcule qu'une pièce à grand succès ne peut guère, au Caire, tenir l'affiche pour plus de trente ou quarante représentations, on constate que le gain de l'auteur ne peut dépasser 60 ou 80 livres, ce qui est évidemment dérisoire. En fait, la plupart du temps, les pièces originales rapportent encore moins à l'auteur; généralement elles sont achetées par les directeurs de théâtres à des prix variant entre 30 et 50 livres; il arrive très rarement qu'un directeur consente à rémunérer le travail de l'auteur à raison de tant par représentation ou lui reconnaisse un pourcentage sur la recette.

Pour le chant, les bénéfices des compositeurs ne sont guère importants. Les chanteurs en vogue reçoivent un cachet très élevé soit pour se produire en public dans des cafés ou des théâtres, soit pour chanter chez des particuliers, soit pour la reproduction de leur voix au moyen du phonographe. Mais l'inventeur de la mélodie, l'auteur, est généralement très peu rétribué.

IV. — Motifs pour l'élaboration d'une loi

A première vue, cet état de choses semble justifier l'opinion qu'une loi sur le droit d'auteur n'est pas encore nécessaire en Egypte, ou du moins qu'elle ne servirait pas à protéger une production nationale, puisqu'il n'y a encore qu'un nombre restreint d'œuvres originales créées par des littérateurs ou des artistes égyptiens.

Mais si l'on examine la question de plus près, on se rend facilement compte qu'une loi protectrice aura sur la production littéraire en Egypte une influence bienfaisante. En protégeant les œuvres étrangères contre des traductions abusives, elle encouragera les auteurs égyptiens à créer des œuvres originales : puisque les traductions seront elles-mêmes grevées des droits à payer aux auteurs étrangers, les éditeurs et les directeurs de théâtres n'auront plus le même intérêt à faire traduire des œuvres étrangères plutôt que de favoriser les œuvres égyptiennes.

A un point de vue plus général, on peut se demander si l'Egypte ne trouverait pas son avantage à ce que les œuvres étrangères ne puissent plus être traduites par le premier venu, plus ou moins fidèlement, plus ou moins complètement, et souvent sans que le traducteur indique même le nom de l'auteur original; ces œuvres sont ainsi répandues dans le public sous une forme qui, en trahissant ou dénaturant la pensée de l'auteur, risque de fourvoyer l'esprit du public.

Enfin, il me semble que l'Egypte est actuellement parvenue à un développement juridique tel qu'il n'est plus admissible que sa législation, si moderne en d'autres parties, soit muette en ce qui concerne le droit d'auteur. Une législation sur le droit d'auteur était d'ailleurs déjà annoncée d'une manière directe et formelle par l'article 12 du Code civil indigène, promulgué il y a plus de quarante années, et d'une manière indirecte par les articles 303, 305 et 306 du Code pénal indigène qui déclarent coupables de contrefaçon, ceux qui auront imprimé ou fait imprimer des livres au mépris des lois et règlements relatifs à la propriété des auteurs, ou qui auront contrefait des objets d'art ou des productions musicales. Ces textes du Code pénal sont loin d'être parfaits, néanmoins ils fourniraient un degré de protection suffisant s'il existait une loi définissant et sanctionnant les droits qui appartiennent aux auteurs d'œuvres littéraires, d'objets d'art ou de productions musicales. En l'absence d'une pareille loi, ces dispositions répressives ne peuvent que rester lettre morte, les tribunaux n'ayant aucune base pour appliquer une peine à une infraction dont les éléments ne sont pas nettement définis.

Ces considérations suffisent à démontrer qu'il est grand temps que l'arsenal législatif égyptien soit pourvu de l'instrument approprié pour assurer, sur le territoire de l'Egypte, comme dans tous les autres Etats, le respect des droits qui sont universellement reconnus à l'heure actuelle aux auteurs des créations de l'esprit.

Il se manifeste d'ailleurs un fort courant d'opinion dans ce sens. Les journaux qui ont appris que la question est à l'étude dans les services du gouvernement sont unanimes à réclamer une loi sur le droit d'auteur. Si des divergences de vues semblent exister quant à certaines modalités de la législation future, toute la presse est d'accord sur le principe, et sur l'opportunité de cette législation [1].

1. *Kawkab el Chark* des 30 et 31 décembre 1926; *El Balagh* du 30 décembre 1926; *El Afkâr* du 31 décembre 1926.

DEUXIÈME PARTIE

Les accords internationaux

I. — Convention de l'Union de Berne

Ce qui donne à la question un regain d'actualité, c'est qu'il y a près de deux ans le Secrétariat de la Société des Nations a adressé officiellement au Gouvernement égyptien une invitation d'adhérer à la Convention de Berne.

La Convention internationale signée à Berne en 1886 a été le résultat d'un mouvement d'opinion qui s'était produit dans divers pays d'Europe, notamment en France et en Belgique, vers le milieu du siècle dernier en vue de l'établissement d'une protection des droits des auteurs et des artistes qui fût uniforme dans les divers pays. Ce mouvement se traduisit par des congrès littéraires et artistiques internationaux qui furent réunis à Bruxelles en 1858, à Anvers en 1869 et 1877, enfin à Paris en 1878. Ce dernier Congrès décida la création de l'Association littéraire et artistique internationale qui se donna pour président d'honneur le plus illustre des poètes français du dix-neuvième siècle : Victor Hugo. Sous un tel patronage l'association devait nécessairement se proposer des buts grandioses, certes, mais peut-être un peu chimériques, tels que l'alliance universelle des littératures, la fraternité et l'union des esprits pour entraîner plus tard la fraternité des peuples. Mais heureusement on s'aperçut vite qu'il y avait quelque chose de plus réalisable et de plus pratique à faire, c'était d'essayer d'obtenir pour les écrivains et les artistes une protection effective de leurs droits dans tous les pays. Et ce fut désormais la tâche à laquelle se voua l'Association. Elle la poursuivit dès lors sans relâche, surtout par le moyen de Congrès annuels tenus à tour de rôle dans les capitales ou dans d'autres villes des divers pays d'Europe : en Angleterre, en Espagne, en Autriche, en Italie, en Allemagne, en Suisse, en Roumanie et aussi, bien entendu, en Belgique et en France, où le mouvement avait pris naissance et s'était tout d'abord développé.

C'est dans le congrès tenu par l'Association à Rome, en 1882, que fut élaboré le projet d'une convention d'Union entre des différents Etats; cette convention ne visait pas à unifier les législations nationales de chaque Etat, ce qui aurait constitué une tâche alors trop difficile, mais simplement à établir entre les Etats signataires quelques règles, que chacun d'eux s'obligerait à faire appliquer sur son territoire, et grâce auxquelles un minimum de protection serait assuré dans ces divers Etats à toutes les œuvres littéraires et artistiques, étrangères aussi bien que nationales.

C'est sur la base de ce projet que fut établie et signée, quelques années plus tard, en 1886, la Convention internationale de Berne.

Les pays signataires de la Convention, dès l'origine, furent l'Allemagne, la Belgique, l'Espagne, la France, la Grande-Bretagne, la République d'Haïti, l'Italie, la Suisse et la Tunisie.

Je ne me propose pas d'analyser en détail les différentes clauses de la Convention de Berne, cela déborderait le cadre de cette étude. Il me suffit d'indiquer que la *Convention d'Union pour la protection des droits des auteurs sur les œuvres littéraires et artistiques* (tel était le titre de l'Acte qui fut signé à Berne en 1886), proclamait le principe de l'assimilation des auteurs étrangers ressortissants des pays de l'Union aux nationaux; en ce qui concerne la durée de la protection, elle posait la règle que cette durée ne pouvait excéder ni celle déterminée par la loi du pays d'origine, ni celle déterminée par la loi du pays où la protection était réclamée; quant au droit de l'auteur original de faire ou d'autoriser seul la traduction de son œuvre, il était limité à dix années. Enfin elle instituait à Berne un Bureau International destiné à servir d'intermédiaire entre les gouvernements, à centraliser les renseignements relatifs à la protection des droits des auteurs, à procéder aux études intéressant l'Union et à rédiger une feuille périodique pour la publication de ses travaux. Cette feuille périodique n'est autre que la revue mensuelle bien connue intitulée *le Droit d'Auteur*, laquelle a paru régulièrement de 1888 jusqu'à nos jours et constitue la source d'information la plus complète pour toutes les questions relatives à la propriété littéraire et artistique.

Après cette première victoire, l'Association littéraire et artistique internationale ne resta pas inactive. Elle poursuivit sans relâche le perfectionnement de la Convention de Berne, et elle obtint effectivement deux revisions successives dans le sens d'une protection à la fois plus large et plus efficace, d'abord à Paris en 1896, et surtout à Berlin en 1908, de sorte qu'actuellement la Convention de Berne originaire se trouve modifiée sur des points importants par les deux accords postérieurs susvisés.

A Paris, on procéda à ces modifications par la rédaction d'un Acte additionnel. A Berlin, la Convention originaire fut entièrement refondue. Le texte actuel de la Convention n'est donc plus le texte de Berne, mais le texte de Berlin, qui contient un ensemble de dispositions nouvelles, soit quant à la substance, soit quant à la forme, et les présente dans un ordre et avec un numérotage différents.

Mais, en élaborant ce texte nouveau, qui était, sur bien des points beaucoup plus strict que le texte de 1886 et constituait une sorte de convention idéale, on constata que certains des pays membres de l'Union ne pourraient pas, à cause de l'état de leur législation interne et de leur situation économique, se rallier sans réserve à l'ensemble du projet proposé. On y introduisit alors une disposition, qui forme actuellement l'article 27 de la Convention, suivant laquelle les Etats qui adhèrent à l'Union ont la faculté de déclarer qu'ils entendent adopter, sur tel ou tel point, au lieu des dispositions de la Convention revisée, les dispositions correspondantes de la Convention primitive de 1886 ou de l'Acte additionnel de 1896.

En ce faisant, on obtint un plus grand nombre d'adhésions à l'Union, mais cela au détriment de l'unité primitive. Et à l'heure actuelle on constate entre les pays de l'Union une diversité fâcheuse. La majorité a consenti à se lier entièrement par le texte de Berlin; mais il reste encore plusieurs Etats qui font usage de la faculté de réserve accordée par l'article 27, et naturellement les réserves portent sur des points très différents, de sorte qu'au lieu d'avoir un régime de protection international uniforme, on se trouve maintenant en présence d'un régime variant sensiblement de pays à pays.

Cette diversité s'est encore accentuée à la suite d'un protocole additionnel ajouté le 20 mars 1914 à la Convention revisée, d'après lequel un Etat unioniste quelconque a la faculté de déclarer qu'il entend ne pas appliquer aux auteurs ressortissant de certains pays l'article 6 de la Convention revisée, qui dispose que les œuvres publiées pour la première fois sur le territoire d'un pays de l'Union par des ressortissants de pays ne faisant pas partie de l'Union, jouissent dans ce pays de la protection accordée aux auteurs nationaux. Ce protocole additionnel n'a d'ailleurs pas été ratifié par tous les Etats de l'Union.

Je ne suis pas certain que cet état de choses n'aurait pas été évité si la Convention d'Union avait simplement posé quelques grandes règles générales acceptables par tous et avait laissé à des accords particuliers le soin de régler entre les Etats les questions secondaires. Car il n'est pas douteux que les conditions économiques ou les besoins intellectuels varient assez de pays à pays pour qu'il ne soit pas possible de régler, par un instrument unique, toutes les questions relatives à la protection réciproque des droits intellectuels dans un grand nombre de pays différents.

II. — Œuvre de l'Association littéraire et artistique internationale

Quoi qu'il en soit, la Convention telle qu'elle a été revisée à Berlin est maintenant une chose acquise, et il est naturel que les champions de la cause des auteurs unissent leurs efforts pour la faire accepter telle quelle par le plus grand nombre d'Etats possible. Au premier rang, l'Association littéraire et artistique internationale a bataillé sans trêve au cours de ces dernières années pour obtenir, d'une part, que les Etats adhérant nouvellement à l'Union adoptent le texte de la Convention revisée sans faire de réserves, et, d'autre part, que les Etats déjà signataires mais avec des réserves, renoncent à celles qu'ils ont formulées.

Pour atteindre ce but, l'Association s'efforce de créer un mouvement en vue de l'unification plus ou moins complète des législations intérieures, car elle s'est rendu compte que si les législations intérieures ne se perfectionnent pas dans le sens d'une protection plus complète, il n'y a pas d'espoir que la Convention soit jamais améliorée. Il est en effet naturel que les Etats refusent d'accorder aux étrangers, en vertu d'une convention internationale, des droits plus étendus que ceux qu'ils reconnaissent à leurs nationaux en vertu de leurs propres lois.

L'Association a publié, à cet effet, un projet de loi type qui est sans cesse revu et mis au point dans ses congrès annuels. Elle espère que les divers pays s'inspireront des dispositions de ce projet soit qu'il s'agisse pour eux d'élaborer une législation nouvelle sur le droit d'auteur, soit qu'il s'agisse simplement de reviser leur législation existante.

On peut dire que ces espérances sont en voie de réalisation. On constate, en effet, dans les lois récentes, une tendance de plus en plus marquée, vers l'homogénéité, quant à leurs dispositions essentielles tout au moins. La loi fédérale suisse du 7 décembre 1922, la loi roumaine du 28 juin 1923, le décret-loi italien du 7 novembre 1925 [1] qui ont remplacé dans ces divers pays l'ancienne législation sur le droit d'auteur, présentent dans leurs grandes lignes une concordance qui n'est certes pas encore complète, mais qui est remarquable par rapport aux divergences nombreuses et importantes des anciennes législations.

Il en est de même de la loi polonaise en date du 29 mars 1926. Cette dernière se distingue par un luxe de développements doctrinaux, qui sont d'ailleurs très intéressants. Seule l'Ordonnance promulguée le 30 janvier 1925 par le Comité exécutif central et le Conseil des Commissaires du peuple de l'Union des Républiques soviétiques russes, fait naturellement exception, et porte la marque de la mystique communiste. C'est ainsi, par exemple, que la traduction est entièrement libre, que l'exécution des œuvres dramatiques, musicales et cinématographiques dans les clubs ouvriers et de la garde rouge est autorisée; qu'est également autorisée l'utilisation d'œuvres artistiques pour l'élaboration des produits de l'industrie et de l'artisanat. La durée du droit de l'auteur est extrêmement réduite : vingt-cinq ans seulement à partir de la première publication, et dix ans pour les œuvres chorégraphiques, cinématographiques et les pantomimes [2].

A côté de l'uniformité des lois intérieures, qui entraînera évi-

1. Le décret-loi italien a été ratifié par le Parlement le 18 mars 1926 et a été mis en vigueur à partir du 1er septembre 1926 par un décret d'exécution en date du 15 juillet 1926.

2. Les lois russe et polonaise ont été publiées en traduction française par *le Droit d'Auteur* dans ses numéros du 15 août 1926 et du 15 décembre 1926. Les lois italienne, roumaine et suisse avaient été publiées par *le Droit d'Auteur* précédemment.

demment peu à peu l'unification des engagements internationaux, l'objet principal de l'activité aussi bien du Bureau de Berne que de l'Association Internationale littéraire et artistique, est l'extension territoriale de l'Union. A ce point de vue, on constate une extension progressive à peu près constante depuis la création de l'Union, en 1886, jusqu'à nos jours. Alors qu'en 1886 elle comprenait neuf Etats seulement, en 1914 le nombre des Etats adhérents était de dix-huit, comptant une population totale de 792 millions d'âmes et en 1926 de vingt-sept avec une population totale de 935 millions d'âmes [1].

La plupart des Etats d'Europe font partie de l'Union. La Roumanie seule n'avait pas encore, il y a quelques mois, adhéré à la Convention de Berne et cependant la loi récente roumaine de 1923 est une des plus parfaites qui soient; il ne semble donc pas que cet'e adhésion doive tarder longtemps [2].

L'abstention de beaucoup la plus grave est celle des Etats-Unis d'Amérique. Malgré toute la propagande et les efforts conjugués de l'Association internationale et du Bureau de Berne, il n'a pas été possible, jusqu'à ce jour, de gagner à l'Union cette importante recrue. La cause en est, apparemment, que la loi organique des Etats-Unis sur le « Copyright » contient des dispositions qui ne sont pas conciliables avec les engagements résultant de la Convention de Berne. Il faudrait donc introduire dans la loi susdite un certain nombre de modifications, et il semble qu'une revision de la loi existante ou l'élaboration d'une législation nouvelle se heurte à une vive opposition qui ne sera pas aisément réduite.

Cette résistance des Etats-Unis à adhérer à la Convention de Berne s'explique aussi peut-être par l'existence de conventions américaines concernant la propriété littéraire, conclues à la suite de conférences internationales réunies à Montevideo en 1889, à Mexico en 1902, à Rio de Janeiro en 1906 et enfin à Buenos-Aires en 1910, lesquelles visaient à constituer en état d'union toutes les républiques américaines. Malgré le peu de succès qu'obtinrent ces diverses conventions, qui ne furent ratifiées en définitive que par un petit nombre des Etats représentés aux conférences internationales dont elles étaient issues, il est possible que la conception à laquelle elles répondaient de « l'Amérique aux Américains », et de dresser en face de l'Union de Berne groupant les vieux pays d'Europe, un autre groupement des pays jeunes du nouveau Continent,

1. Ces renseignements ont été pris dans deux rapports présentés par M. Rœthlisberger, directeur des Bureaux internationaux pour la protection de la propriété intellectuelle à Berne, le premier en juin 1922 dans une réunion tenue à Paris par l'Association littéraire et artistique internationale, l'autre au Congrès réuni à Paris par la dite association du 2 au 6 juin 1925. (Voir *Bulletin* de l'Association, n° 1, avril 1925 et n° 2, juin 1925, 4e série).

2. La Roumanie vient d'adhérer à l'Union à partir du 1er janvier 1927.

ne soit pas étrangère à l'abstention des Etats-Unis d'entrer dans l'Union de Berne.

On ne donnerait pas une idée exacte de la situation internationale si l'on omettait de signaler l'existence, à côté de l'Union de Berne et des conventions sud-américaines, d'un nombre important de traités internationaux particuliers. Ces traités perdent de leur intérêt au fur et à mesure que les Etats adhèrent en plus grand nombre à l'Union de Berne. Ils subsistent cependant en tant qu'ils unissent certains pays unionistes à des pays qui ne font pas partie de l'Union, ou même en tant qu'ils règlent entre pays unionistes certaines questions de détail qui ne sont pas prévues par la Convention de Berne.

III. — Invitation à l'Egypte d'adhérer à l'Union

Au Congrès tenu à Paris, du 2 au 6 juin 1925, par l'Association littéraire et artistique internationale, il a été question de l'adhésion de l'Egypte. Cette question a été traitée par M. Ernest Eeman, ancien président de la Cour d'appel mixte d'Alexandrie. M. Eeman est un des membres de l'Association. Dans la retraite prématurée que lui a imposée l'inexorable limite d'âge, je dis prématurée parce que l'idée de retraite convient fort peu à son exceptionnelle vigueur de corps et d'esprit, il continue à prendre un intérêt actif aux choses d'Egypte. Aussi bien, personne n'était plus qualifié que lui pour donner au Congrès des renseignements précis relativement à l'adhésion éventuelle de l'Egypte. La note que M. Eeman a présentée au Congrès démontre que, contrairement à ce que pensait le Directeur même des Bureaux Internationaux de Berne, le régime des Capitulations ne fait nullement obstacle à l'adhésion de l'Egypte. Elle explique que le système organisé par l'article 12 du Code civil mixte pour l'élaboration de lois modifiant ou complétant la législation mixte, permet de promulguer une loi sur le droit d'auteur s'appliquant en Egypte aussi bien aux ressortissants des puissances capitulaires qu'aux autres étrangers et aux Egyptiens; elle indique, enfin, que la jurisprudence de la Cour d'appel mixte, en reconnaissant, sur la base du droit naturel et de l'équité, la plupart des notions fondamentales sur lesquelles repose le droit d'auteur, a déjà préparé la voie à la consécration de ces principes par une législation positive [1].

Déjà, antérieurement à l'intervention de M. Eeman au Congrès de Paris qui attira l'attention sur la situation de l'Egypte, le Secrétariat de la Société des Nations qui agit dans cette matière en liaison avec le Bureau international de Berne, avait, ainsi que nous l'avons

1. Ernest Eeman, *De l'adhésion de l'Égypte à la Convention internationale pour la protection des œuvres littéraires et artistiques*, Bruxelles, Établissements Émile Bruylant, 1926.

déjà dit, adressé au Gouvernement égyptien une invitation officielle pour adhérer à l'Union.

Il appartient donc maintenant au Gouvernement égyptien de prendre une décision à ce sujet. Sans anticiper le moins du monde sur la décision qui sera prise, on peut, je crois, souhaiter que l'Egypte, qui fait incontestablement partie de la civilisation méditerranéenne, ne se tienne pas à l'écart d'une association, où, à la suite de tous les Etats européens, sont entrés récemment les pays méditerranéens de langue arabe : le Maroc, la Syrie, la Palestine, sans compter la Tunisie, membre de l'Union dès l'origine. Mais il est évident que l'adhésion de l'Egypte comporterait pour elle la nécessité de promulguer, soit avant, soit après son adhésion, mais préférablement avant, une législation assurant à tous les auteurs étrangers ou nationaux la protection de leurs droits, qu'aucun texte de loi positive ne protège à l'heure actuelle. Cette législation devrait, en outre, être élaborée de manière qu'elle se trouve en harmonie avec les stipulations de la Convention internationale de Berne par lesquelles l'Egypte serait désormais liée.

Et cette double constatation nous amène naturellement à la troisième partie de cette étude : Quels devraient être les traits de la loi future? Devrait-elle se modeler exactement sur la Convention de Berne revisée? En d'autres termes, l'Egypte devrait-elle adhérer à l'Union sans aucune réserve? Vaudrait-il mieux, au contraire, s'en tenir, pour certaines clauses, à la Convention primitive, ou tout au moins à l'Acte additionnel de 1896? Dans l'affirmative sur quels points devraient porter les réserves?

Il est intéressant aussi de rechercher si certaines conditions particulières à ce pays ne justifieraient pas l'insertion dans la future loi de quelques dispositions qui, à première vue, pourraient paraître étranges ou inutiles.

Je crois qu'il est bon que ces questions soient posées devant le public, afin de provoquer, dans une matière où le public et la presse sont directement intéressés, un échange de vues et d'opinions aussi large que possible.

TROISIÈME PARTIE

Quelques questions d'un intérêt particulier pour l'Égypte

Les points qui me paraissent devoir retenir surtout l'attention, en raison des conditions particulières de l'Egypte, sont, par ordre d'importance : 1° le droit de traduction; 2° la reproduction des articles de journaux et revues; 3° la durée de la protection et les mesures à prendre, pour assurer, après la mort de l'auteur, l'exercice effectif des droits revenant à ses ayants cause; et 4° la rétroactivité de la loi.

En examinant ces quelques questions, vous constaterez qu'ici, comme dans la plupart des questions se rattachant au droit d'auteur, l'intérêt des auteurs et l'intérêt du public se présentent en opposition l'un à l'autre.

L'intérêt du public paraît mieux servi si les œuvres littéraires et artistiques sont mises à la portée du plus grand nombre, si les livres se vendent bon marché, si le théâtre n'est pas cher, si la traduction est libre.

Au contraire, les auteurs semblent devoir tirer de leurs œuvres un profit économique d'autant plus important que leur droit exclusif d'en autoriser la reproduction, la représentation, la traduction, etc., sera mieux protégé et durera plus longtemps.

Lequel de ces deux intérêts doit être préféré? L'intérêt des auteurs? Pas toujours, pas nécessairement. Car si les droits de l'auteur, qui crée, par son effort personnel, une œuvre dont tout le monde profite, sont infiniment respectables, on ne doit pas méconnaître les droits du public sur cette même œuvre. Il est certain, en effet, que dans la création de toute œuvre de l'esprit la société contribue, elle aussi, pour une large part. Voltaire déjà avait dit : « Il en est des livres comme du feu de nos foyers; on va prendre le feu chez son voisin; on l'allume chez soi; on le communique à d'autres et il appartient à tous. »

Heureusement ces deux intérêts, en apparence si divergents, ne sont pas du tout inconciliables; ils finissent même par se rejoindre. Car si les auteurs ne sont pas protégés, s'ils n'ont pas l'espoir de tirer matériellement profit de leurs œuvres, ils cesseront de produire. Et alors le public, à son tour, sera frustré de tout ce qu'apportent de grâce, d'intérêt, de consolation même dans la vie, les productions des belles-lettres et des arts.

Les intérêts du public et les intérêts de l'auteur se rencontrent donc finalement pour une certaine mesure de protection. Cette mesure convenable sera probablement trouvée si on ne pousse pas la protection, quant à l'étendue, au delà du point où les droits privatifs de l'auteur constitueraient une gêne véritable pour le développement intellectuel d'une société sans procurer aux auteurs un profit important, et quant à la durée, au delà de la période de temps où les bénéficiaires de la protection sont les auteurs eux-mêmes ou des personnes leur tenant de près.

Il faut garder en vue ces quelques idées directrices, si nous voulons essayer de découvrir une solution heureuse aux quelques questions que nous nous sommes posées.

I. — Le droit de traduction

Depuis la signature de la Convention de Berne, en 1886, le droit exclusif reconnu à l'auteur original de faire ou d'autoriser la traduction a passé par trois phases successives. D'après la Convention primitive de Berne, ce droit n'existait que pendant dix années, calculées à partir de la publication de l'œuvre originale (art. 5 de la Convention de 1886). L'Acte additionnel de Paris de 1896, marquait un grand progrès dans le sens de la protection et modifiait l'article 5 en disposant que ce droit subsistait en principe aussi longtemps que le droit de l'auteur sur l'œuvre originale elle-même. Mais le texte de Paris ajoutait : « Toutefois le droit exclusif de traduction cessera d'exister lorsque l'auteur n'en aura pas fait usage dans un délai de dix ans à partir de la première publication de l'œuvre originale, en publiant ou en faisant publier dans un des pays de l'Union une traduction dans la langue pour laquelle la protection sera réclamée. »

Désormais, donc, la liberté de traduction, qui était toujours acquise au bout de dix années d'après la Convention primitive, n'est plus admise si, dans ce délai de dix ans, une traduction licite, c'est-à-dire une traduction faite avec l'autorisation de l'auteur original, a été publiée.

A Berlin, en 1908, cette dernière condition pour la conservation du droit de traduction au delà de dix années disparaît et le droit exclusif de traduction est protégé pendant toute la durée du droit sur l'œuvre originale (art. 8 de la Convention revisée).

Nous avons vu que, par la faculté dite de réserve reconnue par l'article 27 de la Convention revisée aux Etats signataires, ces Etats peuvent déclarer qu'ils entendent rester encore liés, sur tel ou tel point, par les dispositions des textes antérieurs. La même faculté a été reconnue aux Etats qui adhèrent nouvellement à l'Union. Examinons donc quelle est la situation internationale à l'heure actuelle [1].

La Grèce applique encore l'article 5 de la Convention primitive. La traduction est entièrement libre au bout de dix années.

L'Italie applique l'article 8 de la Convention revisée, sauf pour les œuvres scientifiques. Pour ces œuvres, elle applique encore l'article 5 de l'ancienne convention modifié par l'Acte additionnel de Paris de 1896.

Le Japon et les Pays-Bas appliquent à toutes les œuvres l'article 5 de l'ancienne Convention, modifié par l'Acte additionnel de Paris de 1896.

Tous les autres pays de l'Union appliquent le texte de Berlin. Il est à remarquer que les pays de langue arabe, le Maroc, la Syrie, la Palestine, la Tunisie, n'ont pas jugé de leur intérêt de favoriser chez eux la liberté de traduction.

Quant à la Turquie, elle jouit, en vertu de l'article 14 de la Convention commerciale qui a été signée à Lausanne le 24 juillet 1923,

1. Ces renseignements sont extraits d'un rapport présenté par M. Georges Maillard, président de l'Association littéraire et artistique internationale, au Congrès de Varsovie de 1926.

en même temps que le traité de paix, du privilège de pouvoir traduire librement, en langue turque, les œuvres étrangères; cette convention ayant été conclue pour cinq années qui expirent le 6 août 1929, ce régime d'exception doit se prolonger encore pendant plus de deux ans. Une pareille stipulation a naturellement soulevé des protestations de la part du bureau de Berne et de l'Association littéraire et artistique internationale. Il est en effet étrange que dans cette Convention de Lausanne, à laquelle sont intervenus des pays comme la France, la Grande-Bretagne, l'Italie, le Japon, la Grèce, qui sont des signataires de la Convention de Berne, les règles de cette dernière Convention aient été mises de côté au profit de la Turquie. Cela est d'autant moins explicable que la loi ottomane du 8 mai 1910 sur le droit d'auteur reconnaît formellement à l'auteur le droit exclusif de traduction. A moins que cette loi de 1910 ne soit plus appliquée dans le nouvel Etat turc, je ne me rends pas très bien compte comment on peut concilier cette disposition avec la clause de la Convention commerciale de Lausanne sur la liberté de traduction.

Telle étant la situation au point de vue international, quelle serait la meilleure voie à suivre pour l'Egypte dans cette question du droit de traduction?

Il est certain, tout d'abord, qu'elle ne pourrait pas adhérer à l'Union, tout en demandant la même faveur qui a été accordée à la Turquie par la Convention de Lausanne. L'adhésion à l'Union implique l'acceptation de l'un des trois textes de la Convention de Berne, qui protègent tous, quoique dans des mesures différentes, l'œuvre originale contre la traduction. La seule question qui se pose est celle de savoir si elle doit adhérer avec des réserves en ce qui concerne le droit de traduction, ou sans réserves. Et dans le premier cas, faudrait-il s'en tenir au texte primitif de Berne, ou bien au texte modifié de Paris?

A première vue, il semble que l'Egypte qui fait un grand usage de traductions d'œuvres étrangères, aurait intérêt à adopter ici la mesure de protection la plus atténuée, c'est-à-dire le texte de Berne, qui donne toute liberté au traducteur après un délai de dix ans. Personnellement j'incline à penser que ce serait là une vue un peu courte, qui ne tiendrait pas compte du véritable intérêt de la culture intellectuelle en Egypte.

Et voici les raisons qui m'ont conduit à cette opinion :

En premier lieu, lorsqu'on trace dans n'importe quelle matière une règle de droit positif, il est important que cette règle se rapproche le plus possible de ce qui apparaît comme l'expression de la loi morale, dans le moment où cette règle de droit positif est élaborée. Or, actuellement, il n'y a pas de doute que le fait de traduire une œuvre, qui n'est pas encore tombée dans le domaine public, sans l'autorisation de l'auteur, heurte violemment le sentiment de la justice; un tel fait est jugé d'une manière à peu près unanime comme constituant un usage abusif du bien d'autrui. La loi positive qui considérerait un tel fait comme licite lui donnerait, pour ainsi dire artificiellement, le caractère de la légitimité et s'écarterait, partant, de la règle morale, de ce qui est vraiment le droit.

En second lieu, il existe depuis déjà quelques années, dans les milieux qui s'occupent des questions relatives au droit d'auteur, un fort courant d'opinion contre les adhésions faites à l'Union de Berne avec des réserves. Et, en fait, les Etats qui ont adhéré à la Convention au cours de ces dernières années, l'Autriche, le Brésil, la Bulgarie, la Hongrie, la Pologne, la Tchécoslovaquie, ont tous accepté intégralement, sans aucune réserve, le texte de la Convention revisée; de sorte qu'actuellement les Etats qui acceptent intégralement la Convention revisée sont de beaucoup les plus nombreux. L'Egypte, qui doit aspirer à prendre part de plus en plus à la vie internationale, trouverait un réel profit, je crois, à faire preuve de conceptions généreuses quant aux obligations que comporte son entrée dans le concert des nations, même si ces obligations paraissaient ne pas se concilier immédiatement avec ses intérêts particuliers.

Enfin, il est plus que probable qu'en obligeant les écrivains arabes à ne traduire des œuvres étrangères qu'après s'être mis d'accord avec l'auteur original, on ne nuirait en rien aux écrivains sérieux. Car ceux-ci, j'en suis convaincu, n'entreprennent pas de traduire une œuvre sans se préoccuper déjà, et bien qu'aucune loi ne les y oblige, d'obtenir l'assentiment de l'auteur original ou tout au moins sans lui reconnaître spontanément des droits sur le produit de la traduction. C'est ainsi que le ministère de l'Instruction publique, pour les œuvres, beaucoup moins nombreuses d'ailleurs qu'on ne serait tenté de le croire, qu'il a fait traduire à l'usage des écoles, paye aux auteurs originaux un droit représenté soit par une somme forfaitaire, soit par un pourcentage sur le prix de revient de l'édition. La charge financière que représente pour l'Etat le payement de ce droit est infime [1]. Ceux qui seraient lésés par la réglementation de la traduction sont les traducteurs obscurs, qui souvent ne se contentent pas de traduire mais démarquent les œuvres, car ils publient leurs traductions ou plus exactement leurs adaptations sans même indiquer quelle œuvre originale ils ont copiée, pensant ainsi faire illusion et se faire passer pour des écrivains de talent. Ceux-là sont de véritables plagiaires qui ne servent pas les lettres arabes, et il n'est pas souhaitable que leurs entreprises soient encouragées.

Mais faudrait-il aller jusqu'à reconnaître au droit exclusif de traduction, dans tous les cas, comme le veut l'article 8 de la Con-

1. D'après les renseignements qui m'ont été donnés, il y aurait en tout une vingtaine seulement d'ouvrages d'enseignement traduits par les soins du ministère de l'Instruction publique à l'usage des écoles. Et les droits payés pour l'utilisation de ces ouvrages aux auteurs originaux ne dépasseraient pas en tout L. E. 300.

vention de Berlin la même durée qu'au droit sur l'œuvre originale elle-même?

Sans nul doute, ce serait là le meilleur parti, le plus digne, le plus conforme aux tendances très nettes du droit international et aux exigences de l'équité. Mais cependant, nous ne pouvons pas ne pas nous préoccuper du fait que, dans les écoles, il est fait un usage constant des œuvres étrangères scientifiques ou didactiques traduites en arabe.

Du moment que l'Egypte ne produit pas encore en assez grand nombre des manuels de classe, des œuvres pouvant servir à l'enseignement, et qu'elle est, par conséquent, dans ce domaine, tributaire de l'étranger, il semble que l'on pourrait, pour les œuvres de cette nature, faire fléchir la règle idéale de l'assimilation complète du droit de traduction au droit sur l'œuvre originale, et adopter la disposition de l'Acte additionnel de Paris de 1896, d'après laquelle, si pendant la période des dix années qui suivent la publication de l'œuvre originale, l'auteur n'a pas fait usage de son droit de traduction, l'œuvre pourra être librement traduite; si, au contraire, dans ce délai, une traduction autorisée par l'auteur est publiée, il ne pourra plus être fait de nouvelles traductions dans la même langue sans son autorisation, tant que l'œuvre originale bénéficiera elle-même de la protection. Cette règle a l'avantage, si l'on se trouve en présence d'un auteur qui, par mauvais vouloir, n'autoriserait pas une traduction de son œuvre, ou exigerait, pour en autoriser la traduction, une rémunération excessive, de permettre, au bout de dix années, de se passer de son consentement.

Dans une autre hypothèse, si l'on suppose que personne ne s'est adressé à l auteur original pour traduire son œuvre dans une langue déterminée, et que lui-même n'a pas songé à en faire faire une traduction dans cette langue, pendant cette même période de dix années, cela laisse à penser que ni les traducteurs ni l'auteur lui-même ne comptaient retirer de la reproduction de l'œuvre dans la langue dont il s'agit un profit économique important. Dans ces conditions, lorsqu'au bout de dix années cette œuvre est enfin traduite, ce ne sera pas, le plus souvent, dans un but de lucre, mais dans le but de servir à l'enseignement ou dans un intérêt purement scientifique.

Ces considérations, qui justifieraient dans une certaine mesure, tout au moins en ce qui concerne les œuvres scientifiques et d'enseignement, la disposition qui subordonne la conservation du droit de traduction au delà des dix premières années, à la condition que l'auteur en aura fait usage pendant ladite période, n'ont plus la même force lorsqu'il s'agit des œuvres d'agrément comme les pièces de théâtre, les romans, etc.

Pour ces dernières œuvres, je suis d'avis que le droit de traduction soit réservé à l'auteur aussi longtemps que l'œuvre originale sera elle-même protégée. A première vue cela peut paraître paradoxal. Pourquoi, se dira-t-on, favoriser les œuvres les moins utiles?

Les auteurs dramatiques, les romanciers, retirent de leurs œuvres un profit bien plus grand que les auteurs d'ouvrages scientifiques ou de livres d'enseignement. Si l'on traduit les œuvres de ces derniers sans leur reconnaître une part sur le produit de la traduction, ils seront plus lésés que les autres à qui leurs ouvrages rapportent beaucoup plus.

Il se peut. Mais pour les œuvres d'agrément, il n'y a, semble-t-il, aucun inconvénient sérieux à laisser subsister le droit exclusif de traduction pendant une longue période de temps. Si l'œuvre étrangère doit rapporter un profit au traducteur, il n'est que juste qu'il le partage avec l'auteur original. S'il ne doit pas y avoir de profit suffisant pour les deux, l'œuvre ne sera vraisemblablement pas traduite. Mais, de ce fait, l'intérêt général ne sera pas gravement lésé. Peut-être même y trouvera-t-il finalement un avantage car il est possible que lorsqu'il y aura moins de traductions d'œuvres étrangères, cela suscitera une plus importante production d'œuvres originales. Tandis que pour les œuvres scientifiques ou d'enseignement, il est au contraire de l'intérêt général que les traducteurs soient encouragés. Dans ce domaine, pour un temps encore assez long, l'Egypte ne peut pas espérer avoir une production nationale suffisante pour ses besoins. Si l'auteur original fait traduire son œuvre dans les dix premières années, il n'y a plus de raison pour permettre que d'autres traductions dans la même langue soient faites sans l'autorisation de l'auteur. Mais si pendant cette période de dix années, l'auteur n'a pas fait traduire son œuvre, on peut admettre la présomption légale qu'il s'est désintéressé de répandre son œuvre en traduction sur le marché égyptien, et alors il convient d'encourager l'écrivain égyptien qui entreprendra de traduire cette œuvre, le plus souvent dans le seul but d'être utile à ses concitoyens et avec l'espoir d'un profit pécuniaire très peu important.

En adoptant le moyen terme que je me suis permis de suggérer, l'Egypte suivrait l'exemple de l'Italie qui, dans sa loi toute récente du 15 juillet 1926, vient de se rallier à la protection complète du droit de traduction, sauf pour les œuvres scientifiques, pour lesquelles elle impose la condition que l'auteur ait fait usage de son droit de traduction s'il entend le conserver au delà des dix premières années.

Il va de soi que cette disposition de la loi italienne n'a pas été sans soulever des critiques au sein notamment de l'Association littéraire et artistique internationale. Mais, si l'on comprend que cette association qui a pour objet d'obtenir l'unité de régime dans les divers pays, et de défendre les intérêts des auteurs, mette au-dessus de tout les objets pour lesquels elle combat depuis si longtemps, on s'explique aussi que le législateur d'un pays donné se voit dans la nécessité de sacrifier cette unité ou de limiter ces intérêts, quand il constate que les conditions où se trouve son pays justifient ou commandent une dérogation à la règle générale.

II. — La reproduction des articles de journaux

Nous avons déjà vu comment la Cour d'appel mixte, dans son arrêt du 30 mai 1923, a tracé les contours d'une règle juridique précise en ce qui concerne la reproduction des articles de journaux.

Il s'en faut de beaucoup qu'une protection suffisante ait été reconnue d'emblée aux articles de journaux. L'article 7 de la Convention de Berne posait, au contraire, le principe que les articles de journaux ou de recueils périodiques pouvaient être reproduits en original ou en traduction, à moins que les auteurs ou les éditeurs ne l'aient expressément interdit en tête de l'article ou tout au moins d'une manière générale en tête du numéro; et encore cette réserve ne s'appliquait-elle pas aux articles de discussion politique et aux nouvelles du jour ou faits divers qui pouvaient toujours être reproduits.

On trouvait la justification d'une exception aussi grave au droit de l'auteur dans la nécessité de la discussion publique, et dans la considération que le journal a pour but principal de propager les idées du jour et doit servir de moyen d'échanger des vues sur les faits contemporains.

En 1896, par l'Acte additionnel de Paris, on resserre un peu les mailles de la protection en interdisant la reproduction des romans feuilletons, contes et nouvelles.

Enfin à Berlin, en 1908, nouvelle étape : la reproduction n'est plus licite que de journal à journal, les articles de discussion politique sont assimilés aux articles scientifiques, littéraires ou artistiques et ne peuvent plus être reproduits si l'interdiction en est faite dans le numéro du journal où ils sont publiés; enfin la source doit toujours être mentionnée. Seuls donc, désormais, les faits divers et les nouvelles du jour peuvent être en tout cas reproduits.

Ici encore, comme en matière de traduction, un certain nombre d'Etats de l'Union ont fait jouer la faculté de réserve pour conserver chez eux le régime de Berne, ou le régime de Paris, au lieu du régime de Berlin. C'est ainsi que la Grèce, la Suède, la Norvège appliquent encore l'article 7 de la Convention de Berne; le Danemark et les Pays-Bas la disposition de l'Acte additionnel de Paris.

Y a-t-il pour l'Egypte un intérêt véritable à s'écarter sur ce point encore de la règle récente et à se ranger dans la minorité, tous les jours plus restreinte, des Etats réservataires? Je ne le crois pas. Il est vrai que les journaux égyptiens, tant les journaux de langue arabe que les journaux de langue européenne, font un fréquent usage d'articles parus dans les journaux quotidiens ou dans les revues de l'étranger. Mais la plupart des journaux quotidiens et un certain nombre de revues n'interdisent pas la reproduction en original ou en traduction de leurs articles, de sorte que la presse égyptienne trouvera, même sous le régime de Berlin, de quoi s'alimenter en articles scientifiques, politiques ou littéraires reproduits de journaux étrangers. La reproduction qui lui sera interdite sera celle des romans feuilletons et des contes. Cette reproduction n'offre pas d'intérêt au point de vue de l'échange des idées et de la discussion publique. Il n'y a donc aucun motif pour faire ici une exception à la règle générale de l'interdiction de la reproduction. Si le roman ou le conte a une réelle valeur littéraire, il n'est que juste que l'auteur tire un profit de la reproduction. Si, comme c'est souvent le cas, il n'en a pas, la culture intellectuelle dans le pays ne perdra rien à ce que les journaux égyptiens ne donnent plus asile dans leurs colonnes à de pareilles pauvretés.

Quant à la mention de la source, c'est-à-dire l'indication du journal d'où l'article est reproduit, qui est imposée dans tous les cas par le régime de Berlin, c'est, semble-t-il, le moins qu'on puisse demander; du moment qu'un journal est autorisé à découper à coups de ciseaux sa copie dans un autre, il lui doit bien de citer et le nom du journal et, si l'article est signé, le nom de l'auteur. Je suis convaincu, d'ailleurs, que les propriétaires des grands journaux égyptiens ont trop le sens de la dignité de la Presse, qui doit être la première dans ce domaine à donner l'exemple de la probité intellectuelle, pour se plaindre d'un système qui, tout en leur permettant de mettre sous les yeux de leur public les articles vraiment intéressants de la presse étrangère, sauvegarde, dans ce qu'il a d'essentiel, le droit moral de l'écrivain et de l'éditeur.

III. — La durée de la protection et les mesures à prendre pour assurer après la mort de l'auteur l'exercice rationnel des droits revenant à ses ayants cause.

La durée qu'il serait juste de fixer pour la jouissance des droits privatifs reconnus aux auteurs a fait couler beaucoup d'encre. On peut discuter à perte de vue sur les raisons qui militent en faveur de l'un ou l'autre des divers systèmes qui ont été proposés pour un calcul équitable de cette durée. Quoi qu'il en soit, la quasi-unanimité paraît aujourd'hui s'être faite sur celui d'après lequel la durée de la protection doit embrasser toute la vie de l'auteur et, après sa mort, un laps de temps plus ou moins long en faveur de ses héritiers. La longueur de cette deuxième période de la protection varie, à la vérité, assez grandement de pays à pays. La majorité des Etats de l'Union de Berne a adopté le délai, indiqué comme délai-type mais non imposé par l'article 7 de la Convention, aux termes duquel la durée des droits comprend la vie de l'auteur et cinquante ans après sa mort. Mais une importante minorité réduit cette deuxième période à trente (Allemagne, Autriche, Japon, Suède, Suisse), ou même à vingt ans (Haïti, Libéria). D'autres pays, en petit nombre, étendent au contraire cette période jusqu'à soixante ans (Brésil) ou quatre-vingts ans (Espagne).

On assiste, ainsi, à une réduction, ou inversement, à une extension de la durée de la protection, suivant qu'a prévalu, dans l'esprit du législateur, la notion de l'utilité sociale ou celle de l'intérêt particulier des auteurs, dont nous avons déjà signalé l'antagonisme.

Pour l'Egypte, je ne vois pas que la question présente une difficulté spéciale. Il n'y a encore ici aucune tradition établie, aucune tendance même à ménager, puisqu'on est appelé à construire sur une table rase. Le plus simple serait donc de suivre l'exemple donné par la majorité des Etats qui adhèrent à l'Union de Berne, et d'adopter la durée comprenant la vie même de l'auteur et cinquante ans après sa mort. Si cette période de cinquante ans paraissait trop longue, on pourrait la réduire à trente années, sans que cela puisse être jugé comme une singularité, puisque d'anciens Etats unionistes s'en tiennent encore à cette formule et que plusieurs lois très récentes, la loi suisse, la loi roumaine, l'ont adoptée.

Mais une question qui mérite de retenir davantage l'attention est celle qui se rapporte aux moyens d'assurer, après la mort de l'auteur, un exercice rationnel des droits qui appartiennent alors aux héritiers. En Egypte, plus facilement qu'ailleurs, il peut arriver qu'un homme de lettres, qu'un écrivain de talent meure en laissant des héritiers ne s'intéressant pas du tout aux choses de l'esprit, ou même complètement illettrés. Dans ce cas il est à craindre que les manuscrits laissés par l'auteur ne soient jamais publiés ou qu'aucune nouvelle édition des œuvres déjà publiées ne soit entreprise, de sorte que des productions intellectuelles resteront inconnues ou inaccessibles au public par suite de l'incurie ou de l'incompétence des ayants cause, au détriment de l'intérêt général.

Une situation analogue serait créée si le titulaire du droit d'auteur se refusait à publier une œuvre ou à en autoriser la reproduction. En fait, cette situation s'est produite dans certains pays étrangers et diverses législations étrangères contiennent des dispositions qui visent à y porter remède. Mais que l'inertie du titulaire du droit soit due à sa mauvaise volonté ou qu'elle soit due à son ignorance, le résultat est le même pour le public, et les droits de celui-ci sur les œuvres de l'esprit (auxquels nous avons fait allusion plus haut), ainsi que la notion de l'utilité sociale, autorisent le législateur à prescrire des mesures au moyen desquelles l'œuvre en question pourra être publiée ou reproduite, lorsque la diffusion de cette œuvre sera considérée comme présentant un intérêt général.

Quelles pourraient être ces mesures? On peut en imaginer de diverses sortes; mais pour s'en tenir à celles qui ont été adoptées par quelques législations européennes, on peut mentionner la disposition de la loi espagnole qui frappe de déchéance le titulaire des droits d'auteur et fait tomber l'œuvre dans le domaine public, la disposition de la loi anglaise qui confère le pouvoir d'accorder aux personnes qui en feront la demande l'autorisation de publier l'œuvre ou de la reproduire, enfin la disposition de la loi italienne qui organise l'expropriation des droits d'auteur pour cause d'utilité publique et permet ainsi d'en transférer l'exercice à l'Etat, aux provinces ou aux communes.

De ces trois sortes de mesures mes préférences vont à la dernière. En effet, la première risque d'être injuste si l'inertie des titulaires du droit n'est pas due à leur mauvaise volonté, mais à leur ignorance. La seconde suppose une initiative prise par une tierce personne qui s'adresse à l'Etat pour demander l'autorisation de reproduire une œuvre lorsque le titulaire du droit d'auteur ne se préoccupe pas d'en assurer lui-même la reproduction. Cette initiative peut ne pas se produire surtout lorsqu'il s'agit d'œuvres scientifiques dont la publication laisse ordinairement peu de bénéfices; or, ce sont ces œuvres-là dont la publication est le plus souvent réclamée dans l'intérêt général; elles risqueraient donc de rester épuisées ou même totalement inconnues. Tandis que l'expropriation permet à l'Etat d'agir d'office s'il juge que l'intérêt général justifie son action, et elle sauvegarde l'intérêt particulier des titulaires du droit d'auteur puisqu'elle implique le payement d'une indemnité.

Il est vrai que l'évaluation de l'indemnité sera presque toujours très difficile, car il n'est pas aisé de prévoir à l'avance quels bénéfices laissera une édition. Dans cet ordre d'idées, on pourrait s'inspirer de la disposition de la loi roumaine du 28 juin 1923 autorisant le ministère des Arts à éditer les œuvres d'un auteur au cas où, dans un délai de trois ans après sa mort, ses héritiers ou ses cessionnaires ne l'auraient pas fait eux-mêmes et prévoyant que les bénéfices nets sont alors répartis par parts égales entre le ministère des Arts d'une part, et les héritiers ou cessionnaires d'autre part, A vrai dire, on ne s'explique pas très bien la raison pour laquelle le Gouvernement se réserverait une part quelconque dans le bénéfice; la faculté reconnue à l'Etat de se substituer pour la publication d'une œuvre aux titulaires du droit d'auteur n'a pas pour but de rapporter à l'Etat un profit, et du moment que les frais encourus pour l'édition sont couverts, il me semble que le bénéfice net devrait revenir tout entier aux ayants droit originaires.

IV. — La rétroactivité de la loi

La loi devrait-elle être rétroactive? En principe, les lois ne sont pas rétroactives, en ce sens qu'elles ne doivent pas s'appliquer à des rapports juridiques formés avant leur mise en vigueur. Mais une législation sur le droit d'auteur a nécessairement un double effet. D'une part, elle donne aux œuvres de l'esprit un statut légal et, d'autre part, elle édicte ou entraîne des sanctions pénales ou civiles pour les atteintes commises contre ce statut. En tant qu'elle crée un statut légal, il serait bon que la loi fût rétroactive; et d'ailleurs cela serait conforme aux traditions suivies pour ces sortes de lois; car autrement, il y aurait dans le même pays, à partir de la nouvelle loi, deux régimes légaux coexistants pendant une longue période de temps, l'un régi par le droit antérieur, l'autre réglementé par la nouvelle loi. Dans le cas de l'Egypte ce serait pire encore. Si l'on ne devait pas appliquer la nouvelle loi aux œuvres déjà existantes, mais seulement à celles publiées pour la première fois après son entrée en vigueur, il s'ensuivrait que, pour toutes les œuvres publiées avant, la confusion qui règne actuellement et l'incertitude quant à la durée et à l'étendue de la protection qu'il convient de leur reconnaître, subsisterait, ce qui n'est pas souhaitable. Si l'on rend la loi rétroactive dans ce sens qu'on la déclare applicable à toutes les œuvres, même à celles déjà publiées, on ne risque pas de léser des droits acquis à condition qu'on précise en même temps que les rapports juridiques établis avant son entrée en vigueur continueront d'être régis par l'ancien droit. Cette manière de procéder serait d'autant plus justifiée qu'en Egypte le droit actuel, qui représentera l'ancien droit par rapport à la loi future, est mal défini, incomplet, puisqu'il n'est constitué que par quelques décisions des tribunaux mixtes.

Pour donner un exemple concret de la manière dont jouerait la rétroactivité de la loi ainsi comprise, supposons une réclamation à propos de la traduction de l'œuvre d'un auteur vivant éditée il y a dix ans : si la traduction a été publiée *avant* la mise en vigueur de la loi, elle sera régie par le droit antérieur, parce que le rapport juridique créé par l'acte du traducteur aura été établi avant la nouvelle loi; il s'ensuivra donc que dans le cas d'une réclamation de l'auteur original, le tribunal saisi aura à décider, en s'inspirant uniquement de la jurisprudence antérieure et des principes du droit naturel, si la traduction est ou n'est pas abusive. Si, au contraire, la traduction de cette même œuvre a été publiée *après* la mise en vigueur de la loi, elle sera régie par la nouvelle loi, le rapport juridique ayant, dans ce cas, été établi sous le nouveau régime, et les tribunaux pourront, sur la réclamation de l'auteur original, appliquer les dispositions de ladite loi.

Mais en ce qui concerne les œuvres elles-mêmes il ne sera pas fait de distinction. Qu'elles aient vu le jour, c'est-à-dire qu'elles aient été publiées pour la première fois avant ou après la loi, elles seront toutes régies par le statut légal nouveau, avec cette seule réserve qu'elles ne pourront pas s'en prévaloir pour tout ce qui concerne les rapports juridiques établis avant l'entrée en vigueur de la nouvelle loi.

Nous venons de passer en revue, d'une manière peut-être un peu trop rapide, les points qui devront, il me semble, retenir principalement l'attention du législateur égyptien lorsqu'il aura à fixer, pour ce pays, les règles de la protection légale des œuvres des belles-lettres, des sciences et des arts.

En suggérant quelques solutions à ces divers problèmes, je n'ai pas la prétention d'avoir épuisé le sujet. Sans aucun doute, il ne sera pas difficile, en en poussant l'étude plus avant, d'en découvrir de meilleures. Mais quelles que soient celles qui seront finalement adoptées, il faut souhaiter qu'elles s'inspirent à la fois du souci de sauvegarder les intérêts particuliers de l'Egypte, et de la nécessité d'adhérer aussi étroitement que possible aux principes généralement admis à l'heure actuelle, et qui tendent de plus en plus à former l'armature uniforme de toutes les lois modernes sur le droit d'auteur.

Projet de loi sur le droit d'auteur

PRÉPARÉ PAR UNE COMMISSION DE JURISTES
DÉSIGNÉE PAR LE MINISTRE DE LA JUSTICE

CHAPITRE PREMIER

Nature et étendue du droit d'auteur

ARTICLE PREMIER

La présente loi protège les droits des auteurs d'œuvres appartenant au domaine littéraire, artistique ou scientifique, quels que soient leur mérite, leur emploi ou leur destination.

Ainsi sont comprises dans la protection les œuvres des belles-lettres et des sciences; les œuvres dramatiques ou dramatico-musicales; les œuvres cinématographiques; les œuvres chorégraphiques et les pantomimes; les compositions musicales avec ou sans paroles; les œuvres des arts graphiques et plastiques : dessin, peinture, architecture, sculpture, gravure, lithographie et autres procédés analogues; les œuvres photographiques, y compris les œuvres obtenues par un procédé analogue à la photographie; les œuvres d'architecture; les illustrations; les cartes géographiques et topographiques; les plans, croquis et ouvrages plastiques relatifs à la géographie, à la topographie, à l'architecture ou aux sciences; les projets de travaux d'ingénieur lorsqu'ils constituent des solutions originales de problèmes techniques; les œuvres des arts appliqués à l'industrie.

ART. 2

Sont également comprises dans la protection, sans préjudice des droits des auteurs des œuvres originales, les traductions, les transformations d'un genre littéraire ou artistique à un autre, les adaptations et les réductions de toute nature, y compris celles destinées à des instruments servant à la reproduction mécanique ou obtenues par tous procédés ou moyens quelconques.

ART. 3

Indépendamment de la protection accordée à chaque œuvre, sont aussi protégés les recueils d'œuvres diverses d'un même auteur ou de plusieurs auteurs, comme les anthologies, lorsqu'ils sont composés par les auteurs eux-mêmes ou par des tiers avec le consentement des auteurs. Dans ce dernier cas, les auteurs conservent toujours le droit de reproduire séparément les œuvres contenues dans le recueil.

Sont, en outre, protégés les recueils d'œuvres tombées dans le domaine public ou documents officiels exclus eux-mêmes de la protection, dans la mesure où le travail d'édition, tel que choix des morceaux, composition, ordre de présentation, établissement du texte, notes, constitue une création originale.

Art. 4

La protection s'étend au titre de l'ouvrage, à moins qu'il ne s'agisse d'un titre générique.

Art. 5

Indépendamment des droits personnels visés à l'article 22, le droit d'auteur reconnu par la présente loi comprend le droit exclusif de publier l'œuvre, de l'exécuter ou la représenter en public, de la diffuser, de la reproduire, de la traduire, de la modifier, enfin de la mettre en vente ou en circulation ou d'en tirer, d'une autre manière, un profit pécuniaire.

L'auteur, une fois son œuvre publiée, ne peut interdire les analyses et courtes citations faites dans un but de critique, de polémique ou d'enseignement, et qui portent l'indication du nom de l'auteur (s'il est connu) et de la source utilisée.

Art. 6

Le terme « publier » signifie rendre l'œuvre publique de n'importe quelle manière s'adaptant à la nature de l'œuvre. Il comprend tous les modes de publication, que ce soit par le livre, l'image, l'exposition, l'exécution, la représentation ou la récitation de l'œuvre en public.

Le terme « représenter » s'applique à tous les modes de représentation, y compris la projection par la cinématographie ou d'autres moyens analogues.

Le terme « diffuser » s'applique à tous les moyens de diffusion, y compris les moyens mécaniques et radio-électriques, tels que le téléphone, la radiophonie ou tout autre procédé analogue.

Le terme « reproduire » s'applique à tous les moyens de reproduction, y compris la reproduction mécanique par le cinématographe, le phonographe, les disques, rouleaux, cylindres ou tous autres procédés.

Le terme « modifier » s'applique aux modifications de toute nature, y compris les traductions, réductions, adaptations et transformations visées à l'article 2.

ART. 7

La représentation ou exécution et la récitation sont considérées comme faites en public, même si elles sont faites gratuitement, quand elles ont lieu en dehors du cercle ordinaire d'une famille, des membres d'une association ou d'un club, ou d'une école.

La diffusion radio-électrique est considérée, en tout cas, comme une exécution publique.

ART. 8

Le droit d'auteur sur une œuvre musicale ne s'étend pas à l'utilisation d'une mélodie lorsqu'il en résulte une nouvelle œuvre originale.

Le droit d'auteur sur une œuvre photographique n'exclut pas le droit de toute autre personne de prendre une nouvelle photographie de l'objet photographié, même si cette nouvelle photographie est prise du même endroit et, d'une manière générale, dans les mêmes conditions que la première.

ART. 9

Lorsqu'une œuvre a été créée en commun par plusieurs personnes, chacune d'elles est réputée, sauf convention contraire, avoir dans le droit d'auteur une part égale.

Il ne peut être disposé du droit d'auteur qu'avec le consentement de tous les collaborateurs. En cas de désaccord, l'autorité judiciaire décide et peut ordonner les mesures qui lui paraissent équitables dans l'intérêt des parties.

Chacun des collaborateurs a qualité pour poursuivre seul les atteintes aux droits de la communauté.

ART. 10

Le droit d'auteur sur un travail qui se compose de parties distinctes, mais tellement coordonnées que leur ensemble forme un ouvrage unique, comme une encyclopédie, un dictionnaire, un almanach ou un ouvrage analogue, appartient à celui qui l'a conçu et réalisé.

Sauf convention contraire, il est interdit à tout collaborateur de reproduire séparément la partie de l'ouvrage dont il est l'auteur, même s'il indique l'ouvrage dont elle est extraite.

En ce qui concerne les publications périodiques, les collaborateurs conservent, au contraire, à moins qu'il n'en soit autrement convenu, le droit de reproduire ailleurs leurs travaux, après que ceux-ci auront été publiés en entier dans le périodique.

ART. 11

Sauf convention contraire, le droit d'auteur sur un opéra ou toute autre composition analogue mise en musique est réglé comme suit :

Le droit appartient pour la moitié à l'auteur de la partie littéraire et pour la moitié à l'auteur de la partie musicale.

Néanmoins, ce dernier a seul le droit de faire représenter, exécuter, publier, reproduire et mettre en vente l'œuvre en son entier (musique et livret), sous condition de verser à l'auteur de la partie littéraire sa part dans le produit des représentations, exécutions, publications ou reproductions. L'auteur de la partie littéraire peut seulement publier ou reproduire ladite partie et la mettre dans le commerce sans la musique. Il ne peut céder cette partie à une autre personne pour qu'elle la mette en musique.

S'il s'agit d'une œuvre chorégraphique ou d'une pantomime, l'auteur de l'action chorégraphique ou de la pantomime a le droit de la faire représenter, exécuter ou reproduire avec la musique, le musicien pouvant disposer seulement de la musique.

Art. 12

Sauf convention contraire, le droit d'auteur sur une œuvre cinématographique est réglé comme suit :

Le droit appartient pour un tiers à l'auteur initial, c'est-à-dire à celui qui aura conçu l'œuvre cinématographique ou dans l'œuvre duquel (roman, pièce de théâtre) elle aura été puisée, et pour deux tiers par droits égaux aux réalisateurs du film, c'est-à-dire à celui qui aura adapté l'œuvre au cinéma, au metteur en scène et à l'éditeur du film, lorsque ce dernier aura contribué à la réalisation du scénario à l'écran.

S'il y a une partie musicale originale et écrite spécialement pour l'œuvre cinématographique, le droit d'auteur revient, pour un quart, à l'auteur initial, pour moitié aux réalisateurs du film et pour le quatrième quart à l'auteur de la musique.

Les réalisateurs du film ont le droit de projeter l'œuvre avec accompagnement de la musique, même sans le consentement des autres collaborateurs, sous condition de leur verser la part qui leur revient dans le produit de la projection.

L'auteur initial a la faculté de publier son œuvre d'une autre manière que par le cinéma, ou d'en extraire une œuvre littéraire ou artistique d'un autre genre.

Le musicien a la faculté de publier ou d'exécuter séparément la musique.

Art. 13

L'auteur d'un portrait n'a pas le droit d'exposer, publier ou mettre en vente ou en circulation l'original, ou des exemplaires ou copies du portrait sans le consentement de la personne représentée.

Cette disposition n'est pas applicable lorsque la publication du portrait est faite en relation avec des événements qui se sont produits en public ou concernent des personnages officiels ou des personnes jouissant d'une notoriété générale, ou enfin si cette publication est faite ou autorisée par les autorités dans un intérêt public.

Par contre, et sauf convention contraire, la personne représentée peut autoriser, même sans le consentement du titulaire du droit d'auteur, la reproduction de son portrait dans des journaux, revues ou autres publications analogues.

On entend par portrait, aux fins du présent article, toute image commandée ou non commandée, qu'elle soit obtenue par la peinture, la sculpture, la gravure, la photographie ou par tout autre procédé.

Art. 14

Le droit de publier des lettres appartient à l'auteur, mais il ne peut s'exercer sans le consentement du destinataire. Après la mort de l'auteur ou du destinataire, ou des deux, la publication ne peut se faire qu'avec le consentement des représentants de la personne décédée. Ces représentants sont les enfants, les ascendants, les frères et sœurs, le conjoint survivant, les petits-enfants, mais le droit d'accorder le consentement n'appartient aux personnes d'un des groupes susmentionnés qu'à défaut des personnes du groupe qui précède. En cas de désaccord entre les diverses personnes d'un même groupe, la décision appartiendra à l'autorité judiciaire.

Les même règles seront appliquées, dans l'hypothèse visée à l'article 13, pour l'exposition, la publication ou la mise en vente ou en circulation d'un portrait, en cas de décès de la personne représentée.

Art. 15

Les dispositions de la présente loi ne sont pas applicables aux lois, décrets, règlements, décisions judiciaires et, en général, à tous les actes officiels publiés par l'Etat ou les administrations publiques.

Art. 16

Les articles scientifiques ou littéraires, les romans feuilletons et les contes publiés dans les journaux, revues ou recueils périodiques ne peuvent être reproduits dans d'autres journaux, revues ou recueils périodiques sans le consentement des auteurs. Sauf pour les romans feuilletons et les contes, ce consentement sera présumé, à moins que la reproduction ne soit expressément interdite en tête de l'article ou, d'une manière générale, en tête du numéro du journal, de la revue ou du recueil.

Les articles de discussion politique, les nouvelles du jour et les faits divers peuvent être reproduits.

Dans tous les cas visés par le présent article, la reproduction n'est licite qu'à la double condition de citer le journal, la revue ou le recueil d'où l'article est tiré, et le nom de l'auteur, si l'article est signé.

Art. 17

Il est licite de reproduire, dans les comptes rendus des réunions publiques, les discours qui ont été prononcés. Mais en dehors de ce cas, il n'est pas permis de publier, de reproduire ou de diffuser les discours, conférences ou enseignements oraux, même donnés en public.

Art. 18

Dans les livres destinés à l'enseignement, ainsi que dans les ouvrages de critique, d'histoire et dans les ouvrages scientifiques, il est licite de reproduire, mais en usant de ce droit d'une manière modérée :

a) Des œuvres littéraires, scientifiques ou musicales déjà éditées, pourvu qu'elles soient de peu d'étendue ou que la reproduction soit limitée à des parties détachées.

b) Des œuvres, déjà rendues publiques, des arts graphiques ou plastiques ou de la photographie, en tant que la reproduction sert à illustrer le texte.

En tout cas, les sources et les noms des auteurs doivent être clairement indiqués.

Art. 19

Les musiques militaires de l'armée ou de la marine ont le droit d'exécuter en public des œuvres musicales, sans être tenues de payer une compensation quelconque pour le droit d'auteur, à condition que l'exécution n'ait pas lieu dans un dessein de lucre.

Art. 20

Après la mort de l'auteur, le droit de publier ses œuvres inédites appartient aux héritiers de l'auteur, ou aux personnes à qui ont été légués les manuscrits ou les exemplaires originaux de ces œuvres, à moins que l'auteur n'en ait interdit la publication ou ne l'ait confiée à d'autres.

Si l'auteur a fixé un délai pour la publication, elle ne peut être faite, en tout cas, avant l'expiration dudit délai.

Art. 21

La personne qui a publié ou édité une œuvre sans nom d'auteur ou sous un pseudonyme, est réputée ayant cause de l'auteur jusqu'à preuve du contraire et est admise à exercer et à sauvegarder les droits de celui-ci.

Si le véritable auteur se fait connaître, il reprend, par le fait même, l'exercice de ses droits, sauf dans l'hypothèse d'une cession partielle ou totale, faite à la personne qui a publié ou édité l'œuvre, auquel cas les conditions du contrat seront respectées. Dans ce cas, l'auteur aura néanmoins toujours le droit d'exiger que l'anonymat ou le pseudonyme employé soit remplacé par son nom véritable.

Art. 22

Indépendamment des droits patrimoniaux reconnus à l'auteur par les dispositions du présent chapitre, l'auteur a toujours et en tout temps, sans limitation de durée, une action pour empêcher que la paternité de son œuvre soit méconnue, ou que l'œuvre soit altérée ou exploitée de manière à causer un grave préjudice à ses intérêts moraux.

Après la mort de l'auteur, cette action peut être exercée par les personnes désignées à l'article 14, dans le même ordre et dans les mêmes conditions. Dans le cas où ces personnes font défaut ou négligent d'exercer l'action dont il s'agit, elle peut être exercée par l'Etat.

CHAPITRE II

Durée du droit d'auteur

Art. 23

Le droit d'auteur prend fin trente ans après la mort de l'auteur.

Pour les œuvres publiées sans nom d'auteur ou sous un pseudonyme, le droit d'auteur prend fin trente ans après que l'œuvre a été rendue publique. Si, pendant ce délai, l'auteur s'est fait connaître, le droit d'auteur prend fin trente ans après sa mort.

Art. 24

Par exception aux dispositions de l'article précédent, le droit exclusif de faire ou d'autoriser la traduction d'une œuvre scientifique ou didactique cessera d'exister lorsque l'auteur n'en aura pas fait usage, dans un délai de dix années à partir de la première publication de l'œuvre originale, en publiant ou faisant publier une traduction. A l'expiration de ce délai, la traduction devient libre dans toute langue dans laquelle une traduction faite ou autorisée par l'auteur n'a pas été publiée, le droit d'auteur du traducteur étant seul réservé.

Art. 25

Le droit d'auteur sur les œuvres photographiques prend fin quinze ans après la première publication. Cette disposition s'applique aux productions cinématographiques lorsqu'elles ne constituent qu'une reproduction des scènes de la nature.

Art. 26

Les exécutions, représentations ou éditions successives d'une œuvre, même si elles sont augmentées ou modifiées, ne constituent pas une nouvelle publication et le droit d'auteur sur les parties ajoutées ou modifiées s'éteint en même temps que le droit sur l'œuvre tout entière.

Néanmoins, si les additions et modifications sont de telle importance qu'elles constituent une réfection substantielle, la durée du droit d'auteur doit être calculée à partir de la publication de l'œuvre ainsi refondue.

ART. 27

Pour les œuvres publiées par livraisons, les délais se calculent à dater de la publication de la dernière livraison.

Lorsqu'une œuvre se compose de plusieurs parties ou volumes publiés séparément et par intervalles irréguliers, chaque volume ou partie est considéré, en ce qui concerne le calcul des délais, comme un ouvrage séparé.

ART. 28

La durée du droit d'auteur sur une œuvre issue d'une collaboration se détermine par la mort du dernier collaborateur survivant.

La part d'un collaborateur ne laissant pas d'héritiers ou légataires accroît aux autres collaborateurs ou à leurs ayants droit.

ART. 29

Pour les œuvres représentées, exécutées ou publiées seulement après la mort de l'auteur, le droit des ayants cause prend fin trente ans après que l'œuvre a été rendue publique.

Mais si l'œuvre n'a été rendue publique que trente ans après la mort de l'auteur, il n'y aura plus aucune protection légale.

ART. 30

Lorsque le droit d'auteur appartient en propre à l'Etat ou à des personnes morales du droit public, la durée du droit est illimitée.

Lorsqu'il appartient en propre à des sociétés savantes, à des associations ou à des sociétés anonymes, il prend fin trente ans après que l'œuvre a été rendue publique.

ART. 31

La date où expire la protection légale se compte, dans tous les cas, à partir du 31 décembre de l'année dans laquelle s'est produit l'événement qui sert de base au calcul.

CHAPITRE III

Transfert du droit d'auteur
Exécution forcée

ART. 32

Les droits garantis aux auteurs par la présente loi peuvent être aliénés et transmis de toutes les façons admises par les lois.

Le transfert d'un des droits compris dans le droit d'auteur n'implique pas le transfert d'un autre droit qui s'y trouve compris également.

Art. 33

Sauf convention contraire, le transfert de la propriété d'une œuvre d'art, d'un manuscrit ou, d'une manière générale, d'un exemplaire d'une œuvre n'entraîne pas le transfert du droit d'auteur, même s'il s'agit de l'exemplaire original.

Toutefois, l'acquéreur d'un exemplaire d'une œuvre d'art a le droit de l'exposer en public et n'est pas tenu d'admettre l'auteur à copier, reproduire ou exposer ledit exemplaire.

Art. 34

Le contrat de cession du droit d'auteur est résilié si l'auteur se trouve dans l'impossibilité de terminer l'œuvre promise ou s'il meurt avant son achèvement. Toutefois, si le degré d'avancement du travail est tel que l'ouvrage inachevé peut néanmoins constituer une œuvre littéraire ou artistique, le cessionnaire a le droit de maintenir le contrat en vigueur, en réduisant le prix convenu dans la proportion équitable, à moins que l'auteur n'ait expressément exprimé la volonté que l'œuvre ne soit rendue publique qu'une fois entièrement achevée.

Si la résiliation a lieu à la requête du cessionnaire, l'auteur ou les ayants cause peuvent librement disposer de l'œuvre inachevée.

Si elle a lieu à la requête de l'auteur ou de ses ayants cause, l'œuvre inachevée ne peut plus être cédée à une autre personne.

Art. 35

Le contrat de cession est résilié de plein droit et sans indemnité si l'œuvre tombe sous le coup d'une loi pénale promulguée après la conclusion du contrat.

Art. 36

Les exemplaires d'une œuvre ne peuvent faire l'objet d'une exécution forcée et être saisis et vendus à la requête des créanciers que lorsque l'œuvre a été rendue publique, ou lorsqu'il est établi, soit par des preuves écrites, soit par des circonstances de fait précises et concordantes, que l'auteur a destiné l'œuvre à la publication.

Art. 37

Les créanciers ne peuvent pas non plus se substituer à l'auteur et exercer à sa place le droit de publier une œuvre inédite ou le droit de reproduire une œuvre publiée, tant que ces droits résident dans la personne de l'auteur.

En outre, en ce qui concerne spécialement le droit de publier une œuvre inédite, les créanciers ne peuvent l'exercer, même après la mort de l'auteur, que s'il résulte de preuves écrites que l'auteur en avait autorisé la publication.

Art. 38

Les droits appartenant aux héritiers ou à tous autres ayants cause de l'auteur après sa mort sur une œuvre publiée ou inédite peuvent être acquis par l'Etat, en vertu d'un décret prononçant l'expropriation pour cause d'utilité publique, sur la proposition du ministre de l'Instruction publique.

A défaut d'accord entre parties, l'indemnité est fixée sans appel par trois arbitres désignés par une ordonnance du président de la Cour d'appel du Caire.

Le décret d'expropriation aura, dès sa publication au *Journal officiel*, la valeur d'un ordre exécutoire soit contre les ayants droit expropriés, soit contre les tiers détenteurs des manuscrits ou originaux. A défaut par eux d'obtempérer aux injonctions qui leur seront signifiées administrativement par le ministre de l'Instruction publique, il pourra être procédé, par la voie administrative, à la prise de possession de tous manuscrits ou originaux de l'œuvre visée par l'expropriation.

Les dispositions du présent article ne s'appliquent qu'aux œuvres dont l'auteur était de nationalité égyptienne.

CHAPITRE IV

Sanctions

Art. 39

Sans préjudice des sanctions édictées par la législation pénale, toute violation des droits garantis aux auteurs par la présente loi oblige les personnes responsables de cette violation à des réparations civiles.

Art. 40

Le président du tribunal de première instance ou le juge de service peuvent, sur la requête de tout intéressé, ordonner la description détaillée, ou même la saisie de l'œuvre originale ou des exemplaires (livres, gravures, dessins, photographies, disques, cylindres, etc.) ou copies (tableaux, statues) de l'œuvre qui a été publiée ou reproduite en violation de droits garantis par la présente loi, ainsi que du matériel servant à la reproduction ou à la confection d'exemplaires de cette œuvre à condition que ledit matériel ne puisse servir qu'à la reproduction de l'œuvre dont il s'agit.

Pour les exécutions, représentations ou récitations faites en public, le président ou le juge de service peuvent, non seulement ordonner la description détaillée, mais aussi interdire la continuation du spectacle en cours et toutes exécutions, représentations ou récitations ultérieures. Ils peuvent également ordonner la vérification ou même la saisie de la recette.

Ces mesures sont ordonnées en la forme des ordonnances sur requêtes. Elles sont exécutées par ministère d'huissier. L'ordonnance peut prescrire que l'huissier sera assisté d'un ou plusieurs experts et imposer au requérant la fourniture d'une caution.

Lorsqu'il s'agit de spectacles publics, les limitations établies par les articles 21 du Code de procédure civile indigène et 23 du Code de procédure civile mixte, en ce qui concerne les heures de signification et les jours fériés, ne seront pas observées.

Les mesures prévues au présent article perdent toute efficacité et sont nulles de plein droit si, dans les huit jours, elles ne sont pas suivies d'une instance judiciaire contre la personne à l'encontre de laquelle il y a été procédé.

Art. 41

Sur la demande du titulaire du droit d'auteur, le tribunal peut ordonner la destruction, ou, tout au moins, la déformation ou la mise hors d'usage, aux frais de la partie succombante, de l'œuvre ou des exemplaires ou copies de l'œuvre publiée ou reproduite en violation du droit d'auteur, ainsi que du matériel servant à la reproduction de cette œuvre, à condition qu'il ne puisse servir à un autre usage.

La destruction, la déformation ou la mise hors d'usage ne sera pas ordonnée par le tribunal, si le droit d'auteur doit s'éteindre dans un délai inférieur à deux années à partir du jugement. Dans ce cas, ces mesures seront remplacées par la mise sous séquestre jusqu'à l'expiration du délai restant à courir.

Au lieu de la destruction, la partie lésée peut, jusqu'à concurrence des dommages-intérêts qui lui sont dus, demander la confiscation et la vente à son profit de l'œuvre, des exemplaires ou copies de l'œuvre qui a été publiée ou reproduite en violation du droit d'auteur, ainsi que du matériel servant exclusivement à la reproduction de cette œuvre. Elle peut aussi demander la saisie des recettes provenant de l'exécution, de la représentation ou de la récitation illicite.

Dans tous les cas, sa créance de dommages-intérêts est privilégiée sur le produit net de la vente des objets ou sur les sommes d'argent saisies. Ce privilège n'est primé que par celui des frais de justice faits pour la conservation et la réalisation desdits objets ou sommes d'argent.

Art. 42

Les constructions ne peuvent, en aucun cas, faire l'objet d'une saisie, ni être détruites ou confisquées par application des articles 37 et 38, en vue de sauvegarder les droits d'auteur de l'architecte dont les plans ou les dessins ont été illicitement employés.

Art. 43

Sur la demande de la partie lésée, le tribunal peut, dans tous les cas, ordonner la publication du jugement, avec ou sans les motifs, dans un ou plusieurs journaux ou revues aux frais de la partie succombante.

CHAPITRE V

Dispositions finales

Art. 44

L'auteur d'une œuvre littéraire ou artistique publiée pour la première fois en Egypte, ou ses ayants cause, doivent effectuer le dépôt au gouvernorat ou à la moudirieh, soit de leur domicile, soit du lieu de la publication, de deux exemplaires de l'œuvre destinée à la Bibliothèque royale. Le dépôt sera effectué de la manière et dans les délais qui seront prescrits par arrêté ministériel.

L'omission du dépôt ne préjudicie pas aux droits reconnus à l'auteur par la présente loi, mais elle constitue une contravention punissable d'une amende ne pouvant excéder P. E. 100 et donne lieu à la saisie, par la voie administrative, entre les mains de tout détenteur, de deux exemplaires de l'œuvre non régulièrement déposée et à leur confiscation au profit de l'administration.

La formalité du dépôt ne s'applique qu'aux œuvres reproduites à un grand nombre d'exemplaires par l'imprimerie ou tout autre moyen d'impression : la gravure, la lithographie, la photographie ou tout autre procédé analogue.

Le présent article ne s'applique pas aux œuvres publiées dans les journaux ou revues périodiques. Mais si les œuvres ainsi publiées sont ensuite éditées à part, le présent article leur devient applicable.

Art. 45

La présente loi s'applique sans réserve aux œuvres d'auteurs égyptiens ou étrangers publiées, exécutées ou représentées pour la première fois en Egypte, ainsi qu'à celles d'auteurs égyptiens publiées, exécutées ou représentées pour la première fois dans un pays étranger.

Quant aux œuvres d'auteurs étrangers publiées, exécutées ou représentées pour la première fois dans un pays étranger, elles ne sont protégées par la présente loi que si ce pays accorde une protection semblable aux sujets égyptiens pour leurs œuvres publiées, exécutées ou représentées pour la première fois en Egypte.

Art. 46

La présente loi s'applique à toutes les œuvres existant au moment de son entrée en vigueur, sauf en ce qui concerne les dispositions de l'article 44.

Pour le calcul de la durée de la protection des œuvres déjà existantes, il doit être tenu compte du délai écoulé entre l'événement qui est déterminant pour ce calcul suivant la présente loi et l'entrée en vigueur de celle-ci.

Le présent article ne doit pas s'interpréter comme signifiant que les dispositions de la présente loi doivent être appliquées aux conventions qui ont été conclues ou aux faits qui ont été accomplis avant son entrée en vigueur. Pour le règlement des rapports juridiques pouvant résulter desdits faits ou conventions, il devra être fait application du droit antérieur.

Par contre, la présente loi doit être appliquée à tous faits ou conventions postérieurs à son entrée en vigueur, lorsqu'ils sont relatifs à des œuvres publiées, exécutées ou représentées pour la première fois avant son entrée en vigueur.

Art. 47

Les ministres de l'Intérieur, de la Justice et de l'Instruction publique sont chargés, chacun en ce qui le concerne, de l'exécution de la présente loi, qui entrera en vigueur dès sa publication au *Journal officiel.*

Imprimerie J. Dumoulin, à Paris. — 12.29.

EXTRAIT DES STATUTS

I

L'Association Littéraire et Artistique Internationale, fondée par décision du Congrès littéraire international, en date du 28 juin 1878, sous la présidence d'honneur de Victor Hugo, a pour objet la défense et la propagation des principes de la propriété littéraire et artistique internationale, et est chargée spécialement de l'organisation des Congrès littéraires et artistiques internationaux.

Elle défend les intérêts des écrivains et des artistes de tous pays et établit entre eux des liens de confraternité.

II

L'Association se compose : 1° d'un Comité d'honneur permanent; 2° d'un Comité exécutif ; 3° de membres adhérents ; 4° de Sociétés affiliées.

III

Le siège de l'Association est à Paris. L'Association est administrée par le Comité exécutif, auquel chaque Congrès donne pouvoir jusqu'à la réunion du Congrès suivant.

EXTRAIT DU RÈGLEMENT

Art. 7. — Sont membres donateurs tous les adhérents aux statuts de l'Association qui ont fait un don d'au moins 500 francs.

Art. 8. — Sont membres de l'Association tous ceux qui, à quelque nationalité qu'ils appartiennent, adhèrent aux statuts et s'engagent à aider à l'exécution des décisions du Congrès et à fournir tous les renseignements de nature à faciliter l'œuvre du Comité exécutif.

Ils ont le droit d'assister à tous les Congrès et bénéficient des faveurs et diminutions de tarifs obtenues par l'Association.

Art. 9. — La demande d'admission doit être signée de deux parrains appartenant à l'Association. L'admission est prononcée par le Comité exécutif au scrutin secret et à la majorité des membres composant le Comité régulièrement assemblé. Le droit d'entrée est de 20 francs.

Art. 10. — La cotisation annuelle est de 20 francs. Elle peut être rachetée moyennant une somme de 300 francs une fois payée. Le Comité exécutif fixe chaque année le droit de Congrès.

Art. 11. — Les membres associés reçoivent les publications de l'Association, ont droit d'entrée au Congrès et peuvent réclamer le concours de l'Association dans tous les cas où il leur semble nécessaire, sous réserve de l'approbation du Comité.

Art. 12. — En ce qui concerne l'affiliation des Sociétés littéraires ou artistiques, la cotisation annuelle est de 100 francs et donne droit à l'admission de cinq membres, avec dispense de droit d'entrée.

Les Sociétés affiliées reçoivent les publications de l'Association et entretiennent avec elle un échange d'informations et de consultations relatives aux questions littéraires et artistiques.

Leurs membres ont les droits stipulés à l'article 9 ci-dessus pour leur participation aux Congrès annuels.

Il n'ont pas à acquitter de droits d'entrée lorsqu'ils demandent à faire partie de l'Association.

IMP. DE J. DUMOULIN
A PARIS

Association Littéraire & Artistique

INTERNATIONALE

Fondée en 1878 sous le patronage de Victor Hugo

Louis ULBACH

Louis RATISBONNE

Eugène POUILLET

Jules LERMINA

1878-1925

BULLETIN N° 2 — 4e SÉRIE — Juin 1925

COMPTE RENDU DU CONGRÈS DE 1925
PARIS
Exposition internationale des Arts décoratifs

Pages.

Comité d'organisation 5
Associations représentées 6
Programme des travaux 9
Rapports présentés au Congrès 11
Séance d'inauguration 89
Liste des délégués des Gouvernements 90
Procès-verbaux des séances de travail 93
Résolutions du Congrès 135
Compte rendu des réceptions 144
Annexes aux procès-verbaux 153
Communications sur les législations étrangères 166
Liste des membres du Congrès 191
Table analytique des travaux 198

SIÈGE DE L'ASSOCIATION
HOTEL DU CERCLE DE LA LIBRAIRIE
117, Boulevard Saint-Germain, Paris, VIe

HISTORIQUE DE L'ASSOCIATION

Notre Association littéraire et artistique internationale, qui fut fondée en 1878 sous le patronage de Victor Hugo, a pour but de répandre dans tous les pays l'idée de la protection la plus large des œuvres littéraires et artistiques et de faire de la propagande dans ce but par des Congrès annuels.

Dès 1879-1880-1881, elle tenait des Congrès à Londres, à Lisbonne et à Vienne, pour multiplier et faciliter les relations entre les écrivains des divers pays. En 1882, dans un Congrès qu'elle tint à Rome, elle prit l'initiative d'élaborer un avant-projet d'une Convention d'Union pour la protection de la propriété littéraire et artistique; ce fut la Convention d'Union de Berne de 1886.

En 1883, elle était à Amsterdam, en 1884, à Bruxelles; le gouvernement belge, qui préparait une loi sur le droit des auteurs, lui soumettait les travaux en cours et l'invitait à tenir l'année suivante, à Anvers, en 1885, un Congrès où elle exprimait des vœux qui furent presque intégralement réalisés dans le texte définitif de la loi belge de 1886.

En 1886, l'Association était à Genève, en 1887 à Madrid, en 1888 à Venise, en 1889 à Paris, puis, en 1890 à Londres, en 1891 à Neuchâtel, en 1892 à Milan, en 1893 à Barcelone, en 1894 de nouveau à Anvers. Elle mettait à l'étude le perfectionnement de la Convention d'Union de Berne, qui aboutit au texte revisé à Paris en 1896.

D'autre part, à Dresde, en 1895, elle commençait l'étude d'un projet de loi-type pour l'unification des lois sur la propriété littéraire et artistique, où se trouvent résumés tous les vœux de ses Congrès. Elle en poursuivit l'étude à Berne en 1896, à Monaco en 1897, à Turin en 1898, à Heidelberg en 1899, et un texte complet était adopté par le Congrès de Paris en 1900.

Depuis, les Congrès de l'Association n'ont cessé de poursuivre leur double but : extension et amélioration de la Convention d'Union de Berne, propagande pour que les idées du projet de loi-type pénètrent dans les législations en préparation.

A Vevey en 1901, à Naples en 1902, à Weimar en 1903, à Marseille en 1904, à Liége en 1905, elle continuait l'examen de toutes les questions susceptibles d'être résolues internationalement dans le domaine littéraire et artistique.

En 1906 elle était invitée à Bucarest par le gouvernement roumain pour faire connaître son projet de loi-type, et ce sont les travaux qui furent préparés en Roumanie, à la suite de ce Congrès, qui ont fini par aboutir à la récente loi roumaine qui est, dans son ensemble, une des mieux rédigées de ces dernières années.

En 1907 et 1908, à Neuchâtel et à Mayence, l'Association acheva la préparation de la deuxième revision de la Convention d'Union de Berne, qui avait lieu à Berlin en 1908. En 1909 le Congrès était à Copenhague, en 1910 à Luxembourg.

A Paris, en 1912, nous célébrions le 25e anniversaire de la mise en vigueur de la Convention d'Union de Berne que notre Association pouvait, avec quelque fierté, considérer comme son œuvre.

Notre dernier Congrès eut lieu en 1913, à Scheveningue. Le suivant devait avoir lieu à Leipzig en 1914. Ce fut la guerre.

Aujourd'hui, il nous a paru nécessaire, dans l'intérêt des idées que nous représentons, de reprendre nos travaux au dehors, car, depuis 1919, c'est surtout le Comité exécutif qui avait été à l'œuvre, et nous n'avions pas cru devoir organiser de Congrès internationaux.

Il est indispensable, pour faire œuvre utile, que notre campagne de propagande soit reprise avec le plus d'éclat possible et avec des adhésions nouvelles.

Nos trente-six années de Congrès n'ont pas seulement donné des résultats matériels, tels que la Convention d'Union de Berne, et l'amélioration des lois sur la propriété littéraire et artistique; elles ont aussi groupé de fidèles amitiés qui ont puissamment contribué à la propagande, et elles ont appris aux écrivains, aux artistes et aux juristes à se connaître.

Les statuts indiquent les conditions d'adhésion, que nous n'avons guère modifiées depuis 1878 : la cotisation personnelle est de 20 francs, avec 20 francs de droit d'entrée. Les adhérents qui font partie d'une des Associations affiliées à la nôtre n'ont pas à verser de droit d'entrée. La cotisation des Associations est de 100 francs, donnant droit à cinq délégués.

EXTRAIT DES STATUTS

I

L'Association Littéraire et Artistique Internationale, fondée par décision du Congrès littéraire international, en date du 28 juin 1878, sous la présidence d'honneur de Victor Hugo, a pour objet la défense et la propagation des principes de la propriété littéraire et artistique internationale, et est chargée spécialement de l'organisation des Congrès littéraires et artistiques internationaux.

Elle défend les intérêts des écrivains et des artistes de tous pays et établit entre eux des liens de confraternité.

II

L'Association se compose : 1° d'un Comité d'honneur permanent; 2° d'un Comité exécutif; 3° de membres adhérents; 4° de Sociétés affiliées.

III

Le siège de l'Association est à Paris. L'Association est administrée par le Comité exécutif, auquel chaque Congrès donne pouvoir jusqu'à la réunion du Congrès suivant.

EXTRAIT DU RÈGLEMENT

Art. 7. — Sont membres donateurs tous les adhérents aux statuts de l'Association qui ont fait un don d'au moins 500 francs.

Art. 8. — Sont membres de l'Association tous ceux qui, à quelque nationalité qu'ils appartiennent, adhèrent aux statuts et s'engagent à aider à l'exécution des décisions du Congrès et à fournir tous les renseignements de nature à faciliter l'œuvre du Comité exécutif.

Ils ont le droit d'assister à tous les Congrès et bénéficient des faveurs et diminutions de tarifs obtenues par l'Association.

Art. 9. — La demande d'admission doit être signée de deux parrains appartenant à l'Association. L'admission est prononcée par le Comité exécutif au scrutin secret et à la majorité des membres composant le Comité régulièrement assemblé. Le droit d'entrée est de 20 francs.

Art. 10. — La cotisation annuelle est de 20 francs. Elle peut être rachetée moyennant une somme de 300 francs une fois payée. Le Comité exécutif fixe chaque année le droit de Congrès.

Art. 11. — Les membres associés reçoivent les publications de l'Association, ont droit d'entrée au Congrès et peuvent réclamer le concours de l'Association dans tous les cas où il leur semble nécessaire, sous réverve de l'approbation du Comité.

Art. 12. — En ce qui concerne l'affiliation des Sociétés littéraires ou artistiques, la cotisation annuelle est de 100 francs et donne droit à l'admission de cinq membres, avec dispense de droit d'entrée.

Les Sociétés affiliées reçoivent les publications de l'Association et entretiennent avec elle un échange d'informations et de consultations relatives aux questions littéraires et artistiques.

Leurs membres ont les droits stipulés à l'article 9 ci-dessus pour leur participation aux Congrès annuels.

Ils n'ont pas à acquitter de droits d'entrée lorsqu'ils demandent à faire partie de l'Association.

CONGRÈS DE L'ASSOCIATION

1879 — **Londres.**
1880 — **Lisbonne.**
1881 — **Vienne.**
1882 — **Rome.**
1883 — **Conférence de Berne.**
1883 — **Amsterdam.**
1884 — **Bruxelles.**
1885 — **Anvers.**
1886 — **Genève.**
1887 — **Madrid.**
1888 — **Venise.**
1889 — **Paris.**
1889 — **Conférence de Berne.**
1890 — **Londres.**
1891 — **Neuchâtel.**
1892 — **Milan.**
1893 — **Barcelone.**
1894 — **Anvers.**
1895 — **Dresde.**
1896 — **Berne.**
1897 — **Monaco.**
1898 — **Turin.**
1899 — **Heidelberg.**
1900 — **Paris.**
1901 — **Vevey.**
1902 — **Naples.**
1903 — **Weimar.**
1904 — **Marseille.**
1905 — **Liège.**
1906 — **Bucarest.**
1907 — **Conférence de Neuchâtel.**
1908 — **Mayence.**
1909 — **Copenhague.**
1910 — **Luxembourg.**
1912 — **Paris.**
1913 — **Scheveningue.**
1925 — **Paris** (*Exposition internationale des Arts décoratifs*).

Nous rappelons aux Membres de l'Association qu'il a été publié par les soins du Bureau une histoire complète des travaux de l'Association et des Congrès de 1878 à 1889. Cette histoire forme un volume in-18 cartonné, dont le prix est de 5 francs, rendu *franco*.

Un sommaire et index des rapports et mémoires publiés par l'Association de 1878 à 1900 a été publié en juillet 1900 comme Bulletin n° 11 (3e série) de l'Association.

Enfin, un rapport d'ensemble de Jules Lermina sur les travaux de l'Association jusqu'en 1903 a paru dans le Bulletin N° 16 comme annexe au compte rendu du Congrès de Weimar.

Association Littéraire & Artistique

INTERNATIONALE

Fondée en 1878 sous le patronage de Victor Hugo

Anciens présidents :

Louis ULBACH

Louis RATISBONNE

Eugène POUILLET

Fondateur :

Jules LERMINA

1878-1926

BULLETIN N° 3 — 4e SÉRIE — Octobre 1926

COMPTE RENDU DU CONGRÈS DE 1926

VARSOVIE

Pages.

Comités d'honneur et d'organisation . . . . . 5 et 6
Règlement du Congrès 10
Emploi du temps 12
Programme des travaux 14
Rapports présentés au Congrès 17
Procès-verbaux des séances 211
Annexes aux procès-verbaux 255
Compte rendu des réceptions 277
Table analytique des travaux 287
Table des matières 289

SIÈGE DE L'ASSOCIATION
HOTEL DU CERCLE DE LA LIBRAIRIE
117, Boulevard Saint-Germain, Paris, VIe

HISTORIQUE DE L'ASSOCIATION

Notre Association littéraire et artistique internationale, qui fut fondée en 1878 sous le patronage de Victor Hugo, a pour but de répandre dans tous les pays l'idée de la protection la plus large des œuvres littéraires et artistiques et de faire de la propagande dans ce but par des Congrès annuels,

Dès 1879-1880-1881, elle tenait des Congrès à Londres, à Lisbonne et à Vienne, pour multiplier et faciliter les relations entre les écrivains des divers pays. En 1882, dans un Congrès qu'elle tint à Rome, elle prit l'initiative d'élaborer un avant-projet d'une Convention d'Union pour la protection de la propriété littéraire et artistique; ce fut la Convention d'Union de Berne de 1886.

En 1883, elle était à Amsterdam, en 1884, à Bruxelles; le gouvernement belge, qui préparait une loi sur le droit des auteurs, lui soumettait les travaux en cours et l'invitait à tenir l'année suivante, à Anvers, en 1885, un Congrès où elle exprimait des vœux qui furent presque intégralement réalisés dans le texte définitif de la loi belge de 1886.

En 1886, l'Association était à Genève, en 1887 à Madrid, en 1888 à Venise, en 1889 à Paris, puis, en 1890 à Londres, en 1891 à Neuchâtel, en 1892 à Milan, en 1893 à Barcelone, en 1894 de nouveau à Anvers. Elle mettait à l'étude le perfectionnement de la Convention d'Union de Berne, qui aboutit au texte revisé à Paris en 1896.

D'autre part, à Dresde, en 1895, elle commençait l'étude d'un projet de loi-type pour l'unification des lois sur la propriété littéraire et artistique, où se trouvent résumés tous les vœux de ses Congrès. Elle en poursuivit l'étude à Berne en 1896, à Monaco en 1897, à Turin en 1898, à Heidelberg en 1899, et un texte complet était adopté par le Congrès de Paris en 1900.

Depuis, les Congrès de l'Association n'ont cessé de poursuivre leur double but : extension et amélioration de la Convention d'Union de Berne, propagande pour que les idées du projet de loi-type pénètrent dans les législations en préparation.

A Vevey en 1901, à Naples en 1902, à Weimar en 1903, à Marseille en 1904, à Liége en 1905, elle continuait l'examen de toutes les questions susceptibles d'être résolues internationalement dans le domaine littéraire et artistique.

En 1906 elle était invitée à Bucarest par le gouvernement roumain pour faire connaître son projet de loi-type, et ce sont les travaux qui furent préparés en Roumanie, à la suite de ce Congrès, qui ont fini par aboutir à la récente loi roumaine qui est, dans son ensemble, une des mieux rédigées de ces dernières années.

En 1907 et 1908, à Neuchâtel et à Mayence, l'Association acheva la préparation de la deuxième revision de la Convention d'Union de Berne, qui avait lieu à Berlin en 1908. En 1909 le Congrès était à Copenhague, en 1910 à Luxembourg.

A Paris, en 1912, nous célébrions le 25e anniversaire de la mise en vigueur de la Convention d'Union de Berne que notre Association pouvait, avec quelque fierté, considérer comme son œuvre.

Notre dernier Congrès eut lieu en 1913, à Scheveningue. Le suivant devait avoir lieu à Leipzig en 1914. Ce fut la guerre.

Aujourd'hui, il nous a paru nécessaire, dans l'intérêt des idées que nous représentons, de reprendre nos travaux au dehors, car, depuis 1919, c'est surtout le Comité exécutif qui avait été à l'œuvre, et nous n'avions pas cru devoir organiser de Congrès internationaux.

Il est indispensable, pour faire œuvre utile, que notre campagne de propagande soit reprise avec le plus d'éclat possible et avec des adhésions nouvelles.

Nos trente-huit années de Congrès n'ont pas seulement donné des résultats matériels, tels que la Convention d'Union de Berne, et l'amélioration des lois sur la propriété littéraire et artistique; elles ont aussi groupé de fidèles amitiés qui ont puissamment contribué à la propagande, et elles ont appris aux écrivains, aux artistes et aux juristes à se connaître.

Les statuts indiquent les conditions d'adhésion, que nous n'avons guère modifiées depuis 1878 : la cotisation personnelle est de 20 francs, avec 20 francs de droit d'entrée. Les adhérents qui font partie d'une des Associations affiliées à la nôtre n'ont pas à verser de droit d'entrée. La cotisation des Associations est de 100 francs, donnant droit à cinq délégués.

EXTRAIT DES STATUTS

I

L'Association Littéraire et Artistique Internationale, fondée par décision du Congrès littéraire international, en date du 28 juin 1878, sous la présidence d'honneur de Victor Hugo, a pour objet la défense et la propagation des principes de la propriété littéraire et artistique internationale, et est chargée spécialement de l'organisation des Congrès littéraires et artistiques internationaux.

Elle défend les intérêts des écrivains et des artistes de tous pays et établit entre eux des liens de confraternité.

II

L'Association se compose : 1° d'un Comité d'honneur permanent; 2° d'un Comité exécutif; 3° de membres adhérents; 4° de Sociétés affiliées.

III

Le siège de l'Association est à Paris. L'Association est administrée par le Comité exécutif, auquel chaque Congrès donne pouvoir jusqu'à la réunion du Congrès suivant.

EXTRAIT DU RÈGLEMENT

Art. 7. — Sont membres donateurs tous les adhérents aux statuts de l'Association qui ont fait un don d'au moins 500 francs.

Art. 8. — Sont membres de l'Association tous ceux qui, à quelque nationalité qu'ils appartiennent, adhèrent aux statuts et s'engagent à aider à l'exécution des décisions du Congrès et à fournir tous les renseignements de nature à faciliter l'œuvre du Comité exécutif.

Ils ont le droit d'assister à tous les Congrès et bénéficient des faveurs et diminutions de tarifs obtenues par l'Association.

Art. 9. — La demande d'admission doit être signée de deux parrains appartenant à l'Association. L'admission est prononcée par le Comité exécutif au scrutin secret et à la majorité des membres composant le Comité régulièrement assemblé. Le droit d'entrée est de 20 francs.

Art. 10. — La cotisation annuelle est de 20 francs. Elle peut être rachetée moyennant une somme de 300 francs une fois payée. Le Comité exécutif fixe chaque année le droit de Congrès.

Art. 11. — Les membres associés reçoivent les publications de l'Association, ont droit d'entrée au Congrès et peuvent réclamer le concours de l'Association dans tous les cas où il leur semble nécessaire, sous réverve de l'approbation du Comité.

Art. 12. — En ce qui concerne l'affiliation des Sociétés littéraires ou artistiques, la cotisation annuelle est de 100 francs et donne droit à l'admission de cinq membres, avec dispense de droit d'entrée.

Les Sociétés affiliées reçoivent les publications de l'Association et entretiennent avec elle un échange d'informations et de consultations relatives aux questions littéraires et artistiques.

Leurs membres ont les droits stipulés à l'article 9 ci-dessus pour leur participation aux Congrès annuels.

Ils n'ont pas à acquitter de droits d'entrée lorsqu'ils demandent à faire partie de l'Association.

HISTORIQUE DE L'ASSOCIATION

Notre Association littéraire et artistique internationale, qui fut fondée en 1878 sous le patronage de Victor Hugo, a pour but de répandre dans tous les pays l'idée de la protection la plus large des œuvres littéraires et artistiques et de faire de la propagande dans ce but par des Congrès annuels.

Dès 1879-1880-1881, elle tenait des Congrès à Londres, à Lisbonne et à Vienne, pour multiplier et faciliter les relations entre les écrivains des divers pays. En 1882, dans un Congrès qu'elle tint à Rome, elle prit l'initiative d'élaborer un avant-projet d'une Convention d'Union pour la protection de la propriété littéraire et artistique; ce fut la Convention d'Union de Berne de 1886.

En 1883, elle était à Amsterdam, en 1884, à Bruxelles; le gouvernement belge, qui préparait une loi sur le droit des auteurs, lui soumettait les travaux en cours et l'invitait à tenir l'année suivante, à Anvers, en 1885, un Congrès où elle exprimait des vœux qui furent presque intégralement réalisés dans le texte définitif de la loi belge de 1886.

En 1886, l'Association était à Genève, en 1887 à Madrid, en 1888 à Venise, en 1889 à Paris, puis, en 1890 à Londres, en 1891 à Neuchâtel, en 1892 à Milan, en 1893 à Barcelone, en 1894 de nouveau à Anvers. Elle mettait à l'étude le perfectionnement de la Convention d'Union de Berne, qui aboutit au texte revisé à Paris en 1896.

D'autre part, à Dresde, en 1895, elle commençait l'étude d'un projet de loi-type pour l'unification des lois sur la propriété littéraire et artistique, où se trouvent résumés tous les vœux de ses Congrès. Elle en poursuivit l'étude à Berne en 1896, à Monaco en 1897, à Turin en 1898, à Heidelberg en 1899, et un texte complet était adopté par le Congrès de Paris en 1900.

Depuis, les Congrès de l'Association n'ont cessé de poursuivre leur double but : extension et amélioration de la Convention d'Union de Berne, propagande pour que les idées du projet de loi-type pénètrent dans les législations en préparation.

A Vevey en 1901, à Naples en 1902, à Weimar en 1903, à Marseille en 1904, à Liége en 1905, elle continuait l'examen de toutes les questions susceptibles d'être résolues internationalement dans le domaine littéraire et artistique.

En 1906 elle était invitée à Bucarest par le gouvernement roumain pour faire connaître son projet de loi-type, et ce sont les travaux qui furent préparés en Roumanie, à la suite de ce Congrès, qui ont fini par aboutir à la récente loi roumaine qui est, dans son ensemble, une des mieux rédigées de ces dernières années.

En 1907 et 1908, à Neuchâtel et à Mayence, l'Association acheva la préparation de la deuxième revision de la Convention d'Union de Berne, qui avait lieu à Berlin en 1908. En 1909 le Congrès était à Copenhague, en 1910 à Luxembourg.

A Paris, en 1912, nous célébrions le 25e anniversaire de la mise en vigueur de la Convention d'Union de Berne que notre Association pouvait, avec quelque fierté, considérer comme son œuvre.

Notre dernier Congrès eut lieu en 1913, à Scheveningue. Le suivant devait avoir lieu à Leipzig en 1914. Ce fut la guerre.

Aujourd'hui, il nous a paru nécessaire, dans l'intérêt des idées que nous représentons, de reprendre nos travaux au dehors, car, depuis 1919, c'est surtout le Comité exécutif qui avait été à l'œuvre, et nous n'avions pas cru devoir organiser de Congrès internationaux.

Il est indispensable, pour faire œuvre utile, que notre campagne de propagande soit reprise avec le plus d'éclat possible et avec des adhésions nouvelles.

Nos trente-huit années de Congrès n'ont pas seulement donné des résultats matériels, tels que la Convention d'Union de Berne, et l'amélioration des lois sur la propriété littéraire et artistique; elles ont aussi groupé de fidèles amitiés qui ont puissamment contribué à la propagande, et elles ont appris aux écrivains, aux artistes et aux juristes à se connaître.

Les statuts indiquent les conditions d'adhésion, que nous n'avons guère modifiées depuis 1878 : la cotisation personnelle est de 20 francs, avec 20 francs de droit d'entrée. Les adhérents qui font partie d'une des Associations affiliées à la nôtre n'ont pas à verser de droit d'entrée. La cotisation des Associations est de 100 francs, donnant droit à cinq délégués.

EXTRAIT DES STATUTS

I

L'Association Littéraire et Artistique Internationale, fondée par décision du Congrès littéraire international, en date du 28 juin 1878, sous la présidence d'honneur de Victor Hugo, a pour objet la défense et la propagation des principes de la propriété littéraire et artistique internationale, et est chargée spécialement de l'organisation des Congrès littéraires et artistiques internationaux.

Elle défend les intérêts des écrivains et des artistes de tous pays et établit entre eux des liens de confraternité.

II

L'Association se compose : 1° d'un Comité d'honneur permanent; 2° d'un Comité exécutif; 3° de membres adhérents; 4° de Sociétés affiliées.

III

Le siège de l'Association est à Paris. L'Association est administrée par le Comité exécutif, auquel chaque Congrès donne pouvoir jusqu'à la réunion du Congrès suivant.

EXTRAIT DU RÈGLEMENT

Art. 7. — Sont membres donateurs tous les adhérents aux statuts de l'Association qui ont fait un don d'au moins 500 francs.

Art. 8. — Sont membres de l'Association tous ceux qui, à quelque nationalité qu'ils appartiennent, adhèrent aux statuts et s'engagent à aider à l'exécution des décisions du Congrès et à fournir tous les renseignements de nature à faciliter l'œuvre du Comité exécutif.

Ils ont le droit d'assister à tous les Congrès et bénéficient des faveurs et diminutions de tarifs obtenues par l'Association.

Art. 9. — La demande d'admission doit être signée de deux parrains appartenant à l'Association. L'admission est prononcée par le Comité exécutif au scrutin secret et à la majorité des membres composant le Comité régulièrement assemblé. Le droit d'entrée est de 20 francs.

Art. 10. — La cotisation annuelle est de 20 francs. Elle peut être rachetée moyennant une somme de 300 francs une fois payée. Le Comité exécutif fixe chaque année le droit de Congrès.

Art. 11. — Les membres associés reçoivent les publications de l'Association, ont droit d'entrée au Congrès et peuvent réclamer le concours de l'Association dans tous les cas où il leur semble nécessaire, sous réverve de l'approbation du Comité.

Art. 12. — En ce qui concerne l'affiliation des Sociétés littéraires ou artistiques, la cotisation annuelle est de 100 francs et donne droit à l'admission de cinq membres, avec dispense de droit d'entrée.

Les Sociétés affiliées reçoivent les publications de l'Association et entretiennent avec elle un échange d'informations et de consultations relatives aux questions littéraires et artistiques.

Leurs membres ont les droits stipulés à l'article 9 ci-dessus pour leur participation aux Congrès annuels.

Ils n'ont pas à acquitter de droits d'entrée lorsqu'ils demandent à faire partie de l'Association.

CONGRÈS DE L'ASSOCIATION

1879 — **Londres.**
1880 — **Lisbonne.**
1881 — **Vienne.**
1882 — **Rome.**
1883 — **Conférence de Berne.**
1883 — **Amsterdam.**
1884 — **Bruxelles.**
1885 — **Anvers.**
1886 — **Genève.**
1887 — **Madrid.**
1888 — **Venise.**
1889 — **Paris.**
1889 — **Conférence de Berne.**
1890 — **Londres.**
1891 — **Neuchâtel.**
1892 — **Milan.**
1893 — **Barcelone.**
1894 — **Anvers.**
1895 — **Dresde.**
1896 — **Berne.**
1897 — **Monaco.**
1898 — **Turin.**
1899 — **Heidelberg.**
1900 — **Paris.**
1901 — **Vevey.**
1902 — **Naples.**
1903 — **Weimar.**
1904 — **Marseille.**
1905 — **Liège.**
1906 — **Bucarest.**
1907 — **Conférence de Neuchâtel.**
1908 — **Mayence.**
1909 — **Copenhague.**
1910 — **Luxembourg.**
1912 — **Paris.**
1913 — **Scheveningue.**
1925 — **Paris** (*Exposition internationale des Arts décoratifs*).
1926 — **Varsovie.**

Nous rappelons aux Membres de l'Association qu'il a été publié par les soins du Bureau une histoire complète des travaux de l'Association et des Congrès de 1878 à 1889. Cette histoire forme un volume in-18 cartonné, dont le prix est de 5 francs, rendu *franco*.

Un sommaire et index des rapports et mémoires publiés par l'Association de 1878 à 1900 a été publié en juillet 1900 comme Bulletin n° 11 (3e série) de l'Association.

Enfin, un rapport d'ensemble de Jules Lermina sur les travaux de l'Association jusqu'en 1903 a paru dans le Bulletin N° 16 comme annexe au compte rendu du Congrès de Weimar.

[As]sociation Littéraire & Artistique

INTERNATIONALE

Fondée en 1878 sous le patronage de Victor Hugo

Anciens présidents :

Louis ULBACH

Louis RATISBONNE

Eugène POUILLET

1878-1926

Fondateur :

Jules LERMINA

BULLETIN N° 4 — 4e SÉRIE — Octobre 1926

BULLETIN DE LA RÉUNION DE PRAGUE (1926)

Pages.

Organisation de la Réunion 5
Séjour à Prague 7
Programme du travail 9
Rapport de M. Hermann Otavsky 10
Projet de loi sur le droit de l'auteur 31
Procès-verbal des séances 57
Résolutions 67

SIÈGE DE L'ASSOCIATION
HOTEL DU CERCLE DE LA LIBRAIRIE
117, Boulevard Saint-Germain, Paris, VIe

HISTORIQUE DE L'ASSOCIATION

Notre Association littéraire et artistique internationale, qui fut fondée en 1878 sous le patronage de Victor Hugo, a pour but de répandre dans tous les pays l'idée de la protection la plus large des œuvres littéraires et artistiques et de faire de la propagande dans ce but par des Congrès annuels.

Dès 1879-1880-1881, elle tenait des Congrès à Londres, à Lisbonne et à Vienne, pour multiplier et faciliter les relations entre les écrivains des divers pays. En 1882, dans un Congrès qu'elle tint à Rome, elle prit l'initiative d'élaborer un avant-projet d'une Convention d'Union pour la protection de la propriété littéraire et artistique; ce fut la Convention d'Union de Berne de 1886.

En 1883, elle était à Amsterdam, en 1884, à Bruxelles; le gouvernement belge, qui préparait une loi sur le droit des auteurs, lui soumettait les travaux en cours et l'invitait à tenir l'année suivante, à Anvers, en 1885, un Congrès où elle exprimait des vœux qui furent presque intégralement réalisés dans le texte définitif de la loi belge de 1886.

En 1886, l'Association était à Genève, en 1887 à Madrid, en 1888 à Venise, en 1889 à Paris, puis, en 1890 à Londres, en 1891 à Neuchâtel, en 1892 à Milan, en 1893 à Barcelone, en 1894 de nouveau à Anvers. Elle mettait à l'étude le perfectionnement de la Convention d'Union de Berne, qui aboutit au texte revisé à Paris en 1896.

D'autre part, à Dresde, en 1895, elle commençait l'étude d'un projet de loi-type pour l'unification des lois sur la propriété littéraire et artistique, où se trouvent résumés tous les vœux de ses Congrès. Elle en poursuivit l'étude à Berne en 1896, à Monaco en 1897, à Turin en 1898, à Heidelberg en 1899, et un texte complet était adopté par le Congrès de Paris en 1900.

Depuis, les Congrès de l'Association n'ont cessé de poursuivre leur double but : extension et amélioration de la Convention d'Union de Berne, propagande pour que les idées du projet de loi-type pénètrent dans les législations en préparation.

A Vevey en 1901, à Naples en 1902, à Weimar en 1903, à Marseille en 1904, à Liége en 1905, elle continuait l'examen de toutes les questions susceptibles d'être résolues internationalement dans le domaine littéraire et artistique.

En 1906 elle était invitée à Bucarest par le gouvernement roumain pour faire connaître son projet de loi-type, et ce sont les travaux qui furent préparés en Roumanie, à la suite de ce Congrès, qui ont fini par aboutir à la récente loi roumaine.

En 1907 et 1908, à Neuchâtel et à Mayence, l'Association acheva la préparation de la deuxième revision de la Convention d'Union de Berne, qui avait lieu à Berlin en 1908. En 1909 le Congrès était à Copenhague, en 1910 à Luxembourg.

A Paris, en 1912, nous célébrions le 25e anniversaire de la mise en vigueur de la Convention d'Union de Berne que notre Association pouvait, avec quelque fierté, considérer comme son œuvre.

En 1913, Congrès à Scheveningen. Le suivant devait avoir lieu à Leipzig en 1914. Ce fut la guerre.

Le Comité exécutif ne se réunit pendant la guerre qu'une fois, à la mort de Jules Lermina, son secrétaire perpétuel. En 1919, le Comité se remit au travail, convoqua les délégués techniques à la Conférence de la paix, pour leur faire connaître les travaux de l'Association, reprit la propagande auprès de divers pays, notamment auprès de la Roumanie, de la Grèce, de la Pologne, de la Tchécoslovaquie et de la Yougoslavie et étudia diverses questions d'actualité pressantes : essai, qui n'aboutit pas, d'une entente internationale pour la prorogation des droits d'auteur de la durée de la guerre; vœu pour l'unification de la durée du droit d'auteur (sur un mémorandum de M. Rœthlisberger).

Une Réunion eut lieu à Paris, le 1er juin 1922, pour fêter M. Ernest Rœthlisberger, qui venait d'être promu directeur des Bureaux internationaux pour la protection de la propriété industrielle, littéraire et artistique à Berne.

Une autre Réunion eut lieu à Bruxelles, le 26 janvier 1924.

A l'occasion de l'Exposition des Arts décoratifs à Paris, en 1925, un Congrès réunit les adhérents des pays qui avaient pris part à l'Exposition.

Enfin, en 1926, on fut heureux de pouvoir reconstituer intégralement l'Association et de grouper au Congrès de Varsovie des représentants de tous les pays intéressés.

Le Congrès de Varsovie fut suivi d'une Réunion à Prague pour la constitution d'un groupe tchécoslovaque et l'examen du projet de loi tchécoslovaque.

En 1927, Réunion de Lugano, pour la préparation de la revision de la Convention d'Union de Berne.

Nos quarante-neuf années de Congrès n'ont pas seulement donné des résultats matériels, tels que la Convention d'Union de Berne et l'amélioration des lois sur la propriété littéraire et artistique; elles ont aussi groupé de fidèles amitiés qui ont puissamment contribué à la propagande, et elles ont appris aux écrivains, aux artistes et aux juristes à se connaître.

EXTRAIT DES STATUTS

I

L'Association Littéraire et Artistique Internationale, fondée par décision du Congrès littéraire international, en date du 28 juin 1878, sous la présidence d'honneur de Victor Hugo, a pour objet la défense et la propagation des principes de la propriété littéraire et artistique internationale, et est chargée spécialement de l'organisation des Congrès littéraires et artistiques internationaux.

Elle défend les intérêts des écrivains et des artistes de tous pays et établit entre eux des liens de confraternité.

II

L'Association se compose : 1° d'un Comité d'honneur permanent; 2° d'un Comité exécutif; 3° de membres adhérents; 4° de Sociétés affiliées.

III

Le siège de l'Association est à Paris. L'Association est administrée par le Comité exécutif, auquel chaque Congrès donne pouvoir jusqu'à la réunion du Congrès suivant.

CONGRÈS DE L'ASSOCIATION

1879 — Londres.
1880 — Lisbonne.
1881 — Vienne.
1882 — Rome.
1883 — Conférence de Berne.
1883 — Amsterdam.
1884 — Bruxelles.
1885 — Anvers.
1886 — Genève.
1887 — Madrid.
1888 — Venise.
1889 — Paris.
1889 — Conférence de Berne.
1890 — Londres.
1891 — Neuchâtel.
1892 — Milan.
1893 — Barcelone.
1894 — Anvers.
1895 — Dresde.
1896 — Berne.
1897 — Monaco.
1898 — Turin.
1899 — Heidelberg.
1900 — Paris.
1901 — Vevey.
1902 — Naples.
1903 — Weimar.
1904 — Marseille.
1905 — Liége.
1906 — Bucarest.
1907 — Conférence de Neuchâtel.
1908 — Mayence.
1909 — Copenhague.
1910 — Luxembourg.
1912 — Paris.
1913 — Scheveningue.
1925 — Paris (*Exposition internat. des Arts décoratifs*)
1926 — Varsovie.
1926 — Réunion de Prague.

Un petit volume in-18 a été publié sous le titre : *Association littéraire et artistique internationale, son Histoire, ses Travaux, 1878-1889.*

Un sommaire et index des rapports et mémoires publiés par l'Association de 1878 à 1900 a été publié en juillet 1900 comme Bulletin n° 11 (3e série) de l'Association.

Enfin, un rapport d'ensemble de Jules Lermina sur les travaux de l'Association jusqu'en 1903 a paru dans le Bulletin N° 16 comme annexe au compte rendu du Congrès de Weimar.

Association Littéraire & Artistique

INTERNATIONALE

Fondée en 1878 sous le patronage de Victor Hugo

Anciens présidents :

Louis ULBACH

Louis RATISBONNE

Eugène POUILLET

Fondateur :

Jules LERMINA

1878-1927

BULLETIN N° 5 — 4e SÉRIE — Juin 1927

BULLETIN DE LA RÉUNION DE LUGANO (1927)

Pages.

Préambule 5
Liste de présence 7
Procès-verbaux des séances 11
Rapports des Commissions 40
Annexes aux procès-verbaux 86
Compte rendu des réceptions 138
Résolutions de la Réunion de Lugano 139

SIÈGE DE L'ASSOCIATION
HOTEL DU CERCLE DE LA LIBRAIRIE
117, Boulevard Saint-Germain, Paris, VIe

HISTORIQUE DE L'ASSOCIATION

Notre Association littéraire et artistique internationale, qui fut fondée en 1878 sous le patronage de Victor Hugo, a pour but de répandre dans tous les pays l'idée de la protection la plus large des œuvres littéraires et artistiques et de faire de la propagande dans ce but par des Congrès annuels.

Dès 1879-1880-1881, elle tenait des Congrès à Londres, à Lisbonne et à Vienne, pour multiplier et faciliter les relations entre les écrivains des divers pays. En 1882, dans un Congrès qu'elle tint à Rome, elle prit l'initiative d'élaborer un avant-projet d'une Convention d'Union pour la protection de la propriété littéraire et artistique; ce fut la Convention d'Union de Berne de 1886.

En 1883, elle était à Amsterdam, en 1884, à Bruxelles; le gouvernement belge, qui préparait une loi sur le droit des auteurs, lui soumettait les travaux en cours et l'invitait à tenir l'année suivante, à Anvers, en 1885, un Congrès où elle exprimait des vœux qui furent presque intégralement réalisés dans le texte définitif de la loi belge de 1886.

En 1886, l'Association était à Genève, en 1887 à Madrid, en 1888 à Venise, en 1889 à Paris, puis, en 1890 à Londres, en 1891 à Neuchâtel, en 1892 à Milan, en 1893 à Barcelone, en 1894 de nouveau à Anvers. Elle mettait à l'étude le perfectionnement de la Convention d'Union de Berne, qui aboutit au texte revisé à Paris en 1896.

D'autre part, à Dresde, en 1895, elle commençait l'étude d'un projet de loi-type pour l'unification des lois sur la propriété littéraire et artistique, où se trouvent résumés tous les vœux de ses Congrès. Elle en poursuivit l'étude à Berne en 1896, à Monaco en 1897, à Turin en 1898, à Heidelberg en 1899, et un texte complet était adopté par le Congrès de Paris en 1900.

Depuis, les Congrès de l'Association n'ont cessé de poursuivre leur double but : extension et amélioration de la Convention d'Union de Berne, propagande pour que les idées du projet de loi-type pénètrent dans les législations en préparation.

A Vevey en 1901, à Naples en 1902, à Weimar en 1903, à Marseille en 1904, à Liége en 1905, elle continuait l'examen de toutes les questions susceptibles d'être résolues internationalement dans le domaine littéraire et artistique.

En 1906 elle était invitée à Bucarest par le gouvernement roumain pour faire connaître son projet de loi-type, et ce sont les travaux qui furent préparés en Roumanie, à la suite de ce Congrès, qui ont fini par aboutir à la récente loi roumaine.

En 1907 et 1908, à Neuchâtel et à Mayence, l'Association acheva la préparation de la deuxième revision de la Convention d'Union de Berne, qui avait lieu à Berlin en 1908. En 1909 le Congrès était à Copenhague, en 1910 à Luxembourg.

A Paris, en 1912, nous célébrions le 25e anniversaire de la mise en vigueur de la Convention d'Union de Berne que notre Association pouvait, avec quelque fierté, considérer comme son œuvre.

En 1913, Congrès à Scheveningen. Le suivant devait avoir lieu à Leipzig en 1914. Ce fut la guerre.

Le Comité exécutif ne se réunit pendant la guerre qu'une fois, à la mort de Jules Lermina, son secrétaire perpétuel. En 1919, le Comité se remit au travail, convoqua les délégués techniques à la Conférence de la paix, pour leur faire connaître les travaux de l'Association, reprit la propagande auprès de divers pays, notamment auprès de la Roumanie, de la Grèce, de la Pologne, de la Tchécoslovaquie et de la Yougoslavie et étudia diverses questions d'actualité pressantes : essai, qui n'aboutit pas, d'une entente internationale pour la prorogation des droits d'auteur de la durée de la guerre; vœu pour l'unification de la durée du droit d'auteur (sur un mémorandum de M. Rœthlisberger).

Une Réunion eut lieu à Paris, le 1er juin 1922, pour fêter M. Ernest ROETHLISBERGER, qui venait d'être promu directeur des Bureaux internationaux pour la protection de la propriété industrielle, littéraire et artistique à Berne.

Une autre Réunion eut lieu à Bruxelles, le 26 janvier 1924.

A l'occasion de l'Exposition des Arts décoratifs à Paris, en 1925, un Congrès réunit les adhérents des pays qui avaient pris part à l'Exposition.

Enfin, en 1926, on fut heureux de pouvoir reconstituer intégralement l'Association et de grouper au Congrès de Varsovie des représentants de tous les pays intéressés.

Le Congrès de Varsovie fut suivi d'une Réunion à Prague pour la constitution d'un groupe tchécoslovaque et l'examen du projet de loi tchécoslovaque.

En 1927, Réunion de Lugano, pour la préparation de la revision de la Convention d'Union de Berne.

Nos quarante-neuf années de Congrès n'ont pas seulement donné des résultats matériels, tels que la Convention d'Union de Berne et l'amélioration des lois sur la propriété littéraire et artistique; elles ont aussi groupé de fidèles amitiés qui ont puissamment contribué à la propagande, et elles ont appris aux écrivains, aux artistes et aux juristes à se connaître.

EXTRAIT DES STATUTS

I

L'Association Littéraire et Artistique Internationale, fondée par décision du Congrès littéraire international, en date du 28 juin 1878, sous la présidence d'honneur de Victor Hugo, a pour objet la défense et la propagation des principes de la propriété littéraire et artistique internationale, et est chargée spécialement de l'organisation des Congrès littéraires et artistiques internationaux.

Elle défend les intérêts des écrivains et des artistes de tous pays et établit entre eux des liens de confraternité.

II

L'Association se compose : 1° d'un Comité d'honneur permanent; 2° d'un Comité exécutif; 3° de membres adhérents; 4° de Sociétés affiliées.

III

Le siège de l'Association est à Paris. L'Association est administrée par le Comité exécutif, auquel chaque Congrès donne pouvoir jusqu'à la réunion du Congrès suivant.

CONGRÈS DE L'ASSOCIATION

1879 — Londres.
1880 — Lisbonne.
1881 — Vienne.
1882 — Rome.
1883 — Conférence de Berne.
1883 — Amsterdam.
1884 — Bruxelles.
1885 — Anvers.
1886 — Genève.
1887 — Madrid.
1888 — Venise.
1889 — Paris.
1889 — Conférence de Berne.
1890 — Londres.
1891 — Neuchâtel.
1892 — Milan.
1893 — Barcelone.
1894 — Anvers.
1895 — Dresde.
1896 — Berne.
1897 — Monaco.
1898 — Turin.
1899 — Heidelberg.
1900 — Paris.
1901 — Vevey.
1902 — Naples.
1903 — Weimar.
1904 — Marseille.
1905 — Liége.
1906 — Bucarest.
1907 — Conférence de Neuchâtel.
1908 — Mayence.
1909 — Copenhague.
1910 — Luxembourg.
1912 — Paris.
1913 — Scheveningue.
1925 — Paris (*Exposition internationale des Arts décoratifs*).
1926 — Varsovie.
1926 — Réunion de Prague.

Un petit volume in-18 a été publié sous le titre : *Association littéraire et artistique internationale, son Histoire, ses Travaux, 1878-1889.*

Un sommaire et index des rapports et mémoires publiés par l'Association de 1878 à 1900 a été publié en juillet 1900 comme Bulletin n° 11 (3e série) de l'Association.

Enfin, un rapport d'ensemble de Jules Lermina sur les travaux de l'Association jusqu'en 1903 a paru dans le Bulletin N° 16 comme annexe au compte rendu du Congrès de Weimar.

www.ingramcontent.com/pod-product-compliance
Ingram Content Group UK Ltd.
Pitfield, Milton Keynes, MK11 3LW, UK
UKHW020549180726
13838UKWH00001B/131

9 782329 209265